汽车新技术

主　编　于府平　纪建平　魏　丽

副主编　张海彬　何　雪　位　佳　王丽丽

参　编　纪少波　单恩强　张世群　王家虎　李　强

主　审　侯朋朋

北京理工大学出版社

BEIJING INSTITUTE OF TECHNOLOGY PRESS

内容简介

本教材在充分调研企业生产和学校教学情况、广泛听取教材用户反馈意见的基础上进行编撰，为现代车辆工程专业的学生掌握汽车新技术，开启未来职业生涯提供了必要的知识储备。本教材具有以下特点：

第一，以教学为先导，建设教材体系。根据职业院校汽车类专业设置和办学特点，对传统的教材体系进行了调整，结合传统汽车类基础性教材，建设“通用＋核心＋辅助”的教材体系。通用指的是传统汽车类基础学科使用的教材，核心指的是以基础学科为理论基础的针对不同专业的教材；辅助指的是对其中某个新的技术领域有针对性地开发的教材。

第二，以岗位职业能力为目标，追溯技术新发展。随着社会的发展和汽车工业的不断革新，私家车保有量呈持续增长趋势，汽车新技术不断发展，因此与其相关的从业人员职业能力要求也在发生相应变化，所以本教材体现了职业性、先进性，根据岗位工作的需求，岗位能力的要求，设置教学目标，制定学习目标，注重职业能力的培养。

第三，以创新为特色，融入思政等先进教学理念。本教材充分体现一体化教学思路，增加了实训内容，达到了教学做一体，理实虚一体，既提高了教学质量，又增强了学习效果；运用实物图片，图文并茂；融入了思政元素，在重视学习的同时，潜移默化地提高学生的职业素养、个人修养。

图书在版编目(CIP)数据

汽车新技术 / 于府平，纪建平，魏丽主编. -- 北京：北京理工大学出版社，2023.7

ISBN 978-7-5763-2582-9

Ⅰ. ①汽… Ⅱ. ①于… ②纪… ③魏… Ⅲ. ①汽车工程-教材 Ⅳ. ①U46

中国国家版本馆CIP数据核字(2023)第121782号

责任编辑：封　雪　　**文案编辑**：封　雪
责任校对：刘亚男　　**责任印制**：李志强

出版发行 / 北京理工大学出版社有限责任公司
社　　址 / 北京市丰台区四合庄路6号
邮　　编 / 100070
电　　话 / (010) 68914026（教材售后服务热线）
(010) 68944437（课件资源服务热线）
网　　址 / http://www.bitpress.com.cn

版 印 次 / 2023年7月第1版第1次印刷
印　　刷 / 三河市天利华印刷装订有限公司
开　　本 / 787 mm×1092 mm　1/16
印　　张 / 20.5
字　　数 / 481千字
定　　价 / 95.00元

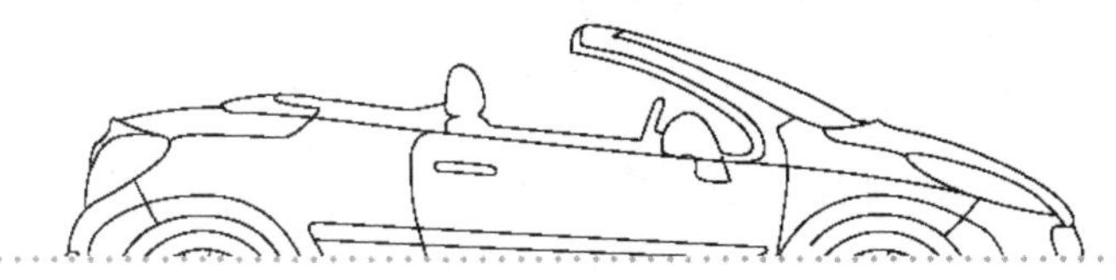

前言

PREFACE

党的二十大精神进教材是二十大精神“三进”（进教材、进课堂、进头脑）活动的重要组成部分，本教材在行文之际，恰逢党的二十大胜利召开，“东西南北中、党政军民学”均兴起了轰轰烈烈的学习党的二十大精神的热潮。本教材编写组认真学习二十大精神，探索将二十大精神“润物无声”地融入教材。根据每个模块任务的不同特点，将绿色发展、创新理念、高质量发展、可持续发展、马克思主义辩证法等二十大精神融入教材。

《汽车新技术》教材既可作为高等职业院校汽车检测与维修技术、汽车技术服务与营销、汽车制造与试验技术、汽车新能源技术等专业的教材，也可作为中等职业院校汽车运用与维修专业的教材；既可供技师学院汽车维修、汽车电器维修、汽车检测专业的学生使用，也可作为汽车行业从业人员了解专业技术、提高业务水平的参考用书。

本教材主要内容包括汽车技术发展史、汽车新技术发展现状与趋势、发动机进排气新技术、发动机燃烧新技术、发动机其他先进技术、传动系统新技术、转向系统新技术、行驶系统新技术、制动系统新技术、新能源汽车总体、电动汽车关键技术、混合动力汽车关键技术、其他新能源汽车、汽车轻量化技术、先进汽车主动安全系统、先进汽车被动安全系统、先进驾驶辅助系统、自动泊车辅助系统等。

本教材以教学为先导，建设教材体系。以传统专业教材为基础，结合横向专业设置，纵向延伸汽车新技术相关知识，以岗位职业能力为目标，追溯技术新发展，针对学生的岗位能力要求，运用新型教学模式和手段，设置教学目标和学习目标。以创新为特色，融入思政等先进教学理念。社会的发展不仅对学生理论知识的掌握有要求，同时也很重视学生的实践能力。本教材弥补传统教材的缺点，图文并茂，代入感强，真正做到了教学做一体、理实虚一体。思政元素的挖掘，使学生在学习知识技能的同时，提高了职业素养和个人修养，一箭双雕。本教材在实践教学基础上，延伸理论教学，专注于技术提升，填补市场汽车新技术理论空白，走在时代的前沿，教授学生最新的理论知识。

本教材由烟台汽车工程职业学院于府平、纪建平、魏丽担任主编，烟台汽车工程职业学院张海彬、何雪、位佳、王丽丽担任副主编，山东大学纪少波、寿光市职业教育中心学校单恩强、青岛市城阳区职业中等专业学校张世群、青岛西海岸新区职业中等专业学校王家虎、麦特汽车服务股份有限公司李强参编。由山东交通技师学院侯朋朋主审。

于府平编写模块十、十一、十二，纪建平编写模块二、十六，魏丽编写模块六至模块九，张海彬编写模块三、四、五，何雪编写模块十五，位佳编写模块一，王丽丽编写模块十七、十八，纪少波编写模块十三的任务一，单恩强编写模块十三的任务二，张世群编写模块十三的任务三，王家虎编写模块十四的任务一，李强编写模块十四的任务二。由于府平、纪建平负责全书的统稿、定稿。

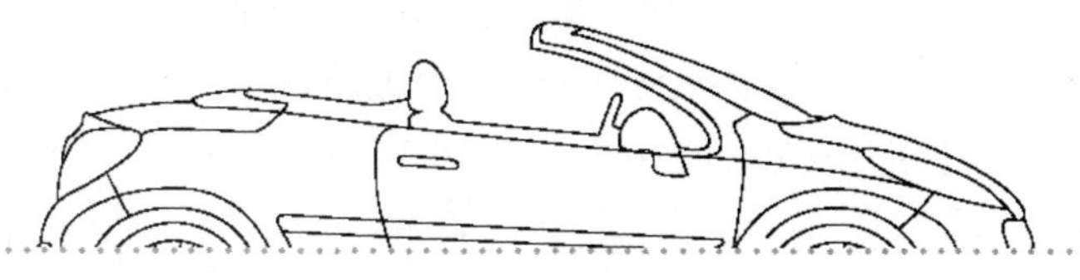

目录

CONTENTS

模块一

汽车技术发展史

模块简介

汽车作为现代化的交通运输工具，已成为许多人不可缺少的消费品。随着社会经济不断发展，知识与信息积累更加迅速，越来越多的新技术型汽车诞生，如气体燃料汽车、清洁代用燃料汽车、混合动力汽车、电动汽车、氢能汽车、太阳能汽车等。汽车的电子化程度更高，并实行集中控制。汽车从过去以机械装置为主、电子设备为辅的状态，转变成以集成电路、电子模块为主，机械装置为辅的电子化汽车。汽车技术的发展围绕着节能、环境保护及安全等主要要求进行，同时兼顾驾驶方便、舒适性、多功能、个性化等方面的需要，向机电一体化、电子化及集中控制方面发展。本模块的最终目标是使学生了解汽车百年来的发展史。

汽车的诞生是科学发展的产物，是无数发明家永无止境的热情和动力的产物，是各项技术成熟后的产物，而汽车的发展又将推动这些技术以更迅猛的速度前进。汽车技术从摸索阶段到成熟阶段，是如何一步步实现的？通过本模块的学习，你可以得到答案。

任务一　世界汽车发展历史探索

任务导入

汽车从出现至今已有100多年，当今汽车已成为随时都能利用的高度自由的运输工具，在社会上已占据相当重要的地位。汽车发展的历史是与人类社会文明进程紧密结合的，汽车工业发达的国家正向成熟化的汽车社会发展。那么世界汽车发展的历史是什么样子的呢？让我们一起来探索一下吧。

任务目标

知识目标	能力目标	素养目标
1. 了解世界汽车发展的7个阶段； 2. 了解汽车外形发展演变过程	1. 能够掌握汽车发展和车型变化的各个阶段； 2. 能列举汽车外形发展不同阶段的代表车型	1. 具备历史眼光； 2. 具有人类命运共同体观念； 3. 具有科学是第一生产力意识； 4. 具有马克思主义辩证法思维

知识学习

一、课前预习

预习任务	预习内容	重点	难点
汽车早期的探索	1. 第一台蒸汽机的发明； 2. 蒸汽汽车的发明； 3. 实用内燃机的发明	蒸汽机、蒸汽汽车、内燃机的发明历程	掌握为汽车发明奠定基础的三大发明

基础认知

自我检测

一、问答题

有哪些新技术的发明为汽车的诞生奠定了基础？

二、填空题

1. 1774 年 11 月，(   ) 制造了真正意义的蒸汽机，推动了机械工业甚至社会的发展，并为汽轮机和内燃机的发展奠定了基础。

2. (   ) 成功地试制出动力史上有划时代意义的立式四冲程内燃机。

3. (   ) 制成了第一辆蒸汽汽车。

二、课堂学习

深入探究

1. 世界汽车发展的 7 个阶段

1) 第一阶段——技术开发阶段

19 世纪，在英国大量蒸汽动力车辆已经商业化，用这种庞大的车辆在城市之间粗劣的道路上来回运送乘客和货物，然而这些蒸汽车辆每一辆都有所不同，并不是系列生产的，直到戴姆勒和卡尔·本茨的汽车在德国出现，才意味着汽车时代的来临。

戴姆勒和卡尔·本茨各自生产了由内燃机驱动的轻型小汽车，他们的工作是完全独立进行的。奔驰和戴姆勒分别于 1885 年和 1886 年制成了他们的第一辆汽车。

世界第一辆汽车设计、制造者——卡尔·本茨（1844—1926 年），德国工程师（图 1.1.1）。他研制的第一辆汽车如图 1.1.2 所示。

图 1.1.1　卡尔·本茨

图 1.1.2　卡尔·本茨研制的第一辆汽车

德国另一位工程师戴姆勒（1834—1900 年）（图 1.1.3）也同时造出了一辆用 1.1 马力汽油发动机作动力的四轮汽车。

1885 年，戴姆勒把他的单缸发动机装到自行车上，制成了世界上第一辆摩托车（图 1.1.4）。

图 1.1.3　戴姆勒

图 1.1.4　第一辆摩托车

1886 年，戴姆勒将他制造的排量为 0. 46 L、功率为 0. 82 kW、转速为 650 r/min 的发动机装在一辆据说由美国制造的马车上，最高车速达到 18 km/h。这辆车被公认为是世界上第一辆汽油发动机驱动的四轮汽车（图 1. 1. 5）。

图 1. 1. 5　装有汽油发动机的四轮汽车

在欧洲发明的第一辆简陋的三轮汽车引起了大洋彼岸年轻而富有创造力的美国的极大关注和兴趣。1893 年，杜里埃兄弟经过不懈努力，造出了美国的第一辆汽车。紧随其后，亨利·兰德成立了凯迪拉克公司，于是名车凯迪拉克诞生了；1903 年，大卫·别克创立了别克汽车公司，亨利·福特成立了福特汽车公司，从此开始了美国汽车发展的新纪元。这些公司早期的车型如图 1. 1. 6、图 1. 1. 7 所示。

图 1. 1. 6　早期的别克汽车

图 1. 1. 7　早期的福特汽车

在奔驰发明第一辆汽车不到 20 年的时间里，不仅在美国而且在欧洲一些国家也相继诞生了不同品牌的名车名人。

1896 年法国一个小五金商人的儿子阿尔芝·标致创立了以狮子为商标的标致汽车公司，这就是现代标致雪铁龙集团的前身。早期的标致汽车和早期的雪铁龙汽车如图 1. 1. 8、图 1. 1. 9 所示。

图 1. 1. 8　早期的标致汽车

图 1.1.9　早期的雪铁龙汽车

1898 年，路易丝·雷诺在法国创立了雷诺汽车公司，他研制的汽车率先使用轴传动，是变速器和万向节的先驱，从而奠定了雷诺名车的基础。

1899 年，意大利人乔瓦尼·阿涅利建立起都灵汽车厂，后来该厂用都灵汽车厂的缩写，改名为菲亚特汽车公司。

1904 年英国贵族子弟罗尔斯和工程师罗伊斯联手合作，成立了罗尔斯·罗伊斯公司，这个公司生产的高级轿车以其杰出的质量、优良的性能、豪华的内饰、古色古香的外型以及设备的完善考究而驰名世界，被认为是世界名车之冠。因而，罗尔斯·罗伊斯车是英国王室成员用车，也是接待外国元首和政府首脑的用车，英国的达官贵人也争相购买这种车，以显示自己的地位。早期的罗尔斯·罗伊斯汽车如图 1.1.10 所示。

图 1.1.10　早期的罗尔斯·罗伊斯汽车

2）第二阶段——大量生产阶段

汽车技术的日益成熟使生产、销售汽车成为可能。1901 年，美国人奥得尔生产和销售了 425 辆奥斯莫比尔牌（Oldsmobile）轿车（图 1.1.11），1905 年生产量达 6 500 辆，从此开始了汽车大量生产的新纪元。

图 1.1.11　奥斯莫比尔牌（Oldsmobile）轿车

1913 年，福特首先发明了科学设计的汽车流水生产线（图 1. 1. 12），并且很快被其他汽车厂商所仿效而风行一时。

图 1. 1. 12　福特的汽车流水生产线

福特汽车公司的 T 型轿车（图 1. 1. 13）从 1908 年到 1927 年共生产了 1 500 万辆，这一大量生产的世界纪录，到 20 世纪 60 年代才为德国大众公司的伏克斯瓦根牌（Volkswagen）甲壳虫式轿车（图 1. 1. 14）打破。

图 1. 1. 13　福特 T 型车

图 1. 1. 14　德国大众公司的甲壳虫式轿车

据记载，到 1923 年美国已有 2/3 的家庭拥有一辆轿车。

3）第三阶段——适用阶段

第一次世界大战期间，福特 T 型汽车不能适应欧洲泥泞的战场，使很多汽车厂家意识到一定要造一种万能车，因为此车由威力斯公司招标承制，所以通常称为威力斯万能车（General -

Purpose Wils），缩写为 GPW，没过多久又缩写为 GP，即 Jeep，译为中文“吉普”。

吉普车带两挡分动器，四轮驱动，并且保持外形低矮，可避免侦察时让敌人发现；另外，也是为了减小火力目标，该车还采用了可拆放风窗和钢管架支撑的篷顶。为了减轻自重，增大有限载荷能力，车身板件也是能省则省，没有车门，仅在侧围上开了一个缺口，供上下车用，而且尽量采用曲线形整件侧围。底盘非常坚固，离地间隙大。

随着战争的进展，吉普车的生产数量逐步增加，到第二次世界大战结束时，吉普车的产量竟超过 60 万辆，美国军队开到哪里，吉普车便跑到哪里，它的卓越性能和奇特造型产生了很多美妙的传说。这些战争遗留物掀起一股强劲的“吉普”风，对后来世界各地越野车的设计影响巨大，苏联在第二次世界大战期间开发的多栖越野车能在坏路面或在非道路行驶，有能力克服人为障碍，因此这种车型在战争条件下具有重要意义。

20 世纪 30 年代初，两轴汽车的结构令人惊奇，它的通过性令人钦佩，如果按现代观点来评价，虽然它并不怎么高级，但对部队来说，这样的汽车为提高部队的灵活机动性解决了许多问题。总的来说，扩大运输范围和提高作战效率是当时各国汽车发展所追求的目标。

4）第四阶段——产业化阶段

第二次世界大战以后，不仅汽车成为不可缺少的公共和个人运输工具，而且汽车工业也成为牵动很多基础材料和相关零部件生产的主导产业。另外，汽车产业的发展也促进了很多新工业的发展，如公路建筑等，反过来又加速了汽车的普及。

（1）美国：20 世纪 50 年代和 60 年代，美国汽车业不仅带动了整个美国经济的发展，而且成为其最大的产业，总产量超过其他国家的总和。这个时期，美国完成了企业兼并重组，使美国汽车成为通用、福特和克莱斯勒的天下。汽车产品走向多极化，成为世界第一商品。汽车由此发生质的变化，从手工业作坊式的小工业发展成为资金密集、人力密集的现代化大产业，美国也被誉为“绑在轮子上的国家”。

（2）日本：20 世纪 50 年代，日本对基础工业大量投资，原为小手工业作坊式的汽车厂，如日产、五十铃、丰田、日野等公司才开始加速发展，特别是 1955 年以后，当日本经济已经基本恢复元气，准备进一步赶超欧美发达国家时，日本政府和一些经济学家认识到，为达到这个目的，单纯依靠企业管理的改善已不够，还必须使产业结构向高度化方向发展，并确定一个能带动整个经济起飞的“战略性产业”，才能使整个国民经济有一个飞跃，实现其赶超欧美的宏愿。众所周知，这个战略性产业就是汽车工业。在这一时刻，日本政府制定了一系列扶持汽车工业的法规条例，使日本汽车工业迅速成长起来，汽车产量由 1955 年的 68 932 辆跃至 1960 年的 481 751 辆，并且轿车在汽车总产量中的比例也由 1950 年的 5.3% 上升到 1960 年的 34.3%。20 世纪 60 年代，日本的汽车产量更是直线上升，1965 年达到 187 万辆，创造了汽车发展史上的奇迹。

（3）德国：20 世纪 60 年代是苏联协助德国的汽车工业大发展的时代，10 年中苏联协助德国汽车公司共生产了 338 万辆汽车，平均每 1 000 人的汽车占有量为 236 辆。因此，第二次世界大战后到 20 世纪 60 年代中期称为汽车发展的“产业化时代”，在这个时期汽车工业成为世界上最有活力的产业之一。

5）第五阶段——摩擦阶段

20 世纪 70 年代，由于中东战争，出现了石油危机。因为油价上升，所以人们关心的是省油、价廉。日本的丰田汽车公司率先推出了省油型、小排量汽车，之后迅速占领美国市场。在这个阶段，汽车排放和能源问题困扰着人们。为了求得社会相容，开始研制低排放和低油耗的汽车。

6）第六阶段——高级化阶段

20 世纪 80 年代中期以后汽车开始进入高级化时代。1988 年，全世界共生产汽车 4 850 万辆，其中日本生产 1 270 万辆，西欧生产 1 850 万辆，美国生产 1 119 万辆，日本、美国、德国、西班牙、意大利 5 国的产量就占 70%。这些汽车生产大国利用自己的优势，加速企业兼并，推动技术开发，进一步提高了垄断程度和竞争能力。

在美、日等国汽车业龙头的带领下，一些现代工业较发达国家不甘落后，且成绩骄人。

例如，1981 年，巴西汽车的产量为 78 万辆，到 1993 年已达到 139 万辆。韩国的汽车产量增加势头更猛，1981 年只生产了 15 万辆汽车，到 1 993 已达到 200 万辆。这些新的汽车大国的崛起，令原有的汽车大国不敢小觑，使世界汽车工业的竞争更加激烈。

汽车进入高级化时代的标志之一是：随着世界汽车产销量的大幅度增加，汽车成为人们日常生活中不可缺少的交通工具。

高级化时代的标志之二是：人们越来越追求汽车驾驶的舒适性、安全性及环境的适应性。环境保护和不断提高的安全技术方面的要求对汽车工业产生了重大影响。

高级化时代的标志之三是：人们对 20 世纪 70 年代的全球能源危机已经淡忘，美国人又开始追求大型豪华轿车。1990 年底特律人恢复了那曾是不可动摇的“愈大愈好”的信念，同时大型豪华轿车又成为世界车型的热点。

汽车电子技术的发展使汽车的一些性能指标达到了前所未有的高度。作为汽车工业竞争焦点的质量和成本问题已经发生质的变化，即成本已退居次要位置，而质量也不再仅体现在可靠性和舒适性（包括方便性）方面，在这方面落后的厂家必将丧失竞争力，单纯依靠价格竞争已经没有出路。借助于高技术，汽车在动力性、经济性、制动性和舒适性等方面，将得到依靠传统的设计所不能达到的改进，这也是 20 世纪 90 年代汽车工业发展的总趋势。

7）第七阶段——电子化阶段

从 20 世纪 90 年代开始，汽车进入一个电子化时代，主要表现在汽车的智能化方面。也就是说给汽车装上“大脑”，让汽车“学会思考”。可以预计，智能汽车将成为 21 世纪的主要交通工具。

在解决汽车油耗、排放和安全等问题方面，汽车电子控制技术具有举足轻重的作用。采用电控燃油喷射技术和微机控制点火技术，不仅能够节油 5%~10%，而且还能大大提高动力性和排气净化性能；汽油机应用电控喷油技术，能够精确控制空燃比和实现闭环控制，如果再加装三元催化转化器，就可使汽油发动机的有害排放物降低 95% 以上；柴油机应用高压共轨式电控喷油技术，能够精确控制喷油量和高达 160~200 MPa 的喷油压力，不仅能够降低油耗和减少排放，而且还能提高动力性；采用电控防抱死制动技术，不仅可使汽车在泥泞路面上安全行驶，而且可以在紧急制动时防止车轮抱死滑移，保证汽车安全制动，可使在湿滑或冰雪路面上的事故发生率降低 24%~28%；采用安全气囊技术，每年可以挽救成千上万人的生命。

近年来，由人工驾驶、电脑提供辅助信息的第一代智能汽车获得了长足进步。随着电子技术的迅猛发展，具有自动驾驶功能的第二代智能汽车也大量出现。

简单地回顾了汽车百年发展历程，可以发现，汽车进入社会的时间在世界各地是不相同的。汽车诞生于德国，成长于法国，成熟于美国，兴旺于欧洲，挑战于日本。

2. 汽车外形的发展

随着汽车的不断发展，人们开始追求外形、色彩的多样化以及乘坐的舒适性、操纵的便利性。车身变得越来越长，越来越低，车身的整体和刚度增强，其振动和噪声不断下降，车身变化越来越快，各种变型车和选用款式纷纷出现。汽车的形状经历了从粗糙的“马车”到火柴盒般的箱型汽车，再到卡通般的甲壳虫汽车，还有船型、鱼型、楔型，汽车的身材越来越好看，线条越来越优美。

1）马车型汽车

最早出现的汽车，其车身造型基本上沿用了马车的形式，因此称为“无马的马车”，如图 1. 1. 15、图 1. 1. 16 所示。

图 1. 1. 15　1892 年的标致汽车

图 1. 1. 16　1901—1905 年最畅销的奥兹莫比尔汽车

2）箱型轿车

马车型汽车很难抵挡风雨的侵袭，美国福特汽车公司在 1915 年生产出一种新型的福特 T 型车，这种车的车室部分很像一只大箱子，并装有门和窗，人们把这类车称为“箱型汽车”（图 1. 1. 17）。这种车因结构紧凑、坚固耐用、容易驾驶、价格低廉而受到欢迎，并以产量之高而著称于世，如图 1. 1. 18 所示。

图 1.1.17　福特 T 型车是典型的箱型汽车

图 1.1.18　1928 年的奥斯汀箱型汽车

3）流线型汽车

作为高速车来讲，箱型汽车是不够理想的，因为它的阻力大，大大妨碍了汽车前进的速度，所以人们又开始研究一种新的车型——流线型。

1934 年，美国的克莱斯勒公司生产的气流牌轿车（图 1.1.19），首先采用了流线型的车身外形，1936 年，福特公司在气流牌轿车的基础上加以精炼，并吸收商品学要素，成功研制出林肯 - 和风牌流线型轿车（图 1.1.20）。

图 1.1.19　1934 年克莱斯勒气流牌轿车

图 1.1.20　林肯 - 和风牌流线型轿车

4）甲壳虫型汽车

1933年，德国的费迪南德·保时捷博士设计了一种类似甲壳虫外形的汽车（图1.1.21），由大众公司生产。最大限度地发挥了甲壳虫外形的长处，成为同类车的车中之王，甲壳虫也成为该车的代名词。

图1.1.21　保时捷博士设计的大众甲壳虫汽车

目前，大众汽车公司再度推出“甲壳虫”汽车，并取名“新甲壳虫（New Beetle）”汽车（图1.1.22），引起了人们的极大兴趣。

5）船型汽车

第二次世界大战期间，由于战争需要，开始了人机工程学的系统性研究与应用。而在战后，福特汽车公司就把人机工程学引入车身的设计中。1949年，该公司的V8轿车首先开发了船型车身的造型。

图1.1.22　新甲壳虫汽车

船型汽车采用了使汽车车室置于两轴之间的设计方法，从外形上看，整车像一只小船，称为船箱汽车。福特公司1949年制造的福特V8型汽车就是船箱汽车的代表（图1.1.23）。船箱汽车无论从外形上还是从性能上来看都优于甲壳虫型汽车，并且较好地解决了甲壳虫型汽车对横风不稳定的问题。但是由于车的尾部过长，形成了阶梯状，高速行驶时会产生较强的空气涡流，影响了车速的提高。

图1.1.23　1949年推出的具有历史意义的新型福特V8型汽车

6）鱼型汽车

为了克服船型汽车的尾部过分向后伸出，在汽车高速行驶时会产生较强的空气涡流作用这一缺陷，人们又开发出像鱼的脊背的鱼型汽车。1952 年，美国通用汽车公司的别克牌轿车开创了鱼型汽车的时代（图 1. 1. 24）。它基本上保留了船型汽车的长处，但是它也并非完美无缺。汽车后窗倾斜大，面积大，降低了车身的强度，车内温度高。汽车高速行驶时易产生很大的升力，升力使汽车与地面附着力减小，使汽车行驶稳定性和操纵稳定性降低。

图 1. 1. 24　最初的鱼型车是美国 1952 年生产的别克牌轿车

鱼型汽车存在的缺点有：后窗玻璃倾斜太甚，面积增加两倍，强度下降，产生结构上的缺陷。鱼型汽车还有一个潜在的重大缺点就是对横向风的不稳定性。鱼型汽车发动机前置，车身重心相对前移，一般来讲，横向风的风压中心和车身重心接近。但由于鱼型车的造型关系，在高速时会产生一种升力，使车轮附着力减小，从而抵挡不住横向风的吹袭，有发生偏离的危险。

7）楔型汽车

为了从根本上解决鱼型汽车的升力问题，人们设想了种种方案，最后终于找到了一种楔型方案。就是将车身整体向前下方倾斜，车身后部像刀切一样平直，这种造型能有效地克服升力。1963 年司蒂倍克 · 阿本提第一次设计了楔型汽车。

汽车发展到鱼型，关于空气阻力的问题就已经基本解决，楔型继承了这一成果，并有效地克服了鱼型车的升力问题，使汽车的行驶稳定性有了显著的提高，楔型成为目前较理想的车身造型（图 1. 1. 25）。未来汽车的造型必然是在楔型车的基础上加以改进。

图 1. 1. 25　1970 年雪铁龙 SM 楔型车

任务实施

一、任务场景：校内实训室

二、任务要求：

1. 演练任务：学生进行归纳、总结。
2. 演练目的：培养科学认知理念、团队协作能力。
3. 演练内容：请同学们查阅资料，对世界汽车发展 7 个时期背景及发展过程进行分析，并团结协作进行归纳、总结；对汽车外形的演变过程进行分析并归纳、总结；对汽车外形不同阶段演变以及代表车型进行分析，并归纳、总结

三、任务分组：在这个任务中，采用分组实施方式进行，4~8 人为一组，以学生自荐或推荐的方式选出组长，负责本团队的组织协调工作，带头示范、督促、帮助其他组员完成相应工作

四、任务步骤：

1. 查阅资料，了解世界汽车发展 7 个时期背景、发展过程以及汽车外形不同阶段演变和代表车型；
2. 对世界汽车发展 7 个时期背景及发展过程进行分析；
3. 对汽车外形的演变过程进行分析并归纳、总结；
4. 对汽车外形不同阶段演变以及代表车型进行分析，并归纳、总结

任务评价

序号	评价项目	评价指标	分值	自评（30%）	互评（30%）	师评（40%）	合计
1	职业素养（50 分）	具备分析能力	10				
		具有团结协作意识	10				
		完成任务积极主动	20				
		具有科学认知理念	10				
2	专业能力（30 分）	能够掌握汽车发展和车型变化的各个阶段	15				
		能列举汽车外形发展不同阶段的代表车型	15				
3	创新意识（20 分）	具有创新性思维和行动	20				
合计			100				
综合得分							

知识扩展

课后提升

一、填空题

1. 汽车发展的 7 个阶段为（　　　　）、（　　　　）、（　　　　）、（　　　　）、（　　　　）、（　　　　）、（　　　　）。

2. 汽车外形演变的 7 个阶段为（　　　　）、（　　　　）、（　　　　）、（　　　　）、（　　　　）、（　　　　）、（　　　　）。

二、判断题

1. 汽车诞生于德国，成长于法国，成熟于美国，兴旺于欧洲，挑战于日本。（　　）

2. 甲壳虫车型属于流线型车型。（　　）

3. 鱼型汽车存在的缺点有：后窗玻璃倾斜太甚，面积增加两倍，强度下降，产生结构上的缺陷。（　　）

阅读小资料

任务二　中国汽车发展史探索

任务导入

从零基础起步到如今汽车市场销量全球第一，中国汽车工业的奇迹在全球汽车发展史中独一无二。这种长时间、大幅度的增长状态在其他国家也难以复制。中国汽车工业的发展离不开世界主流汽车制造商的参与，反过来中国汽车市场的发展也助推大众、丰田、通用等主流车企成长为千万辆级的“巨无霸”，开放、自由的中国汽车市场已成为全球车企的“乐园”。同时，中国汽车市场的发展也催生本土的自主品牌，它们起于微末，从学习国外车企的造车技术开始，在中国市场发展到初步能挑战合资车企部分产品的程度。接下来，它们将走出国门，在全球汽车市场与世界级主流车企展开竞争。那么中国汽车发展史是什么样子的呢？让我们一起来探索一下吧。

任务目标

知识目标	能力目标	素养目标
1. 了解中国汽车发展史； 2. 了解国内汽车不同发展阶段的显著特征	1. 能够掌握中国汽车从起步至今的发展历程； 2. 能够列举国内汽车发展阶段的代表车型； 3. 能够列举国内汽车不同发展阶段的重要政策利好	1. 具备历史眼光； 2. 具有人类命运共同体意识； 3. 具有使命担当意识； 4. 具有科学是第一生产力理念

知识学习

一、课前预习

预习任务	预习内容	重点	难点
中国早期汽车工业探索	1. 了解我国早期汽车发展概况； 2. 了解影响中华人民共和国成立前汽车工业发展的主要原因； 3. 了解中华人民共和国成立前闭关锁国对汽车工业的影响	中国早期汽车工业萌芽期发展情况	我国早期汽车工业无法发展的原因

基础认知

自我检测

一、填空题

新中国成立前（　　）组织制造出中国的第一辆汽车。

二、问答题

什么原因导致中华人民共和国成立前的汽车工业停滞不前？

二、课堂学习

深入探究

汽车工业是“The Industry of Industries”——工业中的工业。之所以给予它这样高的地位，是因为没有任何一个工业能像汽车产业一样，横向与钢铁、冶金、橡胶、石化、塑料、玻璃、机械、电子、纺织等多个产业密切关联，纵向延伸到商业、维修服务业、保险业、运输业、环保业和公路建筑业等。

一家主机厂的进驻，意味着它身后几百个零部件公司的进驻。汽车工业对上下游产业链和国民经济的拉动效应，对税收、就业的贡献，都是其他工业品类难以做到的。同时，汽车工业还是衡量一个国家技术实力和工业发展水平的重要指示器，只有工业能力达到相当的水平的国家，才可以承载汽车工业。回望 70 载风雨征程，中国汽车工业一路披荆斩棘，从最初的一穷二白以市场换技术，发展到如今的自主创新，并成为全球第一大汽车生产国和消费市场，几乎所有的国际汽车品牌都参与到中国汽车市场的发展中。

1. 中国汽车初创阶段（1949—1965 年）

初创阶段的特征是：首先建成了中国第一汽车制造厂，实现了中国汽车工业零的突破；接着建立了南京汽车制造厂、上海汽车制造厂、济南汽车制造厂、北京汽车制造厂，形成了 5 个汽车生产基地。

1949 年，中华人民共和国成立后，就开始了建立我国汽车工业的筹备工作。1949 年 10 月，在中央重工业部内设置了汽车工业筹备组。1950 年 1 月，中共中央代表团访问苏联，商定苏联帮助中国建设 156 项重点工程，其中包括建设一座现代化汽车厂。

1）第一汽车制造厂的建立

1953 年 7 月 15 日，在长春孟家屯举行了隆重的第一汽车制造厂建设奠基典礼。1956 年 7 月 15 日，第一批国产解放牌汽车（原型是苏联制造生产的吉斯 150 型汽车）从总装配线上驶出（图 1.2.1），这表明中国不能制造汽车的历史从此结束，为中国汽车工业竖起了里程碑，圆了几代人的汽车梦。

图 1.2.1　长春一汽生产的“解放牌”载货汽车

1957 年 5 月，第一汽车制造厂开始设计轿车。1958 年 5 月 5 日，第一汽车制造厂生产出第一辆东风 CA71 型轿车（图 1.2.2），迈出了中国人自制轿车的第一步。东风轿车前端的发动机罩上装饰了一个金龙腾飞的车标。

1963 年 8 月，第一汽车制造厂建成具备小批量生产能力的轿车分厂，逐步形成具有批量生产能力的红旗牌轿车生产基地。经过进一步改进产品性能和质量，第一汽车制造厂又试制出红旗 CA770 型三排座高级轿车。1966 年 4 月，首批 20 辆红旗 CA770 型轿车送到北京，作为国家主要领导人乘坐用车。

图 1.2.2　东风 CA71 型轿车

2）其他汽车生产基地的形成

至 1966 年，我国汽车工业已形成第一汽车制造厂、北京汽车制造厂、南京汽车制造厂、上海汽车制造厂、济南汽车制造厂 5 个汽车生产基地，基本填补了汽车类型的空白。

（1）南京汽车制造厂。1958 年 3 月，在南京汽车制造厂诞生了第一辆跃进 NJ130 型轻型载货汽车（图 1.2.3），原型是苏联高尔基莫托洛夫汽车制造厂生产的嘎斯 51 型汽车。跃进 NJ130 型汽车投产后成为当时我国轻型载货汽车的主力车型。

图 1.2.3　跃进 NJ130 型轻型载货汽车

（2）上海汽车制造厂的前身是上海汽车装配厂，1957 年试制轻型越野车，后转产三轮汽车，1958—1963 年共生产三轮汽车 1.87 万辆；在 1958—1960 年期间还试制过凤凰牌轿车，后来停产至 1963 年恢复轿车生产，改称上海牌汽车（图 1.2.4），至 1966 年累计生产轿车 232 辆，成为当时生产普通型轿车的生产基地。

图 1.2.4　上海牌 SH760 轿车

（3）北京汽车制造厂的前身是北京第一汽车附件厂，1958 年起先后试制出井冈山牌轿车（图 1.2.5）和北京牌轿车（图 1.2.6），后因资金和技术力量不足停止试制，1960 年又参照苏联伏尔加轿车图样试制出东方红牌轿车，并拟建设年产 500 辆的能力。后来按照中央军委的要求，安排北京汽车制造厂生产军用轻型越野汽车，即北京牌越野车。

图 1.2.5　井冈山牌轿车

图 1.2.6　北京牌越野车

（4）济南汽车制造厂。济南汽车制造厂的前身是始建于 1935 年的一家汽车配件厂。1959 年，济南汽车制造厂参照了捷克生产的斯柯达 706RT8t 载货汽车设计我国的重型载货汽车。1960 年 4 月，试制成功了黄河 JN150 型重型载货汽车（图 1.2.7）。从此，黄河汽车驰骋于祖国大地。

图 1.2.7　黄河 JN150 型重型载货汽车

2. 中国汽车成长阶段（1966—1980 年）

中国汽车成长阶段的特征是：先后兴建了第二汽车制造厂、四川汽车制造厂和陕西汽车制造厂三个主要生产军用越野汽车的三线汽车制造厂；开发矿用自卸汽车和重型汽车；5 个老汽车生产基地为包建和支援第二汽车制造厂、四川汽车制造厂、陕西汽车制造厂做出了巨大贡献，其自身也得到一定发展；地方积极建设汽车制造厂，汽车生产的分散局面已经形成。

1）第二汽车制造厂的建立

1964 年，第二汽车制造厂建设被列入第三个五年计划。1967 年 4 月 1 日，第二汽车制造厂举行开工典礼大会。第二汽车制造厂兴建期间正值“文化大革命”，后由于各种干扰被迫停工。1969 年 9 月，在国务院的领导下，第二汽车制造厂扭转了建设停工的局面，步入大规模建设阶段。1975 年 7 月 1 日，建成第一个基本车型东风 EQ240 型 2.5 t 越野汽车生产基地。1978 年 7 月 15 日，建成第二个基本车型东风 EQ140 型 5 t 载货汽车生产基地。

2）四川汽车制造厂和陕西汽车制造厂的建立

四川汽车制造厂负责生产 10 t 以上的重型军用越野汽车，在中国汽车工业总公司的领导下，于 1964 年全面展开建厂工作。产品经过几轮的试制试验和改进，最后定型为红岩 261。

陕西汽车制造厂负责生产 5 t 军用越野汽车，定型为延安 SX250 型。从 1965 年选厂址开始，直到 1978 年 3 月 14 日正式批准验收投产为止，历时 13 年才建成。

3. 中国汽车全面发展阶段（1981—2000 年）

中国汽车工业获得了长足的发展，形成了完整的汽车工业体系。从载重汽车到轿车，开始全面发展。这一阶段是我国汽车工业由计划经济体制向市场经济体制转变的转型期。这一时期的特点是：商用汽车发展迅速，商用汽车产品系列逐步完整，生产能力逐步提高；具有了一定的自主开发能力；重型汽车、轻型汽车的不足得到改变；轿车生产奠定了基本格局和基础；我国汽车工业生产体系进一步得到完善。随着市场经济体制的建立，政府经济管理体制的改革，企业自主发展、自主经营，大企业集团对汽车工业发展的影响越来越大。汽车工业企业逐步摆脱了计划经济体制下存在的严重的行政管理的束缚。政府通过产业政策对汽车工业进行宏观管理：把轿车工业作为发展的重点；引进外资，建立合资企业；引进国外产品、工艺和管理方法，实行高起点、大批量的起步方针，很快形成一定规模；企业初步做到按市场机制运行。

1）发展汽车工业的政策陆续出台

党的十四大、八届人大做出振兴机械、汽车等产业，使之成为国民经济支柱产业的重大决策，确立了汽车工业在我国经济发展中的战略地位。1994 年 7 月 4 日，国务院批准发布了《汽车工业产业政策》《中华人民共和国国民经济和社会发展第十个五年计划纲要》《汽车工业“十五”规划》，明确提出了“十五”期间我国汽车工业的发展目标。

2）产品结构调整步伐加快

1987 年、1988 年，生产时间最长的三个载货汽车老产品换型，转产新解放、新跃进和新黄河。1989 年 6 月 23 日，我国第一辆斯太尔重型载货汽车（图 1.2.8）在济南汽车制造厂下线。原第二汽车制造厂在东风 EQ140 型载货汽车的基础上，又生产出东风 EQ1092 型（图 1.2.9）、东风 EQ1118 型等新型载货汽车。

图 1.2.8　第一辆斯太尔重型载货汽车

图 1.2.9　东风 EQ1092

20 世纪 80 年代中后期，随着改革开放等一系列方针政策的贯彻执行，我国轻型载货汽车工业得到迅速发展。2000 年，我国重、中、轻、微型载货汽车产量在载货汽车总产量中的占比分别为 10.7%，20.2%，51.1%，18%。20 世纪 80 年代，我国初步形成微型载货汽车制造工业，经过“七五”“八五”期间的技术改造，我国微型载货汽车已形成年产 60 万辆的生产能力。

20 世纪 80 年代初，国内轿车工业几乎空白，仅有供高层领导和迎宾用的红旗牌高级轿车和供公务用的上海牌中级轿车，不足部分依赖进口解决。1981—1990 年 10 年间共进口轿车 351 042 辆，相当于同期国产轿车 165 910 辆的 2.1 倍，累计用外汇近 30 亿美元。从 1983

年开始，国家有关部门对发展我国轿车工业进行研讨。1987 年 5 月，中国汽车工业发展战略研讨会在第二汽车制造厂召开，提出中国轿车的发展与普及和中国汽车工业发展战略建议。1987 年 8 月，国务院北戴河会议讨论发展轿车工业问题，确定建设“一汽”“二汽”“上汽”三个轿车生产基地。

3）生产集中度有所提高

改革开放以来，我国汽车工业得到较快的发展，形成了比较完整的汽车产品系列和生产布局，建成了中国第一汽车集团、东风汽车公司、上海汽车工业（集团）总公司等大型企业。《汽车工业产业政策》颁布后，国家对汽车工业的扶持政策向重点骨干企业倾斜，80%以上的投资集中于 13 家骨干企业，促进了我国汽车工业组织结构的优化，大企业对行业发展的主导作用不断加强。2000 年，13 家骨干企业汽车生产集中度超过 90%，其中一汽、东风、上汽三家企业集团汽车生产集中度达到 44%，轿车生产集中度超过 70%。

4. 中国汽车全面崛起阶段（2000 年至今）

进入 2000 年以后，汽车产业在发展过程中逐渐暴露出新的矛盾。

第一，2001 年 12 月 11 日，中国正式加入 WTO。根据相关承诺，中国必须在管理体制、经贸政策、外资政策、市场政策等方面加快改革步伐，以便尽快向完全的市场经济体制过渡。汽车产业从此开始承受加快对外开放的压力。虽然国家为中国汽车产业争取了 3 年过渡期，即从 2002 年至 2004 年，我们可以继续实行汽车进口的配额许可证管理；汽车及其关键件进口配额可以在 2000 年 60 亿美元的基础上每年递增 15%。但很明显，原有的汽车产业政策已不再适应新的发展环境，必须按照谈判承诺的改革步伐来进行相应调整。

第二，亟待调整的还有汽车消费政策。我国 2004 年的轿车产量仍不到当年汽车总产量的 50%。究其原因，则是轿车进入家庭的市场潜力没有充分发挥。而比例过低的产品结构将会影响市场机制的建立。因此，这就需要通过新的消费政策来创造良好的市场环境，从而拉动潜在的消费需求。

第三，中外合资企业对我国汽车产业的发展既有积极一面，也有消极一面。外方在提供了某些现成技术的同时，也在一种程度上束缚了中方自主发展的动力和手脚，致使我国汽车产业自主发展动作迟缓，这有悖于引进外资的初衷。“只有合资品牌轿车，没有自主品牌”的局面急需改变，这就需要中国汽车加快自主发展的步伐。

第四，执行第一部产业政策 10 年的实践证明，汽车产业“散、乱、低、慢”问题的产生有一定的历史根源和必然性，只靠计划经济时期的行政手段是无法解决的，需要逐步强化法制化管理并充分发挥市场机制的调节作用才能解决。

为了解决以上 4 个矛盾，2004 年，我国政府本着保护弱小产业自主发展的原则，结合新时期国内外的产业发展因素，颁布了新中国第二部汽车产业政策——《汽车产业发展政策》。

其一，中国做出了适应加入 WTO 承诺的调整，取消了汽车发动机的外资股比限制和对合资企业产品国产化率等要求，但仍保留了整车合资企业对外资股比的限制，这体现了国家坚持对自主发展的政策性保护。

其二，“品牌战略”提上日程。政策开始向支持开发自主品牌产品方向倾斜，实施品牌战略，催生了自主品牌企业和民营汽车的诞生与发展，激励了自主品牌汽车提高研发和技术创新能力，并为国际化发展奠定基础。

其三，建立起全国统一、开放的汽车市场及管理制度，培育了以私人消费为主体的市场机制，使汽车市场进入快速增长的轨道。

其四，汽车投资和准入管理体制的改革，即将审批改为核准、备案制，以及法律法规、标准的逐步完善，强化了市场配置资源的基础性作用，传统汽车产业的竞争机制基本形成。

在第二部汽车产业政策的引导下，中国汽车产业进入发展快车道：仅用4年时间，2008年汽车总产量便从500万辆/年发展为1 000万辆/年以上，跻身世界汽车生产大国行列；2009年，中国汽车总销量大爆发，车辆销售1 365万辆，同比增长46.15%，成为世界上最大的汽车销售市场。当然，中国汽车产销量的剧增，除了得益于鼓励消费的政策因素外，也与国家在这一时期出台的其他新政，包括大力减少税收，以及为建设基础设施尤其是交通运输设施进行重点投资等多种因素有关。

进入2008年，国际环境也发生了翻天覆地的变化——金融危机爆发。外部环境的急速改变迫使中国汽车产业发展的相关政策，必须按照“保增长、扩内需、调结构”的原则做出调整。与此同时，伴随着我国汽车保有量的急速上升，石油的对外依存度也在迅速提高：2008—2009年已超过50%。节能、环保作为新时期摆在汽车产业发展面前的一个新命题，并随着时间的推移，越来越刻不容缓，亟待解决。

2009年1月，国务院批准《汽车产业调整和振兴规划》，①提出“着力发展自主品牌，积极发展新能源汽车”，预示着我国将进入战略性调整的前期；②鼓励个人使用节能小排量汽车，同时推出优惠政策。既保持了消费增长，也预示着节能产品将是未来市场消费的主流。

同年，我国开始开展新能源汽车和清洁能源汽车的示范应用。

从2009年开始，我国汽车产业开始循着新的发展轨迹不断向前。我国进入以汽车动力电动化转型为目标，以节能与新能源汽车为重点的新能源汽车产业培育发展期。汽车产业发展政策也随之有了新改变：不再出台新的“大部头”文件，而是根据改革和发展的需要对原有产业政策的相关部分逐步做出相应调整。

2010年，国务院将新能源汽车列为“国家七大战略性新兴产业”之一加以扶植，标志着中国汽车产业将新能源汽车作为今后的重点发展方向。

2012年，国家发布《节能与新能源汽车产业发展规划（2012—2020）》，凭借汽车节能指标超前国际的部署和新型动力系统国际领先的发展基础，提出“坚持转型与技术进步相结合”的技术路径和“加快培育发展新能源汽车产业，推动汽车动力系统电动化转型”的战略目标。意味着我国汽车产业在继续支持传统汽车技术进步的同时，将电动化作为汽车动力转型的支持重点。

2013年，开始在80多个城市开展新能源汽车的推广应用。

2014年，正式确定新能源汽车是我国“从汽车生产大国向汽车强国转变的必由之路”，新能源汽车的历史地位和发展方向自此确立。2014—2017年，我国新能源汽车年销量从7.5万辆激增到77.7万辆，我国连续三年成为全球新能源汽车产销第一大国。这也进一步激发了社会力量投资研发生产新能源汽车的积极性。

2015年5月，国务院发布《中国制造2025》，这是强国战略的第一个十年行动纲领。它将“节能与新能源汽车”列为九项战略任务之一，并将新能源汽车列为“重点突破的领域”。

2016 年开始，国务院和国家发展改革委陆续出台一系列简政放权、简化行政许可、开放新能源投资领域、强化退出机制、加强中后期监管等宏观调控措施。这预示着政府进一步加快了市场化改革的步伐，意在充分发挥市场机制作用，促进结构调整，创造公平公正的市场环境。

2018 年，国家宣布“中国开放的大门不会关闭，只会越开越大”，公布了汽车产业对外资股比放开的时间表，并大幅降低进口关税。其中，新能源汽车是第一个对外资放开的产业。中国汽车进入发展新时代。

博鳌亚洲论坛 2018 年年会上，国家主席习近平在讲话中提及两项重要汽车政策的变化，“中国将大幅度放宽市场准入，下一步将尽快放宽外资股比限制特别是汽车行业外资限制”，同时，“将相当幅度降低汽车进口关税”。

2018 年 4 月，国家发展改革委宣布，汽车行业将分类型实行过渡期开放：其中，2018 年取消专用车、新能源汽车外资股比限制；2020 年取消商用车外资股比限制；2022 年取消乘用车外资股比限制，同时取消合资企业不超过两家的限制。通过 5 年过渡期，汽车行业将全部取消外资相关限制。

历经风雨的中国汽车产业终于在一个个政策接力般的驱动下迸发出蓬勃昂扬的力量，从封闭、半封闭的发展阶段进入全面开放发展的新时期。中国汽车将在新的发展机遇和挑战中，进入竞争发展与结构调整并重、完成动力转型并实现汽车生产大国向强国转变的新时代。

过去的发展中，正是得益于国家坚持深入的改革开放，为产业的纵深化发展创造了必要的外围条件；同时，国家也在针对每个阶段的主要矛盾，积极调整与应对，制定出与时俱进的政策，从而成为规范企业行为和引领汽车产业不断取得突破性发展的关键内因。

产业结构出现的问题是历史的必然，最终必须依靠法制化管理及公平公正的市场竞争机制解决。这是一个长期而艰难的历程。中外合资是一把“双刃剑”，它虽然在一定时期内是汽车产业和市场发展的垫脚石，但长期依赖外资不可能将产业做强。企业和品牌的成长是岁月和意志的积累，成功之路只有快慢，没有捷径；只有坚持改革开放才能形成国际领先的产业基础，自主创新才是产业发展的灵魂，执着的理想信念是发展的动力，自主品牌是发展的根本，只有依托自主才能将产业做强。只要我们认真吸取积累的经验和继续发扬锲而不舍的奋斗精神，不断开拓创新，勇于进取，一定能在全面开放的国际竞争环境中，抓住发展机遇，从容应对各种压力，在不远的未来实现汽车的强国梦。

任务实施

一、任务场景：校内实训室
二、任务要求： 1. 演练任务：学生进行阐述、描述、列举； 2. 演练目的：培养学生环保意识、安全意识、团结协作意识、科学认知理念。 3. 演练内容：请同学们查阅资料，并阐述中国汽车创建阶段背景、过程及代表车型；阐述中国汽车成长阶段背景、过程及代表车型；阐述中国汽车全面发展阶段背景、过程及代表车型；阐述中国汽车全面崛起阶段背景、过程

续表

三、任务分组：在这个任务中，采用分组实施方式进行，4～8 人为一组，以学生自荐或推荐的方式选出组长，负责本团队的组织协调工作，带头示范、督促、帮助其他组员完成相应工作
四、任务步骤： 1. 查阅中国汽车在创建阶段、成长阶段、全面发展阶段以及全面崛起阶段的背景、过程及代表车型的相关资料； 2. 阐述中国汽车创建阶段背景、过程及代表车型； 3. 阐述中国汽车成长阶段背景、过程及代表车型； 4. 阐述中国汽车全面发展阶段背景、过程及代表车型； 5. 阐述中国汽车全面崛起阶段背景、过程

序号	评价项目	评价指标	分值	自评（30%）	互评（30%）	师评（40%）	合计
1	职业素养（45 分）	具备分析能力	15				
		具有团结协作意识	15				
		具有责任意识	10				
		具有科学认知理念	5				
2	专业能力（40 分）	能够掌握中国汽车从起步至今的发展历程	20				
		能够列举国内汽车发展阶段的代表车型	10				
		能够列举国内汽车不同发展阶段的重要政策利好	10				
3	创新意识（15 分）	具有创新性思维和行动	15				
合计			100				
综合得分							

知识扩展

课后提升

一、填空题

1. 中国汽车发展经历了（　　）、（　　）、（　　）、（　　）4 个阶段。

2. 中国汽车初创阶段建立了南京汽车制造厂、上海汽车制造厂、（　　　　）、（　　　　），与一汽形成了 5 个汽车生产基地。

二、判断题

1. 1953 年 7 月 15 日，在长春孟家屯举行了隆重的第一汽车制造厂建设奠基典礼。（　　）

2. 1958 年 3 月，在南京汽车制造厂诞生了第一辆跃进 NJ130 型轻型载货汽车，原型是苏联高尔基莫托洛夫汽车制造厂生产的嘎斯 51 型汽车。（　　）

3. 2022 年取消乘用车外资股比限制。（　　）

4. 1989 年 6 月 23 日，我国第一辆斯太尔重型载货汽车在济南汽车制造厂下线。（　　）

阅读小资料

模块二

汽车新技术发展现状与趋势

模块简介

当前，新一轮科技和产业变革方兴未艾，引发新一代信息技术与制造技术的深度融合。在此过程中，汽车正由百余年前典型的机械产品，逐步演变为机电一体化、智能网联化的高科技产品，呈现出与能源、材料、电子、信息等相关产业紧密相连、协同发展的趋势。未来汽车产业和技术将发生深刻变革，其中低碳化、信息化、智能化技术的不断进步，将催生全新的产品形态与商业模式，进而推动整个汽车产业格局和生态的重构。通过本模块的学习，了解汽车新技术应用现状以及未来的发展方向。

随着互联网、新能源等科技的日益发展与进步，各种新技术在汽车中应用得越来越多，目前人们对于汽车的要求已经不仅仅是一个代步工具这么简单，人们对驾驶性、舒适性、安全性等方面都有了更高的要求，各大车企为满足广大消费者，积极采取了新技术的解决措施，如已开发的安全气囊技术：减缓了汽车发生事故对车内人员造成的冲击伤害，如正在开发中的滑动底盘技术：为了适应各种场景的驾驶要求，对底盘进行改善等，但是还有其他新技术距离人们的要求还有一定距离，为此汽车从业者们还要继续研究新技术来满足人们的要求。你知道目前汽车有哪些新技术应用吗？未来的汽车新技术发展方向是什么吗？为了解答这些问题，让我们一起开启本模块的学习吧。

任务一　汽车新技术发展现状探索

任务导入

汽车是相关学科最多、产业众多、技术密集的产品。现代汽车已不是过去单纯的机械工程的体现，而是要运用诸如空气动力学、工程热物理、电子学、控制论、模糊数学、人体工程学等基础学科的研究成果；运用诸如计算机网络技术、多媒体、电子技术、激光、红外线等高新技术及新材料。世界级的汽车公司在开发新产品中实时同步工程，对于结构、性能变化较大的发动机及底盘则提前开发，同时进行主机及零部件的设计、研制工作。在汽车、发动机的各个系统及零部件方面，新的结构、工作原理以及新的材料和工艺等新技术不断涌现。汽车新技术的发展现状是什么样的呢？让我们一起来学习吧。

任务目标

知识目标	能力目标	素质目标
1. 了解汽车新技术应用现状； 2. 了解我国汽车技术发展现状	1. 能够对汽车新技术发展现状进行分析； 2. 能够全面了解汽车新技术应用情况； 3. 能够对国内汽车新技术应用情况进行分析； 4. 能够全面掌握国内新技术发展的优势和不足	1. 具备历史眼光； 2. 具有创新意识； 3. 具有使命担当意识； 4. 具有科学是第一生产力理念； 5. 具有马克思主义辩证法思维

一、课前预习

预习任务	预习内容	重点	难点
1. 了解汽车给我们带来的公害问题； 2. 了解汽车新技术三大课题	汽车技术三大课题	了解汽车新技术发展背景	汽车技术的三大课题及对解决问题的迫切需要

知识学习

自我检测

一、选择题

汽车技术的三大课题有哪些？（　　）

A. 能源　　B. 环保　　C. 安全

二、判断题

1. 目前汽车所消耗的能源主要为石油资源，是可再生能源。（　　）

2. 我国每年因车祸死亡人数超过 10 万人，平均每天死亡约 300 人，位居世界第一。（　　）

3. 汽车排放大量污染物，对大气环境造成严重污染。（　　）

二、课堂学习

深入探究

汽车的出现给人们的生活带来了方便，人们告别了传统的家用车工具，不断追求着更快的速度。在科学技术的发展下，人们对汽车的要求也不仅仅局限于车速，安全、舒适、智能、小巧及人性化等也成为人们对汽车的要求。消费者需求的改变推动了汽车领域各个方面的巨大变化，一系列新式汽车半导体技术不断出现，安全、舒适、节能减排等成为技术发展的重心。

（一）汽车新技术发展现状

当前汽车产业发展的新技术主要包括智能驾驶技术、安全性能技术、节能技术、新平台开发及车身造型技术等，引领未来汽车更加人性化、个性化、更安全环保的发展。

1. 汽车新平台技术

“平台”是一辆汽车的基础架构。汽车平台，简单来说，就是一整套的汽车生产流水线，不同车型在同一个平台上生产，可以共用整车设计、生产工艺、制造流程以及质量管控等一整套流程，尤其是底盘设计和车辆结构。对车企来说，平台最大的意义在于标准化、模块化生产，从而降低车企研发制造成本；对用户来说，造车平台化后能以更优惠的价格买到汽车，后期维修的成本也相对低一些。总的来说，汽车平台能降低汽车的制造成本、维修成本，更能体现出一个车企的造车理念。

汽车生产方式的演进如图 2. 1. 1 所示。

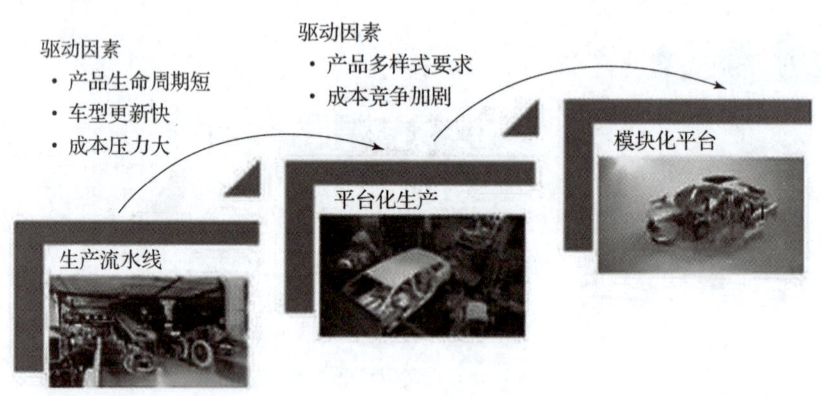

图 2. 1. 1　汽车生产方式的演进

2. 智能安全碰撞预警与智能巡航控制系统

智能安全碰撞预警系统的主要特点是：在汽车驾驶过程中，及时将威胁安全的危险情况和数据反馈给驾驶者，并且通过综合一系列的预警系统有效控制事故的发生。在具体的驾驶过程中，一般将智能安全碰撞预警系统分为三个部分：

①车前预警，通过及时测量与前车的距离，来防止驾驶车辆与前车发展追尾碰撞，车前预警能够提醒驾驶者在安全的距离范围进行跟车，以提高驾驶的安全性。

②车道偏离预警，是当驾驶者偏离正确的行车轨道时，会及时反馈预警给驾驶员，以防止驾驶车辆与路边发生事故。

③后车追尾预警，即当驾驶车辆受到后车的追尾时，来保证车辆的稳定性和安全性。

智能巡航控制是基于定速巡航基础上的新的技术开发，该系统能够智能分析驾驶员的意愿和希望的车速，通过控制开关来智能操纵车辆驾驶，汽车能够自动感知周围的情况和危险，使驾驶员完全摆脱驾驶的烦恼。同时，智能巡航控制系统能够控制车速，减少污染，节能环保。此外，电子控制的系统能够提高车辆的安全性，避免人工驾驶时由于疲劳或分神而酿成的事故。

除此之外的高新技术，如用户位置共享服务、手机无线充电、车家互控、高度便捷智能语音识别等功能，让人们畅享便利的出行生活。

3. 车身设计技术

车身造型新技术是车身设计发展的趋势，未来的车身设计要满足足够的安全性和材料强度、减小气动阻力、气动稳定性好等要求，同时又要保证最佳造型。未来的车身造型设计应以人为本，满足人的各种生理和心理要求，具有操作方便、使用舒适的特点。高强度车身技术满足了车辆安全性、轻量化和人性化保护等方面的要求，其三层结构侧围对整个车身结构起到了强大的支撑作用，在车辆发生碰撞时可以保证车内留下足够的生存空间，同时高强度车身可以使用各种新型材料，使车身强度更高、重量更轻、造型更加丰富多样。

4. 电动汽车技术

电动汽车技术是用电机取代传统的发动机、用电池取代自然界能源，将电能转化为机械能的技术。电动汽车技术应用前景被看好，因为电动汽车具有零排放、能源使用效率高、对环境影响小、可以使用传统汽车行业除了发动机之外的其他技术等特点。但电动汽车各方面的技术都处于初级阶段，发展较为缓慢。市面上主要是和传统动力相结合的混合动力汽车，主要是因为电动汽车技术有车用蓄电池功率较小、行驶里程短、充电慢、使用不便、维护保养成本高等缺点。蓄电池技术发展缓慢成为电动汽车发展的主要瓶颈，目前电动汽车上的电源仍是铅酸蓄电池，这种电池不仅比能量低、充电耗时长，而且寿命短。随着新电池技术、银镉电池、钠硫电池、燃料电池的发展，电动汽车也必将得到发展。

5. 汽油缸内直喷技术

汽油缸内直喷技术是将发动机喷油嘴移到了气缸内部。利用电子精准控制燃油的喷射时间和喷射量，直接送入燃烧室与吸入的空气进行混合的技术。采用缸内直喷技术的发动机在任何工况下都能保持最佳的燃烧效果，且具有排放更少、输出功率更强大和油耗更低等长处。由于电喷技术发展进入瓶颈期，因此缸内直喷技术成为发动机技术的主要发展方向。虽然直喷汽油机的竞争优势明显，但是发展也非一片光明。油品质量和制造技术发展缓慢限制了缸内直喷技术的发展，缸内直喷供油系统还有研发成本较高、零部件复杂精密和价格昂贵等劣势。因此很难短期内快速普及，但从其高效、经济的特点来看，预计未来必定有更多性能出色、燃油经济性高的直喷发动机面世。

6. 自动驾驶技术

自动驾驶控制系统通常被分为三部分：环境感知→决策规划→控制执行。首先环境感知通过各种传感器去搜集汽车周边信息，常用的传感器包括了摄像头、激活雷达、毫米波雷达、组合导航等（图2.1.2）。目前行业内有两种主流技术路线，一种是以特斯拉为代表的以摄像机为主导的多传感器融合方案；另一种是以谷歌、百度为代表的以激光雷达为主导，其他传感器为辅助的技术方案。无论哪种方案，都需要通过智能控制算法，根据驾驶员意图、当前车速、外部环境等状态计算规划驾驶指令和路径，最后由线控底盘系统来执行驾驶指令，控制车辆运行。

图 2.1.2　自动驾驶关键技术对环境感知

7. 均质充气压缩点火技术

均质充气压缩点火技术（HCCI）是一种不同于汽油机的均质充气火花点火和柴油机的非均质充气压缩点火的全新内燃机燃烧概念。它是指空气和燃油在进气过程中预先混合成均质混合气，然后进入气缸开展压缩，在压缩行程活塞运动到上止点附近时，均质混合气达到自燃温度而自燃，不需要任何点火系统。HCCI 燃烧方式具有同时 NO_x 和 PM 排放低、燃料灵活性高、燃油经济性和动力性较好等特点。

（二）国内汽车技术发展现状

近 20 年来，我国汽车产业发展迅猛，总体技术水平有了很大提升，主要表现在：

1. 整体技术水平显著提升

经过多年发展，中国汽车产业的整体技术水平显著提升，自主研发能力不断提高，集中体现在汽车产品取得了长足的进步。总体上，我国汽车技术水平呈现稳步提升的态势，基本形成了自主研发能力，不断取得各领域的重点突破，初步掌控了部分关键技术，对前沿技术也有所布局。当然，与世界先进水平相比，我国汽车技术仍有不足，如自动变速器技术尚在攻关，汽车电子电气技术还有很大提升空间，整车集成优化能力需要进一步提升，新能源汽车技术也无国际优势等。

2. 关键技术领域取得重大突破

整体技术水平的提升，与各关键技术领域的进步密不可分。其中，在先进动力总成、动力电池及驱动电机、燃料电池动力系统和整车轻量化等关键技术领域，近年来我国都在不同程度上取得了重大突破，部分技术接近或达到了国际先进水平。当然，我国仍在诸多核心技术领域或单项关键技术上相对落后，如发动机新型燃烧技术应用不足，能量管理技术尚待突破，自动变速器尚待大规模产业化检验，电子电气关键零部件与核心技术多为外资掌控，混合动力技术尚需系统性整体提升，三元电池先进技术多由日韩企业把持，智能网联技术有待实质性突破且关键部件还受制于人等。

任务实施

一、任务场景：校内实训室
二、任务要求： 1. 演练任务：学生进行归纳、总结； 2. 演练目的：培养科学认知理念、团队协作能力； 3. 演练内容：请同学们查阅资料，对汽车新技术目前的应用情况进行分析，并团结协作进行归纳、总结；收集相关资料对我国汽车技术发展的现状进行归纳、总结，撰写研究报告
三、任务分组：在这个任务中，采用分组实施方式进行，4~8 人为一组，以学生自荐或推荐的方式选出组长，负责本团队的组织协调工作，带头示范、督促、帮助其他组员完成相应工作
四、任务步骤： 1. 查阅资料，了解汽车新技术目前的应用情况以及我国汽车技术的发展现状； 2. 总结汽车新技术目前的应用情况，制作 PPT 进行讲解； 3. 收集相关资料对我国汽车技术发展的现状进行归纳、总结，撰写研究报告

任务评价

序号	评价项目	评价指标	分值	自评（30%）	互评（30%）	师评（40%）	合计
1	职业素养（50 分）	具备分析能力	10				
		具有团结协作意识	10				
		具有环保意识	10				
		具有科学认知理念	10				
		能够采用多手段收集信息、解决问题	10				

续表

序号	评价项目	评价指标	分值	自评（30%）	互评（30%）	师评（40%）	合计
2	专业能力（30 分）	能够对汽车新技术发展现状进行分析	10				
		能够全面了解汽车新技术应用情况	10				
		能够对国内汽车新技术应用情况进行分析	5				
		能够全面掌握国内新技术发展的优势和不足	5				
3	创新意识（20 分）	具有创新性思维和行动	20				
合计			100				
综合得分							

知识扩展

课后提升

一、填空题

1. 当前汽车产业发展的新技术主要包括（　　）、（　　）、（　　）新平台开发及车身造型技术等，引领未来汽车更加人性化、个性化、安全环保地发展。

2. 汽油缸内直喷技术是将发动机将喷油嘴移到了（　　）。

二、判断题

1. 自动驾驶控制系统通常被分为三部分：环境感知→决策规划→控制执行。（　　）

2. 我国汽车技术发展受制于基础零部件制造技术薄弱的现象非常明显。（　　）

阅读小资料

任务二　汽车新技术发展趋势探索

任务导入

当代汽车技术的发展仍然围绕着节能、环境保护及安全方面的主要要求进行，还要考虑行驶稳定性、驾驶方便、舒适性、多种功能、个性化等方面的需要。未来，汽车的产品方向是节能汽车、新能源汽车和智能互联网汽车，相应地，汽车技术向低碳化、信息化和智能化发展的趋势将日趋明显。在社会方面，汽车技术的发展应实现能源、环境的持续发展与安全高效的智能交通；在产业方面，汽车技术的发展应实现产品质量的提高、产品生态功能的提升以及产业的持续发展。

任务目标

知识目标	能力目标	素质目标
1. 了解汽车新技术发展趋势； 2. 了解我国汽车新技术总体发展目标； 3. 了解我国汽车新技术重点发展方向	1. 能够对未来汽车新技术发展趋势进行分析； 2. 能全面掌握未来汽车技术发展方向	1. 具备历史眼光； 2. 具有科学是第一生产力理念； 3. 具有马克思主义辩证法思维； 4. 具有绿色发展意识； 5. 具有创新意识

知识学习

一、课前预习

预习任务	预习内容	重点	难点
了解汽车新技术发展趋势	1. 了解汽车在节能方面的技术发展方向； 2. 了解汽车在环保方面的技术发展方向； 3. 了解汽车在安全方面的技术发展方向； 4. 了解汽车在和社会相容性方面的技术发展方向	了解汽车新技术发展趋势	未来汽车发展趋势

基础认知

自我检测

选择题

1. 在汽车节能方面有哪些新技术？（　　）

A. 太阳能电池

B. 氢燃料

C. 电动、内燃动力

D. 排气能量的利用

2. 在汽车环保方面有哪些新技术？（　　）

A. 零排放汽车

B. 电动车

C. 安静无声汽车

3. 未来汽车技术发展的趋势主要包括（　　）。

A. 向效率更高、排气更清洁甚至无污染的汽车发展

B. 开发新的能量转换系统及动力装置

C. 汽车的电子化程度更高，并实行集中控制

D. 从结构合理化、采用新型材料等方面减轻车身重量

二、课堂学习

深入探究

汽车新技术未来发展方向为我国汽车技术提出了明确需求，也指出了前进方向。以此为出发点，在制造强国战略的指引下，结合全球汽车技术“低碳化、信息化、智能化”的发展趋势，依据“创新驱动、质量为先、绿色发展、两化融合”的基本方针，按照“重点突破、全面推进”的指导思想，对我国汽车技术未来 15 年的发展进行了系统梳理，选取了最能体现主要领域持续进步的表征性指标，提出了中国汽车技术总体发展目标。

（一）总体发展目标

1. 节能汽车技术

推动汽车低碳化方向发展进程，通过技术进步和重点产品的推广，汽车产业碳排放总量先于产业规模，在 2028 年提前达到峰值。新车油耗水平达到国际先进水平，形成自主、可

控、完整的节能汽车产业链，具有知识产权的自主产品份额不断提升。

掌控包括先进动力系统、高效传动系统、多种混合动力以及轻量化、低阻等共性技术在内的节能汽车关键技术。

2025 年，乘用车新车平均油耗达到 4 L/100 km，商用车新车油耗达到国际先进水平。

2030 年，乘用车新车平均油耗达到 3. 2 L/100 km，商用车新车油耗达到国际领先水平。

2. 新能源汽车技术

在稳步提升的新能源汽车技术支撑下，新能源汽车逐渐成为市场上的主流产品，汽车产业初步实现电动化转型。全面掌握高能量密度动力电池、高效驱动电机、先进电控系统、全新整车平台以及低成本燃料电池等新能源汽车关键技术，并达到国际先进水平。

以技术突破为支撑，推动新能源汽车销量不断提升，助力中国汽车产业低碳化进程：

2025 年，新能源汽车销量占比 15% 以上；

2030 年，新能源汽车销量占比 40% 以上。

3. 智能网联汽车技术

智能网联汽车技术不断发展，产生一系列原创性科技成果，并有效普及应用，使我国在该领域能够逐渐引领全球趋势。逐步掌握智能网联汽车领域内的车辆感知、决策及控制关键技术，信息交互关键技术以及高精度地图与定位等基础支撑关键技术。

依托我国较为强大的信息产业实力和全球翘楚的汽车产业规模，加速在汽车领域实现信息化与工业化的深度融合，有效形成发展合力，推动汽车技术信息化、智能化发展：

2025 年，实现 V2X 协同控制、高度/完全自动驾驶功能，实现高度自动驾驶车辆市场占有率达到约 15%；

2030 年，完全自动驾驶车辆市场占有率接近 10%。

4. 技术创新体系

培育并完善完整的汽车技术创新价值链，使技术创新体系基本成熟，持续创新能力具备国际竞争力。建成支撑汽车技术自主研发与持续创新的完整体系，全面覆盖汽车技术的各个领域。包括国家层面的顶层设计、企业层面的有效实施以及研究机构层面的有力支持，通过搭建自主研发共性关键技术的公共平台、持续完善科技创新的管理机制、构建科技创新的支撑服务体系，实现政、产、学、研的各司其职、协力发展，使我国汽车产业科技创新能力和持续创新能力具备国际竞争力。

（二）重点发展方向

汽车技术涉及要素广、关键领域多、相互影响强、发展变数大，准确识别关键技术领域及其相互关系至关重要。根据汽车各项技术的内涵、特点及相互关联，将低碳化、信息化、智能化技术予以综合分析与系统分解，明确我国汽车技术重点发展方向。

当前，节能汽车、新能源汽车以及智能网联汽车已被确定为我国汽车产业的发展重点。新能源汽车包括纯电动、插电式混合动力及燃料电池汽车，其中，动力电池又处于关键地位。同时，汽车制造技术和轻量化技术作为共性基础技术，也具有重要价值。由此确定了汽车技术的 7 个重点发展方向（图 2. 2. 1）。

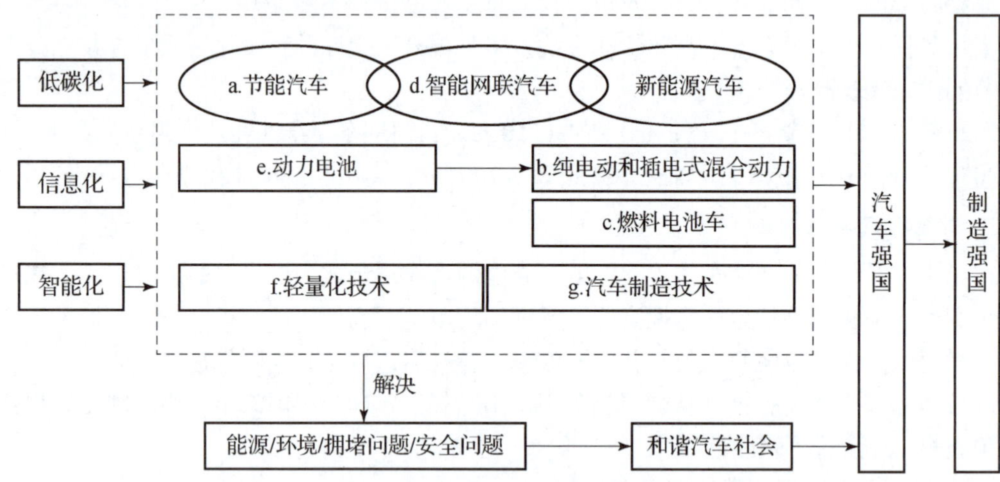

图 2.2.1　我国汽车技术重点发展方向

1. 节能汽车技术

在可预期的未来，传统内燃机汽车仍将占据汽车产品的主要份额，因此节能汽车是未来汽车产品的重要形态之一，提高节能汽车在传统动力汽车中所占比例，推广先进节能技术在节能汽车上的应用，推动其不断向低碳化方向发展，也是汽车产业降低能源消耗、减轻环境污染、最终实现低碳目标的重要保障。

2. 纯电动和插电式混合动力技术

新能源汽车有助于国家能源结构调整，最终确保汽车产业的绿色、和谐发展，代表了汽车的发展方向。当前，纯电动和插电式混合动力汽车是已经产业化推广的重要产品，也是未来 10～15 年内新能源汽车逐渐成为汽车产品主流的关键所在。

3. 燃料电池汽车技术

燃料电池汽车具有零排放、零污染的特点，也是氢能清洁能源应用的重要领域之一，代表着人类能源结构“脱碳入氢”的发展方向。

4. 智能网联汽车技术

智能网联汽车是新一轮技术变革和产业重构前景下，打造全新智能汽车生态圈的核心，也是实现汽车产业与技术转型升级的重要支撑。

5. 动力电池技术

支撑纯电动汽车和插电式混合动力汽车的核心是动力电池，其技术进步和性能水平直接决定新能源汽车的续驶里程、使用寿命、成本等关键指标，是新能源汽车普及的关键要素。

6. 汽车轻量化技术

减轻车辆质量意味着在汽车行驶过程中可直接节省大量能量，同时，汽车行驶过程中所受到的阻力也与车辆质量相关。作为共性基础技术之一，汽车轻量化是有效降低能耗及排放的重要领域。

7. 汽车制造技术

作为节能汽车、新能源汽车、智能网联汽车的共性基础，汽车制造技术是有效打造未来汽车产品的前提。同时，汽车制造过程中的低碳化、信息化、智能化技术应用，也是汽车技术发展的重要方向。

上述重点技术领域共同体现了汽车技术低碳化、信息化、智能化的发展方向，同时彼此之间又紧密关联、相互影响。我国沿着上述 7 个重点发展方向，加快推进相关关键技术的不断进步，以最终解决能源、环境、拥堵与安全问题，支撑中国汽车产业向着强国目标不断迈进。

任务实施

一、任务场景：校内实训室
二、任务要求： 1. 演练任务：学生进行归纳、总结； 2. 演练目的：培养科学认知理念、团队协作能力； 3. 演练内容：请同学们查阅资料，总结汽车新技术总体发展方向，制作 PPT 进行讲解；收集相关资料，对我国汽车新技术发展趋势进行归纳、总结，撰写研究报告
三、任务分组：在这个任务中，采用分组实施方式进行，4～8 人为一组，以学生自荐或推荐的方式选出组长，负责本团队的组织协调工作，带头示范、督促、帮助其他组员完成相应工作
四、任务步骤： 1. 查阅资料，查阅资料，了解汽车新技术总体发展方向以及我国汽车新技术发展趋势； 2. 总结汽车新技术总体发展方向，制作 PPT 进行讲解； 3. 收集相关资料，对我国汽车新技术发展趋势进行归纳、总结，撰写研究报告

任务评价

序号	评价项目	评价指标	分值	自评（30%）	互评（30%）	师评（40%）	合计
1	职业素养（50 分）	具备分析能力	10				
		具备团结协作意识	10				
		具备环保意识	10				
		具备创新能力	10				
		能够采用多手段收集信息、解决问题	10				

续表

序号	评价项目	评价指标	分值	自评（30%）	互评（30%）	师评（40%）	合计
2	专业能力（30 分）	能够对未来汽车新技术发展趋势进行分析	15				
		能全面掌握未来汽车技术发展方向	15				
3	创新意识（20 分）	具有创新性思维和行动	20				
合计			100				
综合得分							

课后提升

一、填空题

1. 当前，（　　）、（　　）以及（　　）已被确定为我国汽车产业的发展重点。
2. 汽车制造过程中的（　　）、（　　）、（　　），也是汽车技术发展的重要方向。

二、判断题

1. 燃料电池汽车具有零排放、零污染的特点，是氢能清洁能源应用的重要领域之一，代表着人类能源结构“脱碳入氢”的发展方向。（　　）
2. 智能网联汽车是新一轮技术变革和产业重构前景下，打造全新智能汽车生态圈的核心，也是实现汽车产业与技术转型升级的重要支撑。（　　）

模块三

发动机进排气新技术

模块简介

发动机进排气系统的作用是供给发动机新鲜空气，并将燃烧后的废气排出。发动机进排气系统直接影响发动机的动力性、经济性及排放性。可变气门正时系统可以根据发动机工作的状态，调整进气凸轮轴在60°角范围内工作，自动保持最佳的气门正时，实现了在所有速度范围内配气相位智能化的变化（保持、提前、迟后），从而，提高了发动机的扭矩和燃油经济性及净化性。除了采用气门正时系统的工作外，还可以配合采用可变进气歧管来适应不同发动机的转速要求，以便更好地提高发动机的动力输出。

汽车进排气系统新技术究竟有哪些？它们的结构如何？有哪些特点？如何工作？控制原理是什么？带着这些问题让我们一起进入本模块的学习吧。

任务一　可变气门正时与气门升程技术探究

任务导入

可变气门正时系统可以根据发动机的运行情况，调整进气（排气）的量和气门开合时间、角度，使进入的空气量达到最佳，提高燃烧效率。学生通过对可变气门正时系统的学习，理论联系实际，了解新知识、新技术，培养学习兴趣和检修能力。可变气门正时与气门升程技术是什么样的呢？让我们一起来学习吧。

任务目标

知识目标	能力目标	素养目标
1. 掌握可变气门正时系统各部件的功用； 2. 掌握可变气门正时系统结构组成； 3. 掌握可变气门正时系统故障原理	1. 能够在发动机上找到可变气门正时系统各组成部分； 2. 能够梳理可变气门正时系统的控制逻辑； 3. 能够区分不同类型的可变正时系统	1. 具有辩证思维； 2. 具有科学认知理念； 3. 具有劳动精神； 4. 具有安全责任意识

一、课前预习

预习任务	预习内容	重点	难点
可变气门正时与气门升程技术相关知识	1. 可变气门正时与气门升程技术定义； 2. 可变气门正时系统结构组成； 3. 可变气门正时系统工作原理	掌握可变气门正时系统工作原理	掌握可变气门正时系统工作原理

基础认知

自我检测

一、填空题

i－VTEC 系统主要由 VTEC 系统和 VTC 系统组成，其中 VTEC 系统主要为（　　）。VTC 系统主要控制连续可变的气门正时，与 VVT 系统结构和工作原理相似。

二、简答题

（1）VTEC、VTC、VANOS 的概念是什么？

（2）VTEC 的具体结构是什么？

二、课堂学习

深入探究

工作原理：在主摇臂内有一油道与摇臂轴油道相通，在主摇臂的腔内有一正时液压活塞，主摇臂腔内有一同步活塞，右边副摇臂腔内有一阻挡活塞，油道经控制液动阀与机油油路相通，控制液动阀上有受 ECU 控制的电磁阀及起到反馈作用的压力开关，如图 3.1.1 所示。控制电磁阀、控制液动阀、压力开关称为 VTEC 的控制系统。ECU 根据发动机转速、发动机负荷、车速、冷却水温度、VTEC 压力开关等信号控制 VTEC 的控制系统。

当发动机低速运转时，ECU 控制电磁阀不工作，液压活塞上方油路没有油压，在弹簧力的作用下液压执行活塞处于靠上的位置，这时机油经活塞中部的孔流回油底壳，如图 3.1.1（a）所示，正时活塞不运动，中间摇摆不与两侧摇臂锁止，气门升程由主、副凸

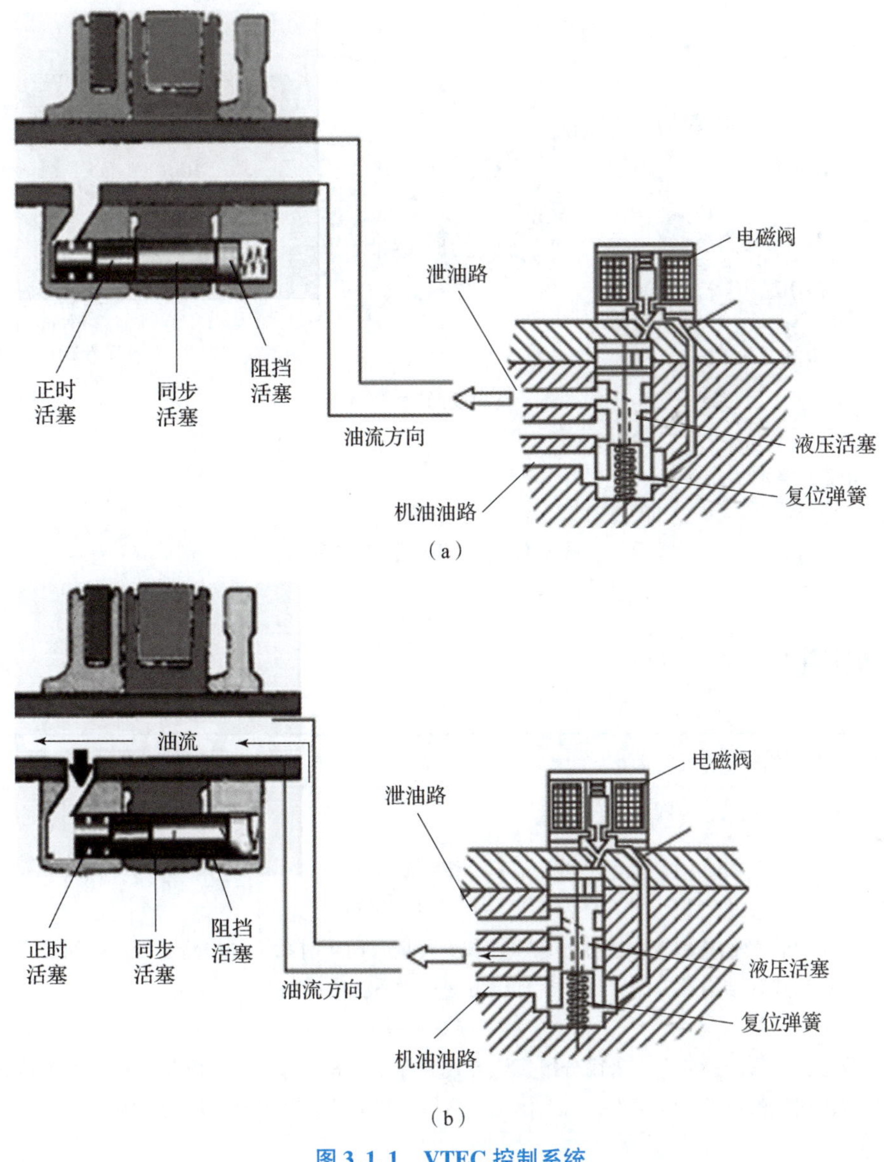

图 3.1.1　VTEC 控制系统

（a）小升程控制；（b）大升程控制

轮控制实现小升程。当发动机高速运转时，控制电磁阀接收到控制单元的信号开始工作，接通油路，一部分机油便流到液压控制活塞的顶部，使活塞向下运动，关闭回油道，如图 3.1.1（b）所示，使机油经活塞中部的孔沿摇臂轴流到各气门摇臂总成中的油道内，进入正时活塞左侧，正时活塞向右移动推动同步活塞也向右移动，压缩阻挡活塞后的弹簧，将主、副摇臂和中间摇臂锁成一体，一起动作，气门升程由中间大凸轮控制实现大升程，其工作过程如图 3.1.2 所示。

压力开关负责检测系统是否正处在工作状态并将信号传送给控制单元。当发动机转速下降到设定值时，电脑切断 VTEC 电磁阀电流，正时活塞一侧的油压降低，各摇臂油孔内的活塞在复位弹簧的作用下回位，三摇臂又彼此分离独立工作。

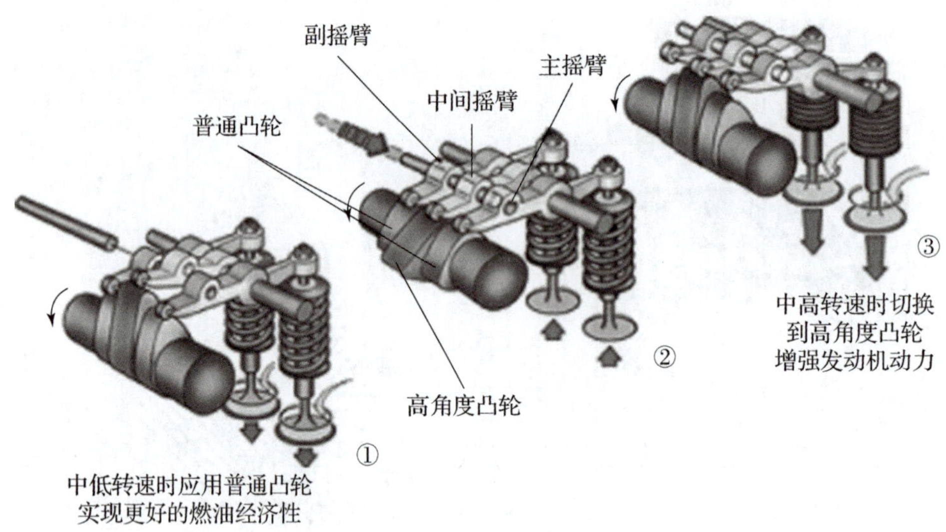

图 3.1.2　VTEC 工作过程

任务实施

<table>
<tr><td>一、任务场景：校内发动机实训室</td></tr>
<tr><td>二、任务要求：
1. 演练任务：学生进行归纳、总结、PPT 汇报、撰写研究报告；
2. 演练目的：具备安全意识、具有环保意识、具有科学认知理念；
3. 演练内容：请同学们查阅资料，在发动机上找到可变气门正时系统并拍照上传，找到可变气门正时系统组成部分并简述其结构及工作原理，梳理出可变正时系统的控制原理</td></tr>
<tr><td>三、任务分组：在这个任务中，采用分组实施方式进行，4~8 人为一组，以学生自荐或推荐的方式选出组长，负责本团队的组织协调工作，带头示范、督促、帮助其他组员完成相应工作</td></tr>
<tr><td>四、任务步骤：
1. 查阅资料，学习可变气门正时与气门升程技术，掌握它们的工作原理；
2. 找到可变正时系统各组成部分并拍照上传；
3. 梳理出可变正时系统的工作原理；
4. 制作 PPT，总结、归纳可变正时系统工作原理，并进行 PPT 汇报</td></tr>
</table>

任务评价

序号	评价项目	评价指标	分值	自评（30%）	互评（30%）	师评（40%）	合计
1	职业素养（50 分）	具备责任意识、安全意识	10				
		具备团队协作、交流沟通能力	10				
		具备动手能力	15				
		具备解决问题、信息收集能力	15				
2	专业能力（30 分）	能够梳理可变气门正时系统的控制逻辑	15				
		能够区分不同类型的可变正时系统	15				
3	创新意识（20 分）	具有创新性思维和行动	10				
		具有辩证思维	10				
合计			100				
综合得分							

课后提升

一、填空题

1. 可变配气相位控制系统是根据（　　　　）等参数变化来控制 VTEC 机构工作，改变驱动同一气缸两进气门工作的凸轮，以调整（　　　　），并实现单进气门工作和双进气门工作的切换。

2. 采用可变气门正时（variable valve timing，VVT）技术，改善了（　　　　）下的扭矩输出，大大增强驾驶的操纵灵活性，发动机的转速也能够设计得更高。

二、简答题

简述智能可变气门正时系统的工作原理。

阅读小资料

任务二　可变进气歧管技术探究

任务导入

可变进气歧管系统，利用进气管内的动力效应来增加充气量，高速时应使用短而粗的进气管，低速时应使用长而细的进气管。可变进气系统能根据发动机的转速自动地变换进气管的形状，以有效地利用进气管道内的动态效应。因此，它可以在较大的转速范围内增加气缸充量，提高发动机的输出转矩和功率。可变进气歧管技术是什么样的呢？让我们一起来学习吧。

任务目标

知识目标	能力目标	素养目标
1. 掌握可变进气歧管系统的组成； 2. 掌握可变进气系统的控制电路； 3. 掌握可变进气系统的控制原理	1. 能够在实车上找到可变进气系统各组成部分； 2. 能够梳理可变进气系统的控制逻辑； 3. 能够分析可变进气系统的故障	1. 具有绿色发展意识； 2. 具有科学技术是第一生产力理念； 3. 具有人类命运共同体的意识

知识学习

一、课前预习

预习任务	预习内容	重点	难点
可变进气歧管系统相关知识	1. 可变进气歧管系统定义； 2. 可变进气歧管系统作用； 3. 可变进气歧管系统结构； 4. 可变进气歧管系统控制原理	掌握可变进气歧管系统结构控制原理	掌握可变进气歧管系统结构控制原理

二、课堂学习

深入探究

可变进气歧管的工作原理：

由于混合气是具有质量的流体，在进气管中的流动状态是千变万化的，因此工程上往往要运用流体力学来优化其内部设计，例如将进气歧管内壁打磨光滑减轻阻力，或者刻意制造粗糙面营造气缸内的涡流运动。但是，汽车发动机的工作转速间隔高达数千转，各工况所需的进气需求不尽相同，这对普通的进气歧管是个极大的考验。于是，工程师对进气歧管进行了深层次的开发——让进气歧管“变”起来。

1. 变长度

汽车用四冲程发动机的活塞上下往复两次循环才算完成一个工作循环，进气门只有1/4时间打开，这样在进气歧管内造成一个进气脉冲。发动机转速越高，气门开启间隔也就越短，脉冲频率也就越高。简单来说，进气歧管的振动也就越大。

工程师通过改变进气歧管长度，改进气流的流动（图3.2.1）。进气歧管被设计成蜗牛一般的螺旋状，分布在发动机缸体中间，气流从中部进入。当发动机在2 000 r/min低转速运转时，黑色控制阀关闭，气流被迫从长歧管流入气缸，此时，进气歧管的固有频率得以降低，以适应气流的低转速。当发动机转速上升到5 000 r/min，进气频率上升，此时控制阀开启，气流绕开下部导管直接注入气缸，这降低了进气歧管的共振频率，利于高速进气。

图3.2.1　可变长度进气歧管

2. 变截面

我们知道，低转速时气门会设置成短行程开启，高转速时气门会设置成长行程开启，这都是“负压”惹出来的祸。那么除了气门，进气歧管就不能达到同样的效果吗？

根据流体力学的原理，管道的截面积越大，流体压力越小；管道截面积越小，流体压力越大。举个例子：小时候我们都玩过自来水，将水管前端捏扁，自来水的压力会变得非常大。

根据这一原理，发动机需要一套机构，在高转速时使用较大的进气歧管截面积，提高进气流量；在低转速时使用较小的进气歧管截面面积，提高气缸的进气负压，也能在气缸内充分形成涡流，让空气与汽油更好地混合。可变截面进气道如图3.2.2所示。

图 3.2.2　可变截面进气道

任务实施

一、任务场景：校内发动机实训室
二、任务要求： 1. 演练任务：学生进行归纳、总结、PPT 汇报并撰写研究报告； 2. 演练目的：具备科学认知理念，具有环保意识和团结协作的意识。 3. 演练内容：请同学们查阅资料，在发动机上找到可变进气系统并拍照上传，找到可变进气歧管组成部分并简述其结构及工作原理，梳理出可变进气系统的控制原理
三、任务分组：在这个任务中，采用分组实施方式进行，4~8 人为一组，以学生自荐或推荐的方式选出组长，负责本团队的组织协调工作，带头示范、督促、帮助其他组员完成相应工作
四、任务步骤： 1. 查阅资料，学习可变进气歧管技术，掌握可变进气歧管系统工作原理； 2. 找到可变进气系统各组成部分并拍照上传； 3. 梳理出可变进气系统的控制原理； 4. 制作 PPT，总结、归纳可变进气歧管技术的工作过程，并进行 PPT 汇报

任务评价

序号	评价项目	评价指标	分值	自评（30%）	互评（30%）	师评（40%）	合计
1	职业素养（50 分）	具备环保意识、安全意识	10				
		具备团队协作能力	10				
		具备较强的动手能力	15				
		具备解决问题、信息收集能力	15				

续表

序号	评价项目	评价指标	分值	自评（30%）	互评（30%）	师评（40%）	合计
2	专业能力（30 分）	能够在实车上找到可变进气系统各组成部分	15				
		能够分析可变进气系统的故障	15				
3	创新意识（20 分）	具有创新性思维和行动	10				
		具有辩证思维	10				
合计			100				
综合得分							

知识扩展

课后提升

一、填空题

1. 可变进气歧管通过改变进气管的（　　），提高燃烧效率，使发动机在低转速时更平稳、扭矩更充足，高转速时更顺畅、功率更强大。

2. 进气歧管一端与（　　）相连，一端与进气总管后的进气谐振室相连，每个气缸都有一根进气歧管。发动机在运转时，进气门不断地开启和关闭，气门开启时，进气歧管中的混合气以一定的速度通过气门进入气缸，当气门关闭时混合气受阻就会反弹，周而复始，从而产生振动频率。

3. 根据流体力学的原理，管道的截面积越大，流体压力（　　）；管道截面积越小，流体压力（　　）。

二、简答题

简述可变歧管技术的工作原理。

阅读小资料

模块四

发动机燃烧新技术

模块简介

发动机燃油系统的功用是根据发动机运转工况的需要，向发动机供给一定数量的、清洁的、雾化良好的汽油，以便与一定数量的空气混合形成可燃混合气。同时，燃油系统还需要储存相当数量的汽油，以保证汽车有相当远的续驶里程，燃烧新技术的发展，对于汽车节能减排至关重要。

缸内直喷技术将燃油由喷嘴直接喷入缸内；可变压缩比是一种动态调整内燃机压缩比的技术。在不同的负载情况下可变压缩比可以提高燃料效率。高负载时需要较低的压缩比，而低负载时需要高的压缩比。稀薄燃烧技术就是混合气中的汽油含量低，汽油与空气之比可达1∶25以上。

汽车发动机燃烧系统新技术究竟有哪些？它们的结构如何？有哪些特点？如何工作？控制原理是什么？带着这些问题让我们一起进入本模块的学习吧。

任务一　缸内直喷技术探究

任务导入

缸内直喷又称 FSI，即燃料分层喷射技术，将燃油由喷嘴直接喷入缸内。该技术可以进一步提高汽油机热效率与降低汽油机排放。这套由柴油发动机衍生而来的技术已经得到大量应用。那么缸内直喷技术是什么样的呢？让我们一起来学习吧。

任务目标

知识目标	能力目标	素养目标
1. 理解缸内直喷技术的定义； 2. 掌握缸内直喷技术的优缺点； 3. 掌握缸内直喷技术的控制原理	1. 能够在实车上找到缸内直喷各组成部分； 2. 能够梳理缸内直喷技术的控制逻辑	1. 具有绿色发展意识； 2. 具有科学技术是第一生产力理念； 3. 具有尊重劳动意识； 4. 具有安全责任意识

知识学习

一、课前预习

预习任务	预习内容	重点	难点
缸内直喷技术相关知识	1. 缸内直喷技术的定义； 2. 缸内直喷技术结构组成； 3. 缸内直喷技术控制原理	掌握缸内直喷技术的结构组成	掌握缸内直喷技术的控制原理

基础认知

自我检测

一、填空题

1. 缸内直喷是直接将燃油喷射在缸内，在气缸内直接与（　　）混合。ECU 可以根据吸入的空气量精确地控制燃油的喷射量和喷射时间，高压的燃油喷射系统可以使油气的（　　）和混合效率更加优异，使符合理论空燃比的混合气体燃烧更加充分，从而降低油耗，提高发动机的动力性能。

2. 均质燃烧可以理解为普通的燃烧方式，即燃料和空气混合形成一定浓度的可燃混合气，整个燃烧室内混合气的（　　）是相同的，经火花塞点燃燃烧。

3. 分层燃烧，整个燃烧室内的混合气的空燃比是（　　），火花塞附近的混合气浓度要比其他地方的（　　），这样在火花塞周围的混合气也可以迅速燃烧，从而带动较远处较稀的混合气体的燃烧。

二、简答题

如何实现分层燃烧？

二、课堂学习

深入探究

工作原理：

缸内直喷技术又称 FSI（Fuel Stratified Injection），即燃料分层喷射技术，将燃油由喷嘴直接喷入缸内（图 4.1.1）。该技术可以进一步提高汽油机热效率与降低汽油机排放。

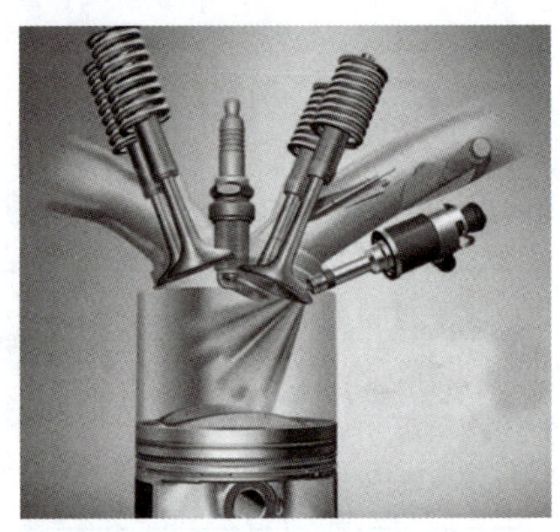

图 4.1.1　缸内直喷示意图

FSI 技术采用了两种不同的燃烧模式，即均质燃烧模式和分层燃烧模式。均质燃烧模式是指在进气行程后期向燃烧室内喷入燃油，在进气行程与压缩行程中完成与空气的充分混合，并在点火时刻使缸内形成较为均匀的混合气，确保稳定点火。分层燃烧模式是指在压缩行程喷入燃油，随着压缩行程的进行，燃油与空气混合，直至点火时刻，从火花塞处至缸壁，燃油浓度由浓到稀，保证有效点火，火焰传播也正常，从而提高燃油经济性。

直喷发动机燃油和空气混合主要有三种方式，即喷射引导、壁面引导和气流引导。发动机的喷油器设计在缸盖顶部，火花塞设计在发动机的侧面，此种方式称为喷射式引导，在火花塞周围易形成较浓的混合气，这种布置方式比较适合分层稀薄燃烧，具有较好的燃油经济性。壁面引导方式是喷油器侧置，火花塞顶置，通过活塞顶部的特殊形状引导油束运动并与空气混合，此种方式可以在火花塞周围形成较大面积的可燃区域。气流引导方式同样采用喷油器侧置、火花塞顶置的形式，利用进气时形成的滚流强化油气混合。壁面引导方式和气流引导方式结构形式相似，多用于均质燃烧模式，可以由传统的进气道喷射（PFI）发动机转化而来，可以实现与 PFI 发动机共用燃烧室及缸盖毛坯，进而实现发动机的平台化和模块化。

 任务实施

一、任务场景：校内发动机实训室
二、任务要求： 1. 演练任务：学生进行归纳、总结、PPT 汇报，并撰写研究报告； 2. 演练目的：具备安全意识，具有环保意识、科学认知理念和劳动精神； 3. 演练内容：请同学们查阅资料，在发动机上找到缸内直喷位置并拍照上传，找到并梳理出缸内直喷技术的工作过程
三、任务分组：在这个任务中，采用分组实施方式进行，4~8 人为一组，以学生自荐或推荐的方式选出组长，负责本团队的组织协调工作，带头示范、督促、帮助其他组员完成相应工作

续表

四、任务步骤：
1. 查阅资料，学习缸内直喷技术，掌握缸内直喷技术工作原理； 2. 找到缸内直喷技术各组成部分并拍照上传； 3. 梳理出缸内直喷技术的控制原理； 4. 制作 PPT，总结、归纳缸内直喷技术的工作原理，并进行 PPT 汇报

任务评价

序号	评价项目	评价指标	分值	自评（30%）	互评（30%）	师评（40%）	合计
1	职业素养（50 分）	具备环保意识	10				
		具备团队协作、交流沟通能力	10				
		具备动手能力	15				
		具备解决问题、信息收集能力	15				
2	专业能力（30 分）	能够说出缸内直喷技术的优缺点	15				
		能够梳理缸内直喷技术的控制逻辑	15				
3	创新意识（20 分）	具有创新性思维和行动	10				
		具有辩证思维	10				
合计			100				
综合得分							

课后提升

一、填空题

1. FSI 技术采用了两种不同的燃烧模式，即（　　　　）模式和（　　　　）模式。均质燃烧模式是指在进气行程后期向燃烧室内喷入燃油，在进气行程与压缩行程中完成与空气的充分混合，并在点火时刻使缸内形成较为均匀的混合气，确保稳定点火。

2. 分层燃烧模式是指在压缩行程喷入燃油，随着（　　　　）的进行，燃油与空气混合，直至点火时刻，从火花塞处至缸壁，燃油浓度由（　　　　），保证有效点火，火焰传播也正常，从而提高燃油经济性。

二、简答题

简述缸内直喷技术的原理。

任务二　可变压缩比技术探究

任务导入

可变压缩比技术是一种动态调整内燃机压缩比的技术。在不同的负载情况下可变压缩比可以提高燃料效率。高负载时需要较低的压缩比，而低负载时需要高的压缩比。可变压缩比的目的在于提高增压发动机的燃油经济性。在增压发动机中，为了防止爆震，其压缩比低于自然吸气式发动机。在增压压力低时热效率降低，使燃油经济性下降。可变压缩比技术是什么样的呢？让我们一起来学习吧。

任务目标

知识目标	能力目标	素养目标
1. 理解可变压缩比技术的定义； 2. 掌握可变压缩比技术的优缺点； 3. 掌握可变压缩比技术的控制原理	1. 能够说出可变压缩比技术的结构组成； 2. 能够梳理可变压缩比技术的控制逻辑	1. 具有科学认知理念； 2. 具有安全责任意识； 3. 具有劳动意识

知识学习

一、课前预习

预习任务	预习内容	重点	难点
可变压缩比技术相关知识	1. 可变压缩比技术定义； 2. 可变压缩比技术作用； 3. 可变压缩比技术结构； 4. 可变压缩比技术控制原理	掌握可变压缩比技术结构控制原理	掌握可变压缩比技术结构控制原理

基础认知

二、课堂学习

深入探究

萨博 SVC 发动机如图 4.2.1 所示。

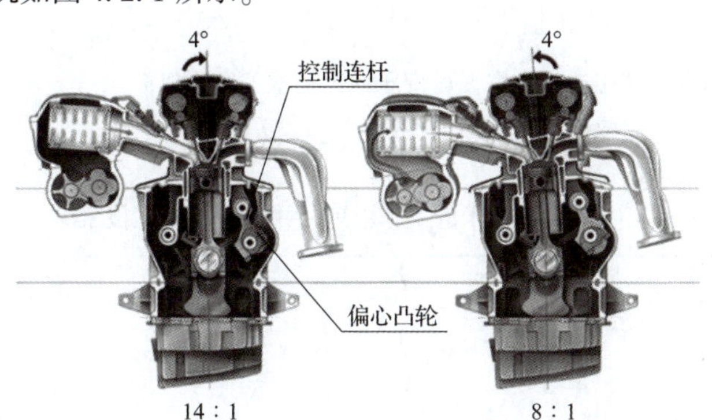

图 4.2.1 萨博 SVC 发动机

萨博公司的可变压缩比技术称为 SVC（SAAB Variable Compression）。它的核心技术就是在缸体与缸盖之间安装楔形滑块，缸体可以沿滑块的斜面运动，使得燃烧室与活塞顶面的相对位置发生变化，改变燃烧室的容积，从而改变压缩比。其压缩比变化为范围 8 : 1 至 14 : 1。在发动机小负荷时采用高压缩比以节约燃油；在发动机大负荷时采用低压缩比，并辅以机械增压器以实现大功率和高转矩输出。萨博 SVC 发动机是 1.6 L 5 缸发动机，每缸缸径 68 mm，活塞行程 88 mm，最大功率 166 kW，最大转矩 305 N·m，综合燃油消耗比常规发动机降低了 30%，并且满足欧洲Ⅳ号排放标准。

SVC 发动机具有的一个突出优点是，它不必对已经经过实践考验的四气门技术的燃烧室进行改造，就能够实现可变压缩比。燃烧室的设计对于燃烧过程具有重要意义。而燃烧过程又对废气排放、燃油消耗以及发动机功率具有直接影响。因此，SVC 技术能够与已有的技术兼容，这一点对于生产企业来说十分重要。此外，在开发 SVC 发动机的过程中，从传统的动力总成中继承了尽可能多的基本零部件。

SVC 发动机跟传统发动机的主要差别在于，它分割成了上下两部分。可以通过液压调节装置使上部相对于下部转过一个角度，从而调节压缩比。上部叫作整体气缸盖，包含着气缸盖和做成一体的气缸体，下部就是曲轴箱。上、下两部分之间通过橡胶密封件跟曲轴箱隔开，所以不会有润滑油喷出。

任务实施

一、任务场景：校内发动机实训室
二、任务要求： 1. 演练任务：学生进行归纳、总结、PPT 汇报，并撰写研究报告； 2. 演练目的：具有科学认知理念、具有安全责任意识和劳动意识； 3. 演练内容：请同学们查阅资料，在发动机上找到可变压缩比技术所在位置并拍照上传，找到并梳理出可变压缩比技术的工作过程
三、任务分组：在这个任务中，采用分组实施方式进行，4～8 人为一组，以学生自荐或推荐的方式选出组长，负责本团队的组织协调工作，带头示范、督促、帮助其他组员完成相应工作
四、任务步骤： 1. 查阅资料，学习可变压缩比技术，掌握可变压缩比技术工作原理； 2. 找到可变压缩比技术各组成部分并拍照上传； 3. 梳理出可变压缩比技术的控制原理； 4. 制作 PPT，总结、归纳可变压缩比技术的工作原理，并进行 PPT 汇报

任务评价

序号	评价项目	评价指标	分值	自评（30%）	互评（30%）	师评（40%）	合计
1	职业素养（50 分）	具备安全意识	10				
		具备团队协作能力	10				
		具备环保意识	10				
		具备解决问题、信息收集能力	20				
2	专业能力（30 分）	能够说出可变压缩比技术的优缺点	15				
		能够梳理可变压缩比技术的控制逻辑	15				
3	创新意识（20 分）	具有创新性思维和行动	10				
		具有辩证思维	10				
合计			100				
综合得分							

知识扩展

课后提升

一、填空题

1. 压缩比表示活塞从下止点到上止点时，缸内气体被压缩的程度。轿车的汽油发动机压缩比是（　　），柴油发动机压缩比是（　　）。

2. SVC 发动机具有的一个突出优点是，它不必对已经经过实践考验的（　　）的燃烧室进行改造，就能够实现可变压缩比。

3. SVC 发动机跟传统发动机的主要差别在于，它分割成了（　　）两部分。可以通过液压调节装置使上部相对于下部转过一个角度，从而调节压缩比。

二、简答题

简述可变压缩比技术的优点。

阅读小资料

任务三　稀燃发动机技术探究

任务导入

稀薄燃烧技术是将喷嘴喷出的少量燃油通过活塞头的特殊导流槽与空气混合，并使最高浓度的油气混合气在火花塞附近达到点燃浓度的下限，进而由火花塞引燃。随后周围的稀薄混合气也可被明火引燃，实现用最少的燃油达到燃烧的目的。

任务目标

知识目标	能力目标	素养目标
1. 理解稀燃发动机技术的定义； 2. 掌握稀燃发动机技术的优缺点； 3. 掌握稀燃发动机技术的控制原理	1. 能够说出稀燃发动机技术的结构组成； 2. 能够梳理稀燃发动机技术的控制逻辑	1. 具备分析问题的能力； 2. 具有绿色发展意识； 3. 具有创新意识

知识学习

一、课前预习

预习任务	预习内容	重点	难点
稀燃发动机技术相关知识	1. 稀燃发动机技术的定义； 2. 稀燃发动机技术的特点； 3. 稀燃发动机技术结构原理	掌握稀燃发动机技术结构原理	掌握稀燃发动机技术结构原理

基础认知

自我检测

填空题

1. 稀燃指发动机可燃混合气的空燃比 A/F 大于（　　）或过量空气系数 α 大于（　　）。

2. 发动机稀燃系统必须精确控制（　　），以达到燃油消耗较低、排放在规定范围、动力性较理想的范围。

3. 发动机稀燃的关键技术主要有（　　）、（　　）、（　　）。

二、课堂学习

深入探究

发动机稀燃系统的控制：

（1）空燃比的闭环控制（反馈控制）。发动机稀薄燃烧空燃比 A/F 的闭环控制目标主要由发动机负荷和转速确定。不同的稀燃发动机因其气缸形成涡流方式不同、燃烧室结构不同、气门数量和气门布置不同、火花塞位置不同等原因，其发动机特性差别也较大。

在发动机工作过程中，ECU 根据空燃比传感器送来的信号进行反馈控制，以实现混合气的稀薄燃烧，并根据发动机转速、负荷（节气门开度）等信号进行修正。发动机是否可以实施稀薄燃烧空燃比控制的工作条件有冷却液温度、发动机转速、进气歧管压力及其变化、节气门开度及其变化等。

（2）喷油时刻的控制。喷油时刻对稀薄燃烧的燃烧速度和稳定性有较大影响。在形成分层充气的情况下，喷油正时会影响充气分层情况。在发动机的进气行程，相对较迟的喷油可以提高燃烧的稳定性。但是，过分追求燃烧稳定性会造成废气排放中的 NO_x 过高。因此，喷油正时应根据发动机转速、负荷等信号进行适时合理匹配。

（3）点火正时的控制。对于稀薄燃烧发动机来说，由于混合气较稀，相应地，着火延迟期和急燃期都将延长，所以最佳点火提前也应对过量空气系数、喷油正时等进行适时调整。

稀燃发动机工作图如图 4.3.1 所示。

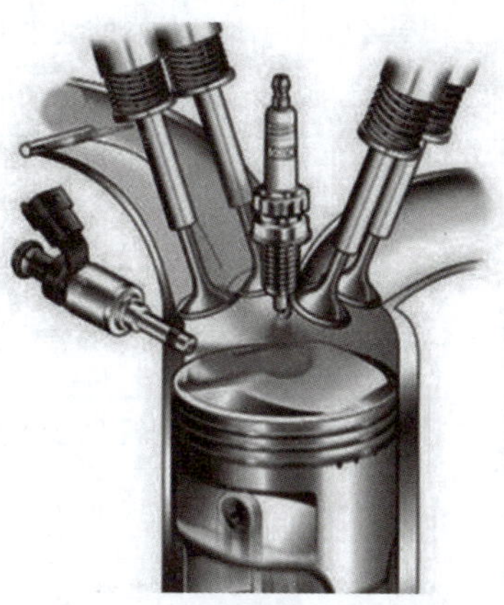

图 4.3.1　稀燃发动机工作图

任务实施

<table>
<tr><td>一、任务场景：校内发动机实训室</td></tr>
<tr><td>二、任务要求：
1. 演练任务：学生进行归纳、总结、PPT 汇报，并撰写研究报告；
2. 演练目的：具备科学认知理念、具有安全责任意识和劳动意识；
3. 演练内容：请同学们查阅资料，在发动机上找到稀燃发动机技术所在位置并拍照上传，找到并梳理出稀燃发动机技术的工作过程</td></tr>
<tr><td>三、任务分组：在这个任务中，采用分组实施方式进行，4～8 人为一组，以学生自荐或推荐的方式选出组长，负责本团队的组织协调工作，带头示范、督促、帮助其他组员完成相应工作</td></tr>
</table>

续表

四、任务步骤：

1. 查阅资料，学习稀燃发动机技术，掌握稀燃发动机技术工作原理；
2. 找到稀燃发动机技术各组成部分并拍照上传；
3. 梳理出稀燃发动机技术的控制原理；
4. 制作 PPT，总结、归纳稀燃发动机技术的工作原理，并进行 PPT 汇报

任务评价

序号	评价项目	评价指标	分值	自评（30%）	互评（30%）	师评（40%）	合计
1	职业素养（50 分）	具备环保意识、安全意识	10				
		具备团队协作能力	10				
		具备较强的动手能力	15				
		具备分析问题的能力	15				
2	专业能力（30 分）	能够说出稀燃发动机技术的结构组成	15				
		能够梳理稀燃发动机技术的控制逻辑	15				
3	创新意识（20 分）	具有创新性思维和行动	10				
		具有辩证思维	10				
合计			100				
综合得分							

知识扩展

课后提升

简答题

1. 简述发动机稀燃技术的优缺点。
2. 简述发动机稀燃系统的控制原理。

阅读小资料

任务四　发动机均质混合气压燃技术探究

任务导入

均质混合气压燃发动机技术（HCCI）采用一种新的燃烧方式，是有别于传统汽油机的均质点燃预混燃烧、柴油机的非均质压缩扩散燃烧和 GDI 发动机的分层稀薄燃烧的第四种燃烧方式。

将压缩点燃式发动机改装成 HCCI 的主要目的是减少氮氧化物和微粒物排放；将火花点燃式发动机改装成 HCCI 的目的是减少部分负荷时的燃油消耗，提高其动力性。

任务目标

知识目标	能力目标	素养目标
1. 理解均质混合气压燃技术的定义； 2. 掌握均质混合气压燃技术的优缺点； 3. 掌握均质混合气压燃技术的控制原理	1. 能够说出均质混合气压燃技术的结构组成； 2. 能够梳理均质混合气压燃技术的控制逻辑	1. 具有绿色发展意识； 2. 具有安全意识； 3. 具有科学认知理念

知识学习

一、课前预习

预习任务	预习内容	重点	难点
发动机均质混合气压燃技术相关知识	1. 发动机均质混合气压燃技术定义； 2. 发动机均质混合气压燃技术结构原理	掌握发动机均质混合气压燃技术结构原理	掌握发动机均质混合气压燃技术结构原理

基础认知

自我检测

填空题

1. 均质混合气压燃燃烧技术是一种新的燃烧方式，它向气缸中注入比例非常均匀的空气和（　　），通过活塞压缩混合气使之温度升高至一定程度时（　　）燃烧。采用HCCI技术的发动机，既不同于柴油机，又不同于汽油机。

2. HCCI发动机通过提高（　　），采用废气再循环、进气加温和增压等手段提高缸内混合气的温度和压力，促使混合气进行压缩（　　），在气缸内形成多点火核，有效维持了着火燃烧的稳定性，并缩短了火焰传播距离和燃烧持续期。

3. HCCI发动机兼有传统（　　）和（　　）的优点。

二、课堂学习

深入探究

HCCI发动机的优点（图4.4.1）：

（1）采用均质混合气。空气和燃油在HCCI发动机的进气系统中预混合，形成均质的空气燃油混合气，然后吸入气缸进行压缩。也有燃油直接喷入气缸，在气缸内与空气进行预混合的。

（2）采用压缩点燃。在压缩行程中，混合气温度升高，达到自燃温度而自燃；也就是

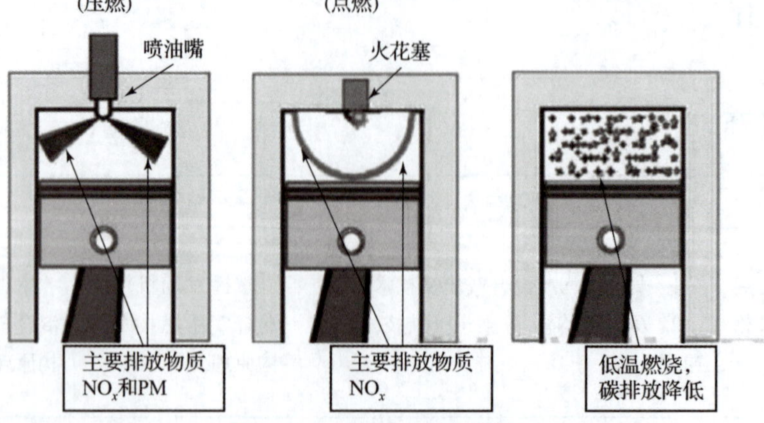

图4.4.1　HCCI发动机优点

不需要任何点火系统。

（3）采用比火花点燃式发动机高得多的压缩比，且允许压缩比在一个广阔的范围内变动。

（4）为了使均质混合气能够通过压缩而点燃，必要时需对吸入空气进行加热。

（5）由于压缩点燃的缘故，可以采用相当稀薄的混合气，因此可以按照变质调节的方式，直接通过调节喷油量来调节转矩，不需要节气门。

（6）既然均质混合气是自燃的，所以燃烧大体上是整个气缸内同时开始的，可以采用过量空气或者残余废气得到高度稀释的混合气。

（7）HCCI 发动机采用的燃油辛烷值允许在一个广阔的范围内变动。可以采用汽油、天然气、二甲醚等辛烷值较高的燃油作为主要燃料，也可以采用多种燃料混合燃烧，还可以将对高辛烷值燃料和低辛烷值燃料配比的调整，用作在 HCCI 燃烧中控制燃烧起点和负荷范围的方法。也有人试图用柴油作为 HCCI 燃料，但效果远不及汽油。将压缩点燃式发动机改装成 HCCI 的主要目的是减少氮氧化物和微粒物排放。将火花点燃式发动机改装成 HCCI 的目的是减少部分负荷时的燃油消耗，提高其动力性。如果是柴油机改装成 HCCI 发动机，就要将高压喷油设备换成低压的汽油喷射设备，喷油地点也要从缸内喷射改成进气口喷射（也有缸内直接喷射的 HCCI 发动机）；如果是汽油机改装成 HCCI 发动机，就要提高压缩比，并且保持节气门敞开，可以将点火系统拆除。由于 HCCI 发动机容易产生爆震，转速区间小，电控技术要求高，所以 HCCI 技术没有得到普及。

任务实施

一、任务场景：校内发动机实训室
二、任务要求： 1. 演练任务：学生进行归纳、总结、PPT 汇报，并撰写研究报告； 2. 演练目的：具备实践理念、具有安全责任意识和劳动意识； 3. 演练内容：请同学们查阅资料，在发动机上找到均质混合气压燃技术所在位置并拍照上传，找到并梳理出均质混合气压燃技术的工作过程
三、任务分组：在这个任务中，采用分组实施方式进行，4~8 人为一组，以学生自荐或推荐的方式选出组长，负责本团队的组织协调工作，带头示范、督促、帮助其他组员完成相应工作
四、任务步骤： 1. 查阅资料，学习均质混合气压燃技术，掌握均质混合气压燃技术工作原理； 2. 找到均质混合气压燃技术各组成部分并拍照上传； 3. 梳理出均质混合气压燃技术的控制原理； 4. 制作 PPT，总结、归纳均质混合气压燃技术的工作原理，并进行 PPT 汇报

序号	评价项目	评价指标	分值	自评（30%）	互评（30%）	师评（40%）	合计
1	职业素养（50分）	具备环保意识、安全意识	10				
		具备团队协作能力	10				
		具备较强的动手能力	15				
		具备解决问题、信息收集能力	15				
2	专业能力（30分）	能够说出均质混合气压燃技术的结构组成	15				
		能够梳理均质混合气压燃技术的控制逻辑	15				
3	创新意识（20分）	具有创新性思维和行动	10				
		具有辩证思维	10				
合计			100				
综合得分							

知识扩展

课后提升

一、填空题

1. HCCI 发动机采用（　　）。空气和燃油在 HCCI 发动机的进气系统中预混合，形成均质的空气燃油混合气，然后吸入气缸进行压缩。也有燃油直接喷入气缸，在气缸内与空气进行预混合的。

2. HCCI 发动机采用（　　）。在压缩行程中，混合气温度升高，达到自燃温度而自燃；也就是说，不需要任何点火系统。

3. HCCI 发动机采用比火花点燃式发动机（　　）的压缩比，且允许压缩比在一个广阔的范围内变动。

二、简答题

简述奔驰均质混合气压燃发动机的工作原理。

模块五

发动机其他先进技术

模块简介

发动机是汽车的心脏。发动机技术的创新不仅是汽车性能提升的重要支撑，也是决定汽车质量的根本标准，无论是从节能减排，还是从提高发动机动力性能的角度来看，汽车发动机新技术都将成为一种必然。

转子发动机采用三角转子旋转运动来控制压缩和排放，与传统的往复活塞式发动机的直线运动迥然不同，发动机增压系统就是将空气预先压缩后供入气缸，以提高空气密度、增加进气量。使发动机进气量增加，可增加循环供油量，从而可增加发动机功率，以得到良好的加速性。发动机快速起停技术可以控制发动机引擎自动点火和熄火，简单来讲相当于电脑的“睡眠”操作，不是直接将发动机“开关机”，而是进行休眠，在短暂的熄火后，当车主需要起动车辆时可以随时重新起动。

发动机先进的新技术究竟有哪些？它们的结构如何？有哪些特点？如何工作？控制原理是什么？带着这些问题让我们一起进入本模块的学习吧。

任务一　转子发动机探寻

任务导入

转子发动机与传统往复式发动机的比较：往复式发动机和转子发动机都依靠空气燃料混合气燃烧产生的膨胀压力以获得转动力。两种发动机的机构差异在于使用膨胀压力的方式。在往复式发动机中，产生在活塞顶部表面的膨胀压力向下推动活塞，机械力被传给连杆，带动曲轴转动。对于转子发动机，膨胀压力作用在转子的侧面，从而将三角形转子的三个面之一推向偏心轴的中心。这一运动在两个分力的力作用下进行：一个是指向输出轴中心的向心力，另一个是使输出轴转动的切线力。

任务目标

知识目标	能力目标	素养目标
1. 理解转子发动机的定义及优缺点； 2. 掌握转子发动机的结构组成； 3. 掌握转子发动机的控制原理	1. 能够在实车上找到转子发动机各组成部分； 2. 能够梳理转子发动机的控制逻辑	1. 具有科学认知理念； 2. 具有绿色发展意识； 3. 具备分析问题的能力

知识学习

一、课前预习

预习任务	预习内容	重点	难点
转子发动机相关知识	1. 转子发动机的结构组成； 2. 转子发动机的优缺点； 3. 转子发动机的工作原理	掌握转子发动机的结构组成	掌握转子发动机的控制原理

基础认知

自我检测

一、填空题

1. 转子发动机又称（　　）。它采用三角转子旋转运动来控制压缩和排放，与传统的活塞往复式发动机的往复直线运动有较大区别。

2. 在转子发动机研发上，一直在坚持的厂家是（　　）。

二、简答题

简述转子发动机的发展历史。

二、课堂学习

深入探究

转子发动机的工作原理：

一般发动机是往复运动式发动机，工作过程中活塞在气缸中做往复直线运动。为了把活塞的往复直线运动转化为曲轴的旋转运动，必须使用曲柄连杆机构。转子发动机则不同，它直接将可燃气的燃烧膨胀力转化为驱动转矩。与往复式发动机相比，转子发动机取消了无用的直线运动，因而同样功率的转子发动机尺寸较小，重量较轻，而且振动和噪声较低，具有较大优势。

图 5.1.1　转子发动机的结构

转子发动机的结构如图 5.1.1 所示。转子发动机的运动特点是：三角转子的中心绕输出轴中心公转的同时，三角转子本身又绕其中心自转。在三角转子转动时，以三角转子中心为中心的内齿圈与以输出轴中心为中心的齿轮啮合，齿轮固定在缸体上不转动，内齿圈与齿轮的齿数之比为 3：2。上述运动关系使得三角转子顶点的运动轨迹（即气缸壁的形状）似“8”字形。三角转子把气缸分成三个独立空间，三个空间各自先后完成进气、压缩、做功和排气，三角转子自转一周，发动机点火做功三次。由于以上运动关系，输出轴的转速是转子自转速度的三倍，这与往复运动式发动机的活塞与曲轴 1：1 的运动关系完全不同。

转子为顺时针方向旋转，当扫气条扫过进气口之前，随着转子的运动，气缸的容积会越来越大，此时正好产生负压进气（图 5.1.2（a）），当扫气条扫过进气口以后，进气停止；

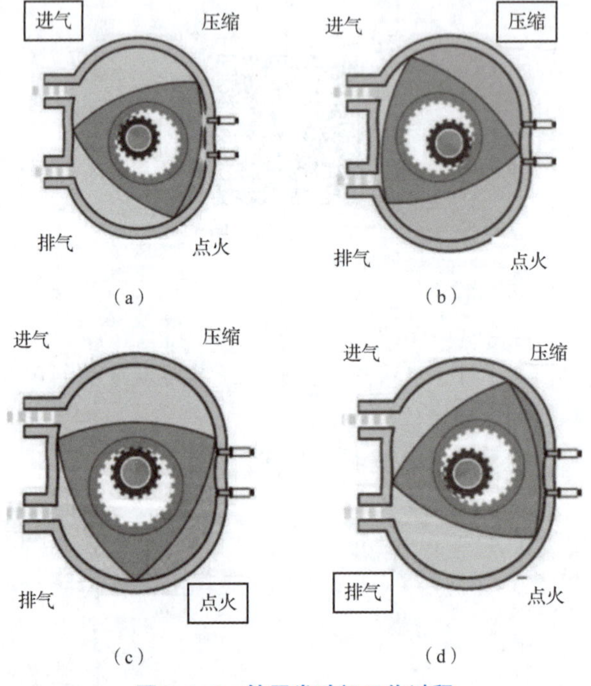

图 5.1.2　转子发动机工作过程

随着转子的继续运动，气缸内的体积会越来越小，此时进行的就是压缩行程（图 5.1.2（b））；当气缸容积小到接近临界值时，火花塞点火，点燃缸内可燃混合气，气体急速膨胀，推动转子继续顺时针方向转动，随后气缸容积变大，当扫气条运动到排气口时，做功完成（图 5.1.2（c））；扫气条扫过排气口以后，排气口与气缸相通，此时开始排气行程，转子仍然顺时针方向运动，气缸容积变小，将缸内废气排出（图 5.1.2（d）），如此循环下去。

任务实施

一、任务场景：校内实训室
二、任务要求： 1. 演练任务：学生进行归纳、总结、PPT 汇报，并撰写研究报告； 2. 演练目的：具备分析问题的能力、具有环保意识和科学认知理念； 3. 演练内容：请同学们查阅资料，在实车上找到转子发动机并拍照上传，找到转子发动机组成部分并简述其结构及工作原理，梳理出转子发动机的控制原理
三、任务分组：在这个任务中，采用分组实施方式进行，4~8 人为一组，以学生自荐或推荐的方式选出组长，负责本团队的组织协调工作，带头示范、督促、帮助其他组员完成相应工作
四、任务步骤： 1. 查阅资料，学习转子发动机，掌握转子发动机工作原理； 2. 找到转子发动机各组成部分并拍照上传； 3. 梳理出转子发动机的控制原理； 4. 制作 PPT，总结、归纳转子发动机工作原理，并进行 PPT 汇报

任务评价

序号	评价项目	评价指标	分值	自评（30%）	互评（30%）	师评（40%）	合计
1	职业素养（50 分）	具备环保意识、安全意识	10				
		具备团队协作能力	10				
		具备较强的动手能力	15				
		具备解决问题、信息收集能力	15				

续表

序号	评价项目	评价指标	分值	自评（30%）	互评（30%）	师评（40%）	合计
2	专业能力（30分）	能够说出转子发动机的结构组成	15				
		能够梳理出转子发动机的控制原理	15				
3	创新意识（20分）	具有创新性思维和行动	10				
		具有辩证思维	10				
合计			100				
综合得分							

课后提升

一、填空题

1. 转子发动机工作过程分为（　　）、（　　）、（　　）、（　　）。

2. 转子发动机的运动特点是：三角转子的中心绕输出轴中心公转的同时，三角转子本身又绕其中心（　　）。

3. 转子发动机的三角转子自转一周，发动机点火做功（　　）次。

二、简答题

简述转子发动机的优缺点。

任务二　发动机增压技术探寻

任务导入

发动机增压技术就是在转速相同且还有增压作用的情况，利用节气门上下方压力差能够键入更多的混合气或是空气到气缸中，能够将发动机的动力提升35%~60%。增压发动机不是一直都需要进气增压来工作的，在不需要增压的情况下，发动机的工作情况跟一般的自然吸气式发动机是一样的。所以，增压发动机可以在比较小的排量下开出更大的动力，因此能够达到省油的效果，并且在大负荷以及全负荷的情况下，也能够满足大功率输出的要求。发动机增压器通常有机械增压器、废气涡轮增压器、惯性增压器等。发动机增压技术具体是什么样的呢？让我们一起来学习吧。

任务目标

知识目标	能力目标	素养目标
1. 理解发动机增压技术的定义、分类及优缺点； 2. 掌握发动机增压系统的结构组成； 3. 掌握发动机增压系统的控制原理	1. 能够在实车上找到发动机增压系统各组成部分； 2. 能够梳理发动机增压系统的控制逻辑	1. 具备创新意识； 2. 具有安全意识； 3. 具备分析问题的能力； 4. 具备历史眼光

知识学习

一、课前预习

预习任务	预习内容	重点	难点
发动机增压系统相关知识	1. 发动机增压系统类型； 2. 发动机增压系统作用； 3. 发动机增压系统结构； 4. 发动机增压系统控制原理	掌握发动机增压系统结构控制原理	掌握发动机增压系统结构控制原理

基础认知

自我检测

简答题

简单描述发动机增压系统的发展。

二、课堂学习

深入探究

1. 机械增压器的结构和工作原理

机械增压器（图 5. 2. 1）中最常见的是鲁兹式，鲁兹式机械增压器有两个转子，每个转子上有两个或三个叶片，因此分别称为两叶鲁兹式和三叶鲁兹式机械增压器。

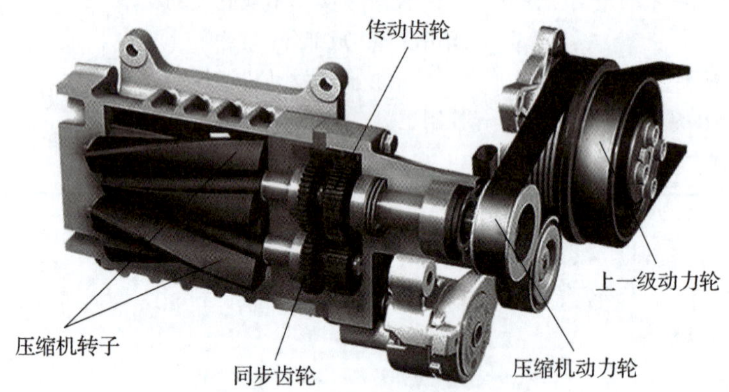

图 5. 2. 1　机械增压器的结构

机械增压器是一种强制性容积置换泵，也称容积泵。其工作时，可以增加进气管内的空气压力和密度，往发动机内压入更多的空气，使发动机每个循环可以燃烧更多的燃油，从而提高发动机的升功率和平均有效压力，使汽车动力性、燃油经济性和排放都得到改善。

工作过程中，机械增压器的转子由发动机曲轴通过传动带驱动，与废气系统不相干。机械增压器跟曲轴之间存在固定的传动比。这两个相向旋转的转子各有若干个突齿，在工作时互相啮合。扭曲的转子跟特殊设计的进口和出口几何形状相结合，有助减少压力波动，使空气流动平稳，工作时噪声较低。这种带有螺旋式转子和轴向进口的机械增压器可达到 14 000 r/min的转速，从而缩小了体积。它可利用出口法兰直接通过螺栓连接到进气管上去。机械增压器通过它的置换体积和传动带传动比来跟发动机匹配，同时能够在任何发动机转速下提供过量的空气流。

2. 涡轮增压器的结构和工作原理

废气涡轮增压是目前世界各主要汽车生产厂家广泛采用的发动机增压技术，涡轮增压器的结构如图 5. 2. 2 所示。

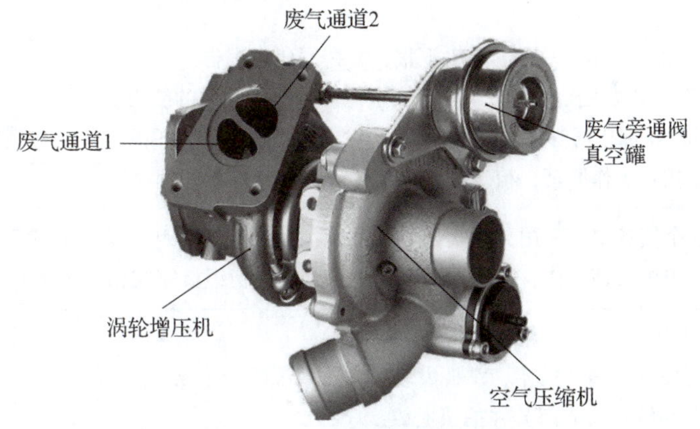

图 5. 2. 2　涡轮增压器的结构

涡轮增压器的工作原理如图 5. 2. 3 所示。发动机工作时，只要符合增压条件，发动机排出的废气驱动废气涡轮高速旋转，废气涡轮再带动进气涡轮以同样的速度旋转，进气涡轮将空气压缩到气缸内燃烧。这种状况下产生的进气压力，要远远高于大气压力。因此，通过涡轮增压器产生的进气量远远超过了自然吸气产生的进气量。

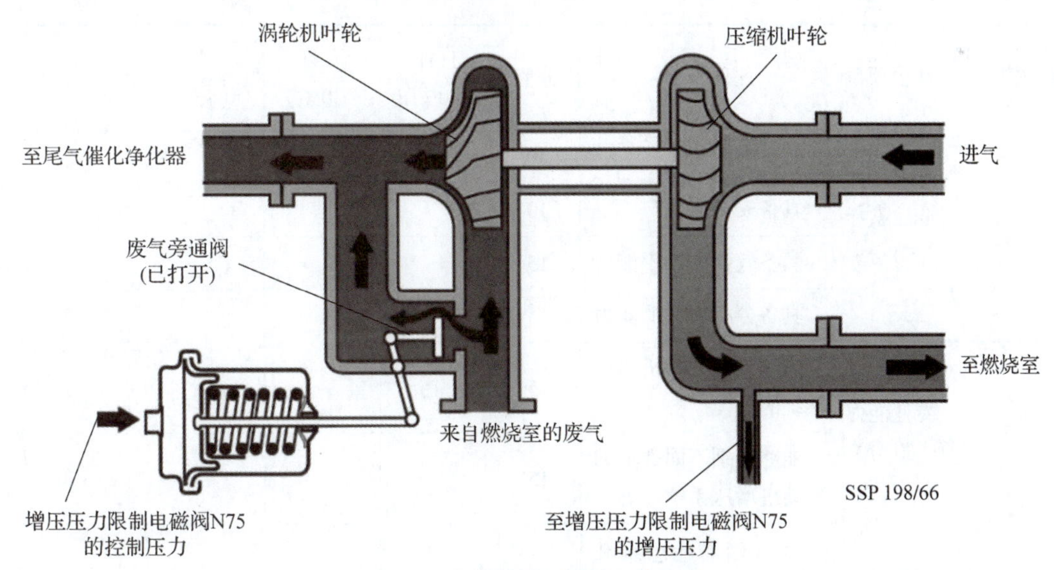

图 5. 2. 3　涡轮增压器的工作原理

涡轮的叶轮一般是用耐热的镍合金材料制造而成，在发动机大负荷以上工况工作时，其温度可达 900 ℃以上，因此，现在有的发动机涡轮增压器叶片采用绝热和较轻的陶瓷材料制造。

涡轮轴一般采用浮动式轴承，其转速一般在 120 000 r/min 左右，因此对润滑的要求特别高，有的采用润滑油通过油道进行润滑，有的采用冷却水流经轴承外壳进行冷却。

任务实施

一、任务场景：校内实训室

二、任务要求：

1. 演练任务：学生进行归纳、总结、PPT 汇报，并撰写研究报告；
2. 演练目的：具备实践动手操作能力、具有安全意识和分析问题的能力。
3. 演练内容：请同学们查阅资料，在实车上找到发动机增压系统并拍照上传，找到发动机增压系统组成部分，并简述其结构及工作原理，梳理出发动机增压系统的控制原理

三、任务分组：在这个任务中，采用分组实施方式进行，4~8 人为一组，以学生自荐或推荐的方式选出组长，负责本团队的组织协调工作，带头示范、督促、帮助其他组员完成相应工作

四、任务步骤：

1. 查阅资料，学习发动机增压技术，掌握发动机增压系统的工作原理；
2. 找到发动机增压系统各组成部分并拍照上传；
3. 梳理出发动机增压系统的控制原理；
4. 制作 PPT，总结、归纳发动机增压系统工作原理，并进行 PPT 汇报

任务评价

序号	评价项目	评价指标	分值	自评（30%）	互评（30%）	师评（40%）	合计
1	职业素养（50 分）	具备环保意识	10				
		具备安全意识	10				
		具备较强的动手能力	15				
		具备分析问题的能力	15				
2	专业能力（30 分）	能够说出发动机增压系统的分类	15				
		能够识别不同类型的发动机增压系统	15				
3	创新意识（20 分）	具有创新性思维和行动	10				
		具有辩证思维	10				
合计			100				
综合得分							

知识扩展

课后提升

一、填空题

1. 发动机增压系统可以分为（　　）和（　　）。

2. 机械增压器工作时，可以增加进气管内的空气压力和密度，往发动机内压入更多的空气，使发动机每个循环可以燃烧更多的燃油，从而提高发动机的升功率和（　　），使汽车动力性、燃油经济性和排放都得到改善。

3. 发动机工作时，只要符合增压的条件，发动机排出的废气驱动废气涡轮高速旋转，废气涡轮再带动（　　）以同样的速度旋转，进气涡轮将空气压缩到气缸内燃烧。

二、简答题

简述机械增压器和涡轮增压器的异同点。

阅读小资料

任务三　发动机快速起停技术探寻

任务导入

发动机起停技术是在行驶中车辆临时停车（如等红灯）时自动关闭发动机。当需要继续前进时，系统自动重启发动机的一套系统。发动机起停系统是近年来发展最快的汽车环保技术，尤其是在满足客观要求的走走停停的城市道路条件下。

任务目标

知识目标	能力目标	素养目标
1. 理解发动机起停系统的定义及优缺点； 2. 掌握发动机起停系统的结构组成； 3. 掌握发动机起停系统的控制原理	1. 能够在实车上找到发动机起停系统各组成部分 2. 能够梳理发动机起停系统的控制逻辑	1. 具备历史眼光； 2. 具备安全意识； 3. 具备分析问题的能力； 4. 具备创新意识

知识学习

一、课前预习

预习任务	预习内容	重点	难点
发动机快速起停系统相关知识	1. 发动机快速起停系统的组成； 2. 发动机快速起停系统的特点； 3. 发动机快速起停系统工作原理	掌握发动机快速起停系统结构原理	掌握发动机快速起停系统结构原理

二、课堂学习

深入探究

1. 发动机起停技术的工作原理

当车辆因为拥堵或者路口停止行进。驾驶员踩下制动踏板，停车摘挡。这时，Start/Stop系统自动检测：发动机空转且没有挂挡；防锁定系统的车轮转速传感器显示为零；电子电池传感器显示有足够的能量进行下一次起动。满足这三个条件后，发动机自动停止转动。

而当信号灯变绿后，驾驶员踩下离合器，随即就可以起动“起动停止器”，并快速起动发动机。驾驶员挂挡，踩油门，车辆快速起动（图 5.3.1）。在高效的蓄电池技术和相应的发动机管理程序的支持下，起停系统在较低的温度下也能正常工作，只需短暂的预热过程便可激活。

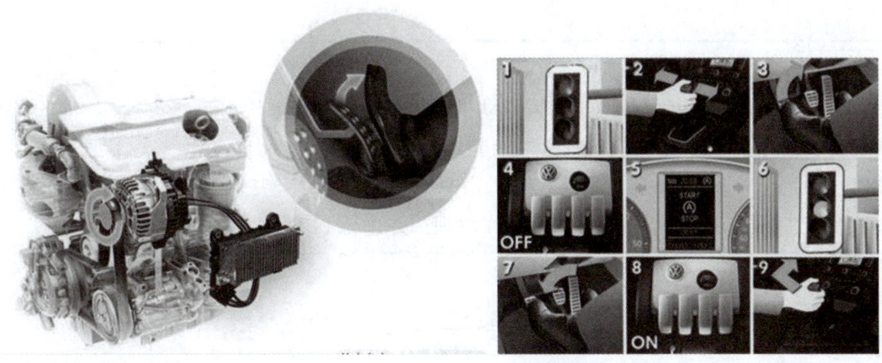

图 5.3.1　快速起停技术工作原理

2. 发动机起停系统的主要形式

1）分离式起动机

采用分离式起动机和发电机的起停系统很常见。这种系统的起动机和发电机是独立设计的，发动机起动所需的功率由起动机提供，而发电机则为起动机提供电能。

博世是这种起停系统的主流供应商。这套系统包括高增强型起动机、增强型电池（一般采用 AGM 型电池）、可控发电机、集成 Start/Stop 协调程序的发动机 ECU、传感器等。

2）集成起动机

集成起动机/发电机是一个通过永磁体内转子和单齿定子来激励的同步电机，能将驱动单元集成到混合动力传动系统中。

法国雷奥研发成功的 i－Start 系统首先应用于 PSA（标致－雪铁龙集团）的 e－HDi 车型上。i－Start 系统的电控装置集成在发电机内部，在遇红灯停车时发动机停转，只要一挂挡或松开制动踏板，汽车就立即自动起动发动机。

3）马自达 SISS 智能起停系统

马自达的 SISS（现在称为 i－Stop 技术）智能起停系统，主要是通过在气缸内进行燃油直喷，燃油燃烧产生的膨胀力来重启发动机的，发动机上的传统起动机在发动机起动时起到辅助作用。据官方数据，使用 SISS 技术，发动机在最短 0.35 s 的时间内就能起动，比单纯使用起动机或电动机的系统要快一倍。

 任务实施

一、任务场景：校内实训室
二、任务要求： 1. 演练任务：学生进行归纳、总结、PPT 汇报，并撰写研究报告； 2. 演练目的：具备实践动手操作能力、具有安全意识和分析问题的能力； 3. 演练内容：请同学们查阅资料，在实车上找到发动机起停系统并拍照上传，找到发动机起停系统组成部分并简述其结构及工作原理，梳理出发动机起停系统的控制原理
三、任务分组：在这个任务中，采用分组实施方式进行，4～8 人为一组，以学生自荐或推荐的方式选出组长，负责本团队的组织协调工作，带头示范、督促、帮助其他组员完成相应工作

续表

四、任务步骤： 1. 查阅资料，学习发动机起停技术，掌握发动机起停技术的工作原理； 2. 找到发动机起停系统各组成部分并拍照上传； 3. 梳理出发动机起停系统的控制原理； 4. 制作 PPT，总结、归纳发动机起停系统工作原理，并进行 PPT 汇报

序号	评价项目	评价指标	分值	自评（30%）	互评（30%）	师评（40%）	合计
1	职业素养（50 分）	具备环保意识、安全意识	10				
		具备团队协作能力	10				
		具备较强的动手能力	15				
		具备解决问题、信息收集能力	15				
2	专业能力（30 分）	能够在实车上找到发动机起停系统各组成部分	15				
		能够梳理发动机起停系统的控制逻辑	15				
3	创新意识（20 分）	具有创新性思维和行动	10				
		具有辩证思维	10				
合计			100				
综合得分							

课后提升

一、填空题

1. 发动机起停系统的主要形式有（　　）、（　　）、（　　）。

2. 在高效的蓄电池技术和相应的发动机管理程序的支持下，起停系统在较低的温度下也能正常工作，只需短暂的（　　）便可激活。

二、简答题

1. 简述发动机起停技术优缺点。

2. 简述快速起停技术的工作原理。

阅读小资料

模块六

传动系统新技术

模块简介

汽车传动系统由一系列具有弹性和转动惯量的曲轴、飞轮、离合器、变速器、传动轴、驱动桥等组成。自动变速器是现代汽车中传动系统的重要组成部分，由于自动变速器能够根据发动机负荷和车辆行驶速度自动换挡，从而简化了驾驶操作，使驾驶员不再需要掌握手动变速器复杂的换挡操作过程，就可以轻松驾驶车辆，所以近年来自动变速器的装车率逐年上升。然而自动变速器结构复杂，制造工艺要求及制造成本较高，其维修工艺和技术要求也较高。汽车发动机与驱动轮之间的动力传递装置称为汽车的传动系统。它保证汽车在各种行驶条件下所必需的牵引力、车速，以及保证牵引力与车速之间协调变化等功能，同时，使汽车具有良好的动力性和燃油经济性；还保证汽车能倒车，并使动力传递能根据需要平稳地接合或彻底、迅速地分离。

汽车传动系统新技术究竟有哪些？它们的结构如何？有哪些特点？如何工作？控制原理是什么？带着这些问题让我们一起进入本模块的学习吧。

任务一　电控液力自动变速器探究

任务导入

电控液力自动变速器是在传统液力自动变速器的基础上增设电子控制系统而形成的。电控液力自动变速器能对不同负荷和车速选择最佳速比，使发动机工作在相应最佳转速。所有换挡由变速器自行完成，驾驶员仅用加速踏板表达对车速变化的意图和通过选挡杆选择要求的运行状态。那么电控液力自动变速器具体是怎样的呢？让我们一起来学习吧。

任务目标

知识目标	能力目标	素养目标
1. 理解电控液力自动变速器的定义类型区别； 2. 掌握电控液力自动变速器的结构组成； 3. 掌握电控液力自动变速器的控制原理	1. 能够在实车上找到液力自动变速器各组成部分； 2. 能够梳理液力自动变速器的控制逻辑	1. 具有马克思主义辩证思维； 2. 具有科学技术是第一生产力理念； 3. 具有劳动精神； 4. 具有安全责任意识

知识学习

一、课前预习

预习任务	预习内容	重点	难点
电控液力自动变速器相关知识	1. 自动变速器的定义； 2. 液力自动变速器的分类； 3. 电控液力自动变速器结构组成； 4. 电控液力自动变速器控制原理	掌握电控液力自动变速器的结构组成	掌握电控液力自动变速器的控制原理

基础认知

自我检测

一、问答题

1. 什么是自动变速器？

2. 自动变速器的简称有哪些？

二、填空题

1. 按照控制方式不同，液力自动变速器可以分为（　　　　）和（　　　　），目前轿车上都采用电控液力自动变速器。

2. 按照变速机构不同，液力自动变速器又可以分为行星齿轮自动变速器和

（　　　　），行星齿轮自动变速器又可以分为（　　　　）和（　　　　）。

三、选择题

电控液力自动变速器主要由（　　　　）、（　　　　）、（　　　　）和（　　　　）四大部分组成。

A. 液力变矩器　　　　B. 齿轮变速机构

C. 液力操纵系统　　　　D. 电子控制系统

二、课堂学习

深入探究

1. 液力变矩器

液力变矩器是一个通过自动变速器油（ATF）传递动力的装置，它可以在一定范围内自动、连续地改变转矩比，以适应不同行驶阻力的要求；它还具有离合器的功用，在发动机不熄火、自动变速器位于动力挡的情况下，汽车可以处于停车状态，驾驶员可通过控制节气门开度控制液力变矩器的输出转矩，逐步加大输出转矩，实现动力的柔和传递。

1）液力变矩器的组成

液力变矩器的外形及结构如图 6.1.1 所示。液力变矩器通常由泵轮、涡轮、导轮及锁止离合器构成。所有工作轮在变矩器中装配好，共同形成环形内腔，其间充满工作油液。

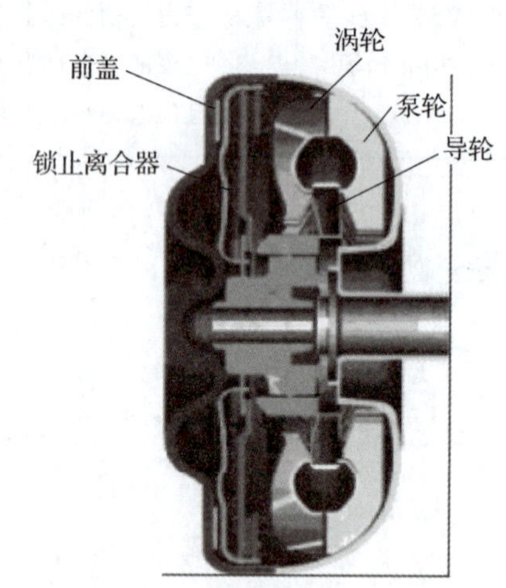

图 6.1.1　液力变矩器的外形及结构

（1）泵轮。泵轮位于液力变矩器的后部，与变矩器的壳体连在一起，壳体与飞轮连接，所以泵轮的转速也就是飞轮的转速。

（2）涡轮。液力涡轮叶片的扭曲方向与泵轮叶片的扭曲方向相反。涡轮中心有花键孔，与变速器输入轴相连。

（3）导轮。导轮位于泵轮与涡轮之间，由一个固定轴支承，导轮内还有一个单向离合器。单向离合器的作用是允许导轮与发动机同向转动，反向则锁止。

（4）单向离合器。单向离合器内圈通过花键安装在固定的轴套上，外圈安装在导轮内孔中。由于单向离合器内外圈之间装有滚柱斜槽式或楔块式离合器，因此外圈相对于内圈只能做单旋转运动。

2）液力变矩器的工作原理

当泵轮被发动机驱动旋转时，变矩器内部油液在离心力作用下沿泵轮叶片和导轮组成的通道由中心向边缘流动形成油流，并冲击涡轮的凹面，从而推动涡轮同向旋转，如图 6. 1. 2 所示。

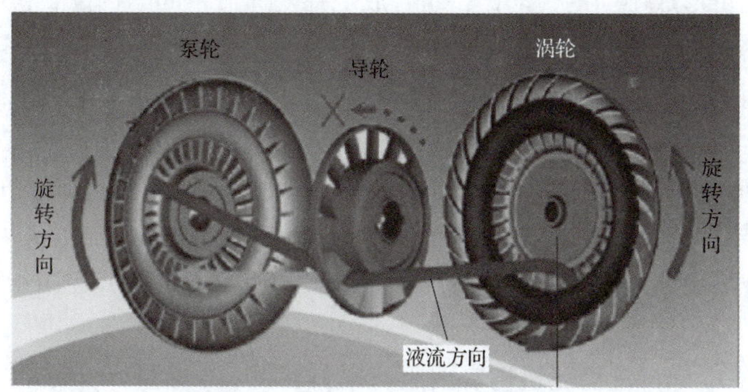

图 6. 1. 2　液力变矩器的液流方向

液力变矩器的工作原理可以通过一对风扇的工作来描述。如图 6. 1. 3 所示，将电风扇 A 通电，将气流吹动起来，并使未通电的电风扇 B 也转动起来，此时动力由电风扇 A 传递到电风扇 B。为实现转矩的放大，使穿过电风扇 B 的气流通过空气道的导向，从电风扇 A 的背面流回，会加强电风扇 A 吹动的气流，使吹向电风扇 B 的转矩增加。若电风扇 A 与电风扇 B 之间加一个杆，则电风扇 A 与电风扇 B 以相同转速转动。即电风扇 A 相当于泵轮，电风扇 B 相当于涡轮，空气通道相当于导轮，空气相当于 ATF，中间杆相当于锁止离合器。

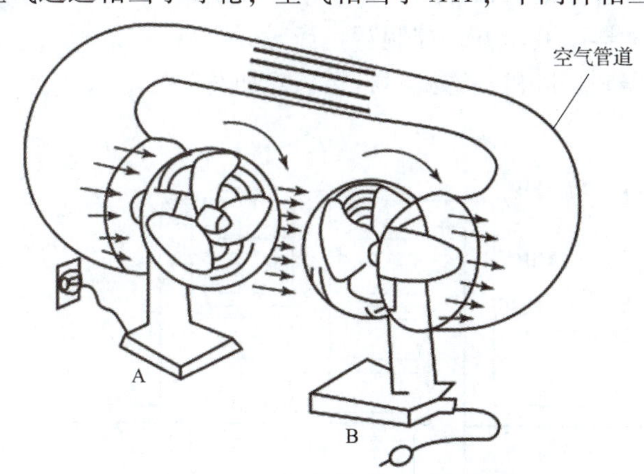

图 6. 1. 3　液力变矩器的工作原理模拟

油液从涡轮边缘流入后，又沿叶片和导环组成的通道流向涡轮中心。油流从涡轮中心流出后，再冲击导轮的凹面。此时，由于导轮被单向离合器锁止固定，油流只能改变方向冲击泵轮的背面，从而对泵轮的旋转产生附加推力。若没有导轮，油流将直接冲击泵轮的正面，从而对泵轮的旋转产生附加阻力。

由此看出，若单向离合器打滑，液力变矩器将失去增扭作用，液流力将对泵轮“加载”，致使汽车起步加速能力变差；若单向离合器卡滞，泵轮的附加阻力会增加，表现为汽车高速行驶时动力不足。

由上述分析可知，增设单向离合器后虽然可以减小附加阻力，但动力传递过程中液压的摩擦和冲击仍然会产生动力损失。若此时用机械方式将泵轮和涡轮连接在一起，则可以实现100%的动力传递，这正是锁止离合器的作用所在。

2. 齿轮变速机构

齿轮变速机构可形成不同的传动比，组合成电控变速器不同的挡位。它可以在液力变矩器的基础上将转矩增大2~4倍，以提高汽车的行驶适应能力；还可以实现倒挡的传动。除本田前轮驱动车辆采用定轴斜齿轮传动外，自动变速器的变速传动齿轮均采用行星齿轮传动。

1）行星齿轮机构

（1）单排行星齿轮机构由4个元件组成，有1个太阳轮、1个齿圈、1个行星架，行星架上有多个行星齿轮（一般有3~6个），如图6.1.4所示。在单排行星齿轮机构中，太阳轮、齿圈及行星架三者是绕同一轴线旋转的，制动任意一个元件，其中两个元件之间即可实现动力传递。

（2）辛普森基本型行星齿轮机构有两组行星排，共用一个太阳轮，其中间轴从太阳轮的内孔穿过，前行星架与后齿圈连为一体为动力输出元件，整个机构共有4个独立元件，即太阳轮、前行星架与后齿圈、前齿圈、后行星架。两个行星排可组成三个前进挡和一个倒挡，如图6.1.5所示。

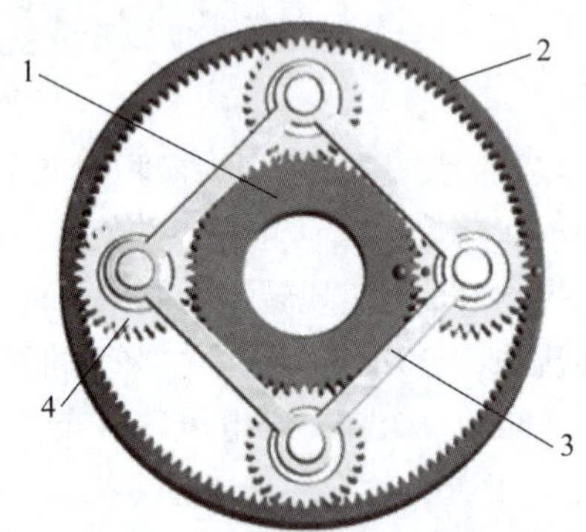

图6.1.4 单排行星齿轮机构

1—太阳轮；2—齿圈；3—行星架；4—行星齿轮

2）换挡执行元件

换挡执行元件主要包括离合器、制动器和单向离合器三种。离合器和制动器以液压方式控制行星齿轮元件的旋转，而单向离合器则是以机械方式对行星齿轮机构的元件进行锁止。

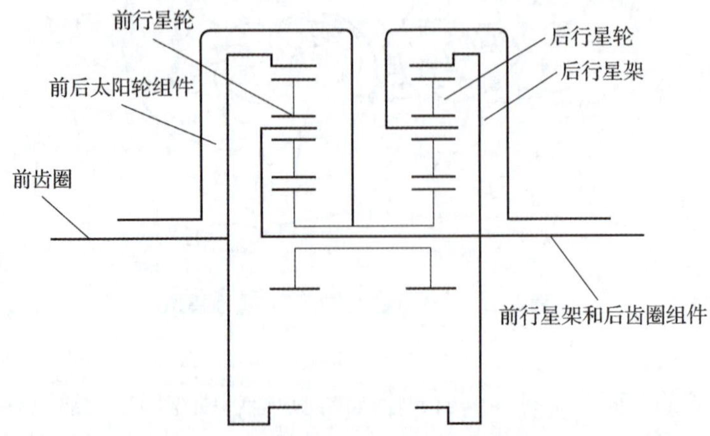

图6.1.5 辛普森基本型行星齿轮机构

（1）离合器。离合器的功用是连接轴和行星齿轮机构中的元件或是连接行星齿轮机构中不同的元件。

（2）制动器。制动器的作用就是将行星排中的某一元件加以固定，使该元件受约束而不能旋转，常见型式有带式制动器和片式制动器。

（3）单向离合器。单向离合器的作用与离合器、制动器相同，用于固定或连接一些基本元件，让行星齿轮变速器实现自动换挡。它是依靠单向锁止原理来发挥固定或连接作用，其固定和连接也只能单方向。而且它不需要控制机构，只需根据相对运动情况而自动起作用的换挡执行元件。因此大大简化了液压控制系统，又在一定程度上保证了换挡平顺无冲击。其常见型式有滚柱斜槽式和楔块式两种。

3）液压操纵系统

（1）换挡执行元件。电控液力自动变速器中的换挡执行元件的功用和手动变速器的同步器有相似之处，但电控液力自动变速器中的换挡执行机构受电液系统控制，而手动变速器的同步器由人工控制。电控液力自动变速器中的换挡执行机构，包括离合器、制动器和单向离合器三种。

（2）液压控制系统。电控液力自动变速器中液压控制系统主要控制换挡执行机构的工作，由液压泵及各种液压控制阀和液压管路等组成。

4）电子控制系统

电控液力自动变速器，电子控制系统与液压控制系统配合使用，通常把它们合称为电液控制系统。电子控制系统主要包括电子控制单元、各类传感器及执行器等。电子控制系统中的传感器及各种控制开关将发动机工况、车速等信号传递给电子控制单元，电子控制单元发出指令给执行器，执行器和液压系统按一定的规律控制换挡执行机构工作，实现电控液力自动变速器自动换挡。

3. 电控液力自动变速器的控制原理

电控液力自动变速器的控制原理如图 6. 1. 6 所示。电控液力自动变速器是通过传感器和开关检测汽车和发动机的运行状态，接收驾驶员的指令，将发动机转速、节气门开度、车

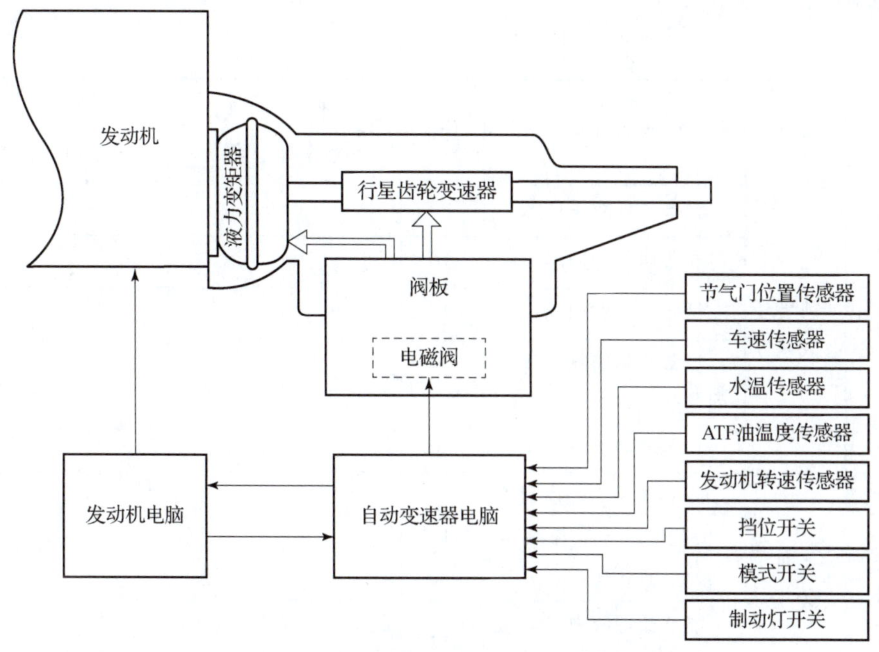

图 6. 1. 6　电控液力自动变速器的控制原理

速、发动机冷却液温度、自动变速器液压油温等参数转变为电信号，并输入电控单元（ECU）。ECU 根据这些信号，按照设定的换挡规律，向换挡电磁阀、油压电磁阀等发出电子控制信号。换挡电磁阀和油压电磁阀再将 ECU 发出的控制信号转变为液压控制信号，阀板中的各个控制阀根据这些液压控制信号，控制换挡执行机构的动作，从而实现自动换挡。

任务实施

一、任务场景：校内实训室
二、任务要求： 1. 演练任务：学生进行归纳、总结、PPT 汇报，并撰写研究报告； 2. 演练目的：具备安全意识、具有环保意识和科学认知理念； 3. 演练内容：请同学们查阅资料，在实车上找到电控液力式自动变速器并拍照上传，找到电控液力式自动变速器组成部分并简述其结构及工作原理，梳理出电控液力式自动变速器的控制原理
三、任务分组：在这个任务中，采用分组实施方式进行，4～8 人为一组，以学生自荐或推荐的方式选出组长，负责本团队的组织协调工作，带头示范、督促、帮助其他组员完成相应工作
四、任务步骤： 1. 查阅资料，理解电控液力自动变速器的定义、类型及区别； 2. 找到电控液力式自动变速器各组成部分并拍照上传； 3. 梳理出电控液力式自动变速器的控制原理； 4. 制作 PPT，总结、归纳电控液力式自动变速器工作原理，并进行 PPT 汇报

任务评价

序号	评价项目	评价指标	分值	自评（30%）	互评（30%）	师评（40%）	合计
1	职业素养（50 分）	具备责任意识	10				
		具备协作沟通能力	10				
		具备主动意识	10				
		具备收集信息、解决问题能力	10				
		具备劳动精神	10				
2	专业能力（30 分）	能够在实车上找到液力自动变速器各组成部分	15				
		能够梳理液力自动变速器的控制逻辑	15				

续表

序号	评价项目	评价指标	分值	自评（30%）	互评（30%）	师评（40%）	合计
3	创新意识（20 分）	具备创新意识、创新能力	20				
合计			100				
综合得分							

知识扩展

课后提升

一、选择题

1. 液力变矩器的组成（　　）。

A. 泵轮　　B. 涡轮　　C. 导轮　　D. 单向离合器

2. 单排行星齿轮主要包括（　　）。

A. 太阳轮　　B. 齿圈　　C. 行星轮　　D. 行星架

3. 换挡执行元件主要包括（　　）。

A. 离合器　　B. 制动器　　C. 单向离合器　　D. 主减速器

二、判断题

1. 电控液力自动变速器是通过传感器和开关检测汽车和发动机的运行状态，接收驾驶员的指令，将发动机转速、节气门开度、车速、发动机冷却液温度、自动变速器液压油温等参数转变为电信号，并输入电控单元（ECU）。（　　）

2. 换挡电磁阀和油压电磁阀将 ECU 发出的控制信号转变为液压控制信号，阀板中的各个控制阀根据这些液压控制信号，控制换挡执行机构的动作，从而实现自动换挡。（　　）

3. 电子控制系统主要包括电子控制单元、各类传感器及执行器等。（　　）

4. 电控液力自动变速器中液压控制系统主要控制换挡执行机构的工作，由液压泵及各种液压控制阀和液压管路等组成。（　　）

阅读小资料

任务二　无级自动变速器探究

任务导入

无级变速技术采用传动带和工作直径可变的主、从动轮相配合来传递动力，可以实现传动比的连续改变，从而实现传动系统与发动机工况的最佳匹配。那么无级自动变速器技术具体是怎样的呢？让我们一起来学习吧。

任务目标

知识目标	能力目标	素养目标
1. 理解无级自动变速器的定义类型区别； 2. 掌握无级自动变速器的结构组成； 3. 掌握无级自动变速器的控制原理	1. 能够在实车上找到无级自动变速器各组成部分； 2. 能够梳理无级自动变速器的控制逻辑	1. 具有绿色发展意识； 2. 具有科学技术是第一生产力理念； 3. 具备自我提升意识

知识学习

一、课前预习

预习任务	预习内容	重点	难点
无级自动变速器车相关知识	1. 无级自动变速器的概念； 2. 无级自动变速器的组成； 3. 无级自动变速器工作原理； 4. 无级自动变速器结构控制原理	1. 掌握无级自动变速器的结构原理； 2. 掌握典型无级自动变速器的结构及控制原理	掌握典型无级自动变速器的结构及控制原理

自我检测

一、问答题

1. 什么是无级自动变速器？

2. 简述无级自动变速器的工作过程。

二、填空题

1. 无级自动变速器采用的是（　　）传动，通过改变主、从动带轮的（　　）来实现速比的变化，因此 CVT 的结构主要包括（　　）、从动轮组、金属钢带和（　　）等基本部件。

2. 主动轮和从动轮采用的都是由两个锥面盘体组成的（　　）半径轮，它们的（　　）形成 V 形槽与 V 形金属传动带相啮合。

二、课堂学习

深入探究

1. 无级自动变速器的工作原理

CVT 的电脑根据车速、节气门位置、发动机转速等信息，计算出最佳的变速器传动比，然后通过控制系统调节主动轮、从动轮液压泵的油缸压力来实现可动盘的轴向移动，从而实现传动比的变化。CVT 无级变速器的工作原理如图 6.2.1 所示。

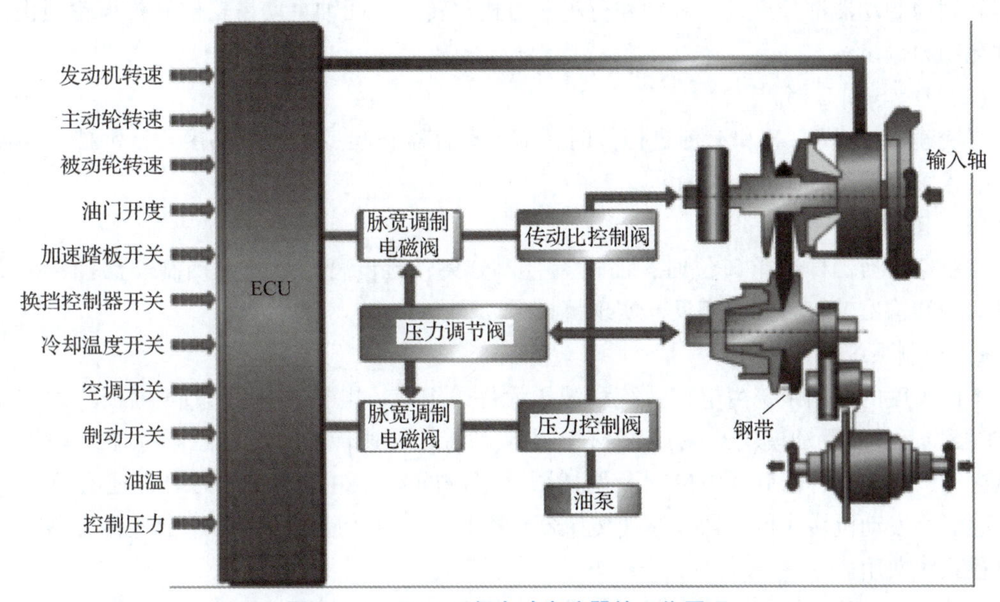

图 6.2.1　CVT 无级自动变速器的工作原理

无级变速器通常还装有一套行星齿轮传动机构，来实现前进挡和倒挡的转换，其作用原理与液力变矩器式自动变速器相同。

2. 典型 CVT 无级自动变速器

以本田飞度轿车的电控无级自动变速器为例。本田飞度轿车的自动变速器简称 ECVT (Electronic Continuously Variable Transmission)，其优点是传动比连续无级变化（实际上是将自动变速器的挡数增加到 7 挡），没有液力变矩器，传动效率高、体积小、反应快，汽车的动力性和经济性都有所提高。

1）结构特点

（1）采用电液控制。

（2）采用三角钢带，结构主要由三角钢带、主动带轮和从动带轮以及单排行星轮机构组成。

（3）通过控制可移动带轮后的液压缸内油压来改变带轮的工作半径，从而改变自动变速器的传动比。

（4）增设了中间齿轮传动（由中间轴主动齿轮和中间轴从动齿轮组成），用于增大自动变速器传动比的变化幅度。

（5）输出轴上装有起步离合器和 P 位齿轮。

（6）前进挡和倒挡的变换由倒挡制动器和行星轮机构完成。

（7）发动机飞轮通过扭转减振盘与自动变速器的输入轴连接。

（8）各轴上都有油道。油泵由输入轴驱动，提供换挡控制油压和压力润滑。

2）挡位分析

（1）P 挡和 N 挡。

当变速器变速杆位于 P 位或 N 位时，手控阀断开控制缸油路，前进挡离合器、起步离合器和倒挡制动器都分离，输入轴和行星轮机构空转，中间轴主动齿轮被 P 位齿轮锁止，输出轴无动力输出。

（2）D、S 和 L 挡。

当变速器位于 D、S 和 L 前进挡位时，前进离合器和起步离合器都接合，倒挡制动器分离，输入轴和输出轴旋转方向相同。

（3）R 挡。

当变速器换挡杆选择 R 位时，前进离合器分离，起步离合器和倒挡制动器接合，变速器输入轴和输出轴旋转方向相反，实现倒挡。

3）控制系统

本田飞度的控制系统由电控系统和液压元件等组成。电控系统由 PCM 电控单元、开关 (A/T 挡位开关及手动模式开关)、霍尔式主从动带轮转速传感器、电磁阀（主从动带轮调压电磁阀、起步离合器调压电磁阀及倒挡限止电磁阀）等组成。除此之外，还有节气门位置传感器、发动机转速传感器、车速传感器、冷却液温度传感器等信号，这些传感器都与其他电控系统共用。

换挡执行元件包括起步离合器、前进离合器和倒挡制动器。

本田飞度无级变速器电控系统的工作原理如图 6.2.2 所示。电控单元 PCM 根据各传感器信号确定自动变速器（钢带传动装置）的传动比，以占空比方式控制带轮调压电磁阀，然后通过液压元件改变控制油压，移动可移动带轮，进行换挡（变速）。本田飞度无级变速器液压元件油路如图 6.2.3 所示。

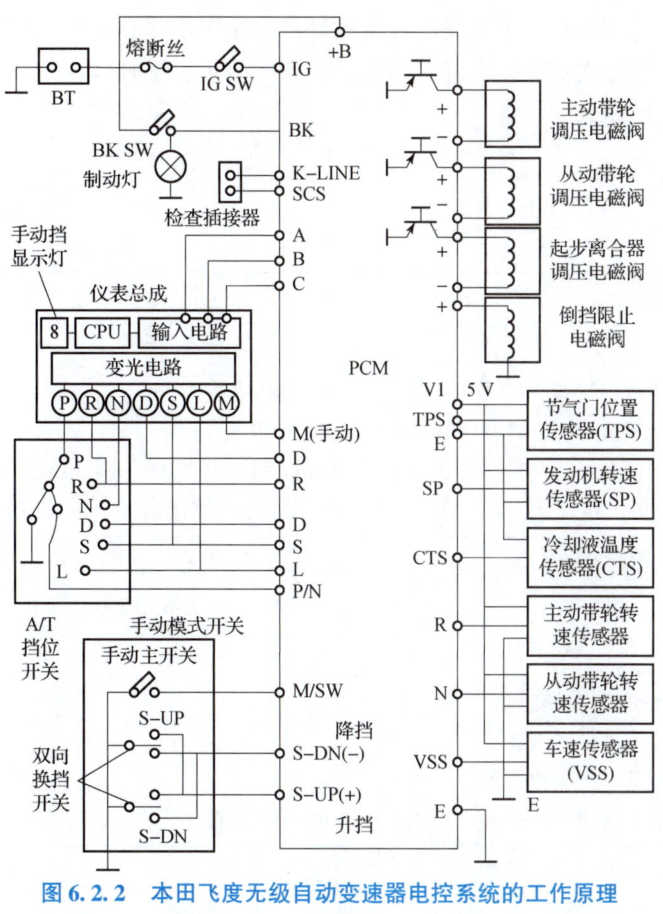

图 6.2.2　本田飞度无级自动变速器电控系统的工作原理

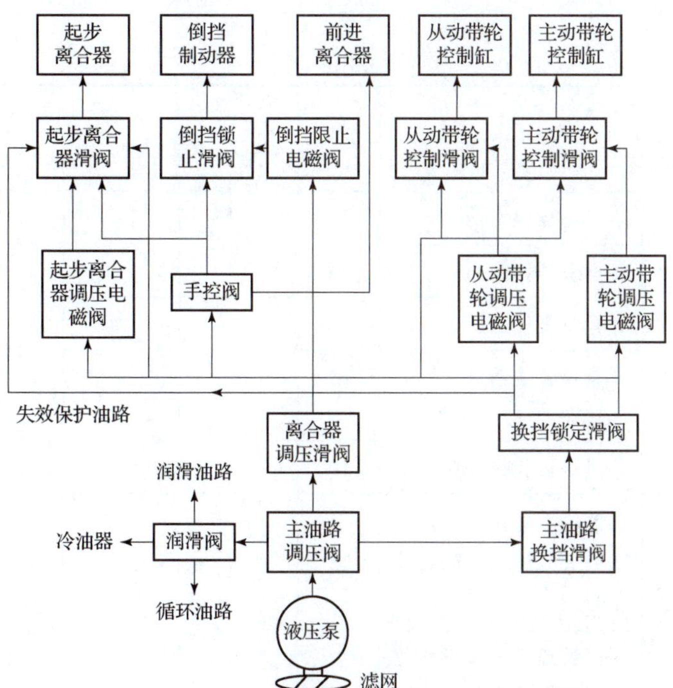

图 6.2.3　本田飞度无级自动变速器液压元件的油路

当控制电路产生故障时，主油路换挡滑阀、换挡锁定滑阀和离合器调压滑阀将电子控制转变为液压控制，此时控制油压由起步离合器后备阀提供，手控阀使汽车能在低挡下继续行驶（电控系统失效功能）。

 任务实施

一、任务场景：校内实训室
二、任务要求： 1. 演练任务：学生进行归纳、总结、PPT 汇报，并撰写研究报告； 2. 演练目的：具备安全意识、具有环保意识和自我提升理念； 3. 演练内容：请同学们查阅资料，在本田飞度上找到无级自动变速器的各组成部分，并拍照上传，说一说无级自动变速器的工作过程，说一说无级自动变速器的工作原理及液压控制过程
三、任务分组：在这个任务中，采用分组实施方式进行，4~8 人为一组，以学生自荐或推荐的方式选出组长，负责本团队的组织协调工作，带头示范、督促、帮助其他组员完成相应工作
四、任务步骤： 1. 查阅资料，理解无级自动变速器的定义类型区别； 2. 找到无级自动变速器的各组成部分； 3. 梳理无级自动变速器的工作过程； 4. 制作 PPT，总结、归纳无级自动变速器的工作原理及液压控制过程，并进行 PPT 汇报

 任务评价

序号	评价项目	评价指标	分值	自评（30%）	互评（30%）	师评（40%）	合计
1	职业素养（50 分）	具备环保意识	10				
		具备协作沟通能力	10				
		具备责任意识	10				
		具备收集信息、解决问题能力	10				
		具备自我提升意识	10				
2	专业能力（30 分）	能够在实车上找到无级自动变速器各组成部分	15				
		能够梳理无级自动变速器的控制逻辑	15				

续表

序号	评价项目	评价指标	分值	自评（30%）	互评（30%）	师评（40%）	合计
3	创新意识（20 分）	具备创新意识、创新能力	20				
合计			100				
综合得分							

知识扩展

课后提升

一、选择题

1. CVT 的电脑根据（　　）、（　　）、（　　）等信息，计算出最佳的变速器传动比，然后通过控制系统调节主动轮、从动轮液压泵的油缸压力来实现可动盘的轴向移动，从而实现传动比的变化。

A. 车速　　B. 节气门位置　　C. 发动机转速　　D. 轮速

2. 无级自动变速器换挡执行元件包括（　　）、（　　）和（　　）。

A. 起步离合器　　B. 前进离合器　　C. 倒挡制动器　　D. 倒挡离合器

二、判断题

1. 无级变速器通常还装有一套行星齿轮传动机构，来实现前进挡和倒挡的转换，其作用原理与液力变矩器式自动变速器相同。（　　）

2. 通过控制可移动带轮后的液压缸内油压来改变带轮的工作半径，从而改变自动变速器的传动比。（　　）

3. 当控制电路产生故障时，主油路换挡滑阀、换挡锁定滑阀和离合器调压滑阀将电子控制转变为液压控制，此时控制油压由起步离合器后备阀提供，手控阀使汽车能在低挡下继续行驶（电控系统失效功能）。（　　）

4. 为实现无级变速，按传动方式可采用液体传动、电力传动和机械传动三种方式。（　　）

5. 电控单元 PCM 根据各传感器信号确定自动变速器的传动比，以占空比方式控制带轮调压电磁阀，然后通过液压元件改变控制油压，移动可移动带轮，进行换挡。（　　）

任务三　双离合自动变速器探究

任务导入

双离合变速器有别于一般的自动变速器系统，它基于手动变速器而又不是自动变速器，除了拥有手动变速器的灵活性及自动变速器的舒适性外，还能提供无间断的动力输出。而传统的手动变速器使用一台离合器，当换挡时，驾驶员需踩下离合器踏板，使不同挡的齿轮做出啮合动作，而动力就在换挡期间出现间断，令输出表现有所断续。双离合自动变速器具体是怎样的呢？让我们一起来学习吧。

任务目标

知识目标	能力目标	素养目标
1. 理解双离合自动变速器的定义特点； 2. 掌握双离合自动变速器的结构组成； 3. 掌握双离合自动变速器的控制原理	1. 能够在实车上找到双离合自动变速器各组成部分； 2. 能够梳理双离合自动变速器工作原理	1. 具有绿色发展意识； 2. 具有科学技术是第一生产力意识； 3. 具备人类命运共同体意识

知识学习

一、课前预习

预习任务	预习内容	重点	难点
双离合自动变速器相关知识	1. 双离合自动变速器的定义； 2. 双离合自动变速器的组成； 3. 双离合自动变速器的特点； 4. 双离合自动变速器的结构原理	掌握双离合变速器的结构原理	掌握双离合变速器的结构原理

基础认知

自我检测

一、问答题

1. 什么是双离合自动变速器?

2. 试着总结一下双离合自动变速器的特点。

二、填空题

1. 双离合自动变速器（DCT）的工作原理是将（　　）按奇偶数分开布置，分别与两个离合器连接，通过切换（　　）离合器的工作状况，来完成换挡动作。

2. 大众迈腾轿车搭载的直接换挡变速器，主要由（　　）、（　　）和齿轮变速系统组成。

二、课堂学习

深入探究

1. 双离合变速器的结构

1）双离合装置

如图6.3.1所示，DQ250变速器前段没有液力变矩器，装有一个由两组离合器片集合而成的双离合器装置（K1和K2）。双离合器安装于一个充满液压油的封闭油腔里，离合器片之间也充满油液，其传动原理同普通AT里面的湿式多片离合器。这种“湿式”结构具有更好的调节能力和优异的热容性，因此能够传递比较大的扭矩。

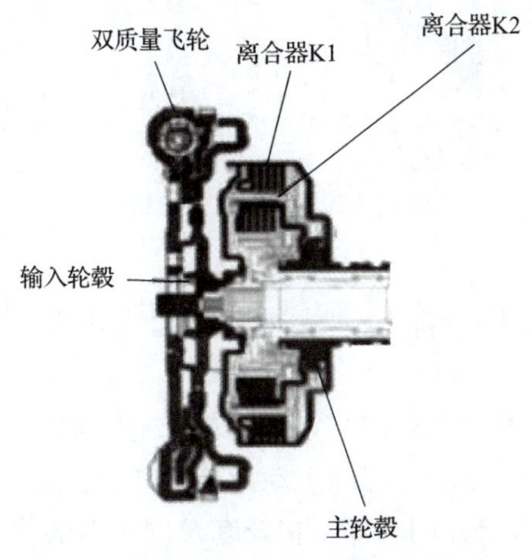

图6.3.1　DQ250变速器的双离合

2）输入轴

承接双离合器装置动力的是由一个由实心轴（输入轴1）及其外部套筒（输入轴2）组合的双传动轴机构。离合器K1接合可将飞轮传来的发动机动力传递给实心轴，即输入轴1。输入轴1为实心轴，上有1挡/倒挡、3挡和5挡主动齿轮，还有输入轴1转速传感器G501的信号轮，如图6.3.2所示。输入轴1可通过齿轮传动实现1挡、3挡、5挡和倒挡。离合器K2接合可将飞轮传来的发动机动力传递给输入轴2。输入轴2为套在输入轴1上的空心套筒，通过花键与离合器K2相连，上有2挡、4挡/6挡的主动齿轮，还有输入轴2转速传感器的信号轮，如图6.3.3所示。输入轴2可通过齿轮传动实现2挡、4挡、6挡。

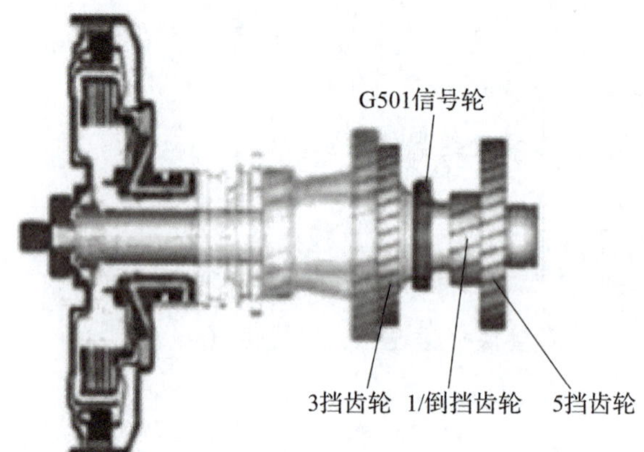

图6.3.2　输入轴1的结构

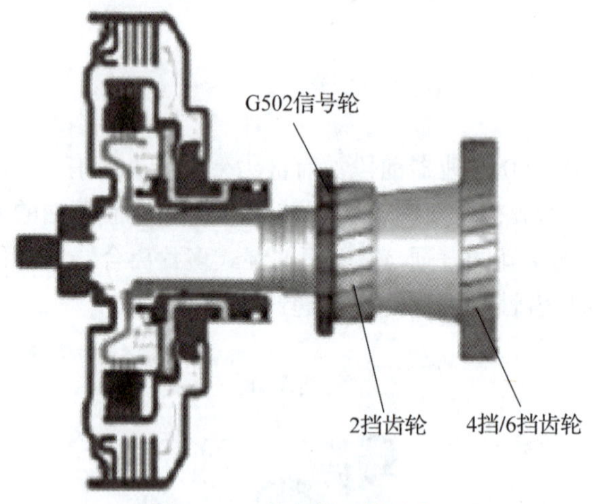

图6.3.3　输入轴2的结构

3）输出轴

两根平行输出轴的输出齿轮都与主减速器的输入齿轮常啮合，其相对安装位置如图6.3.4所示。

输出轴1的具体结构如图6.3.5（a）所示，轴上有1挡、2挡、3挡、4挡的从动齿轮，分别于输入轴上的1挡、2挡、3挡、4挡主动齿轮常啮合；还有1挡和3挡的换挡接合套及同步器、2挡和4挡换挡接合套及同步器，接合套及同步器的作用与手动变速器相同；另外输出轴1上面还有与差速器相连的输出齿轮。

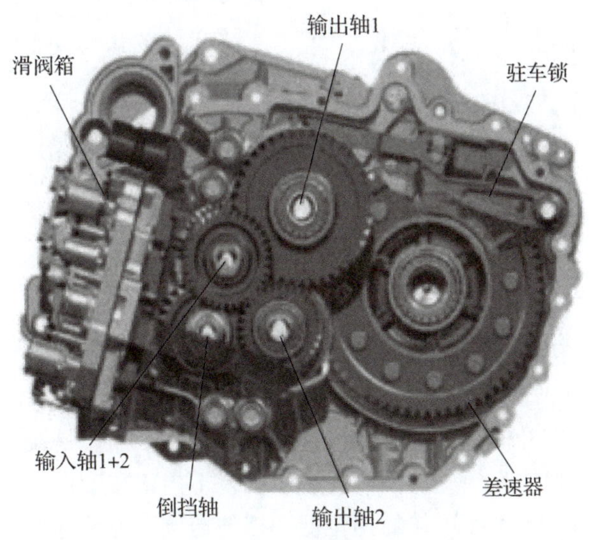

图 6.3.4　输出轴的安装位置

输出轴 2 的具体结构如图 6.3.5（b）所示，轴上有 5 挡、6 挡和倒挡的从动齿轮，与差速器相连的输出齿轮及相应的换挡装置。

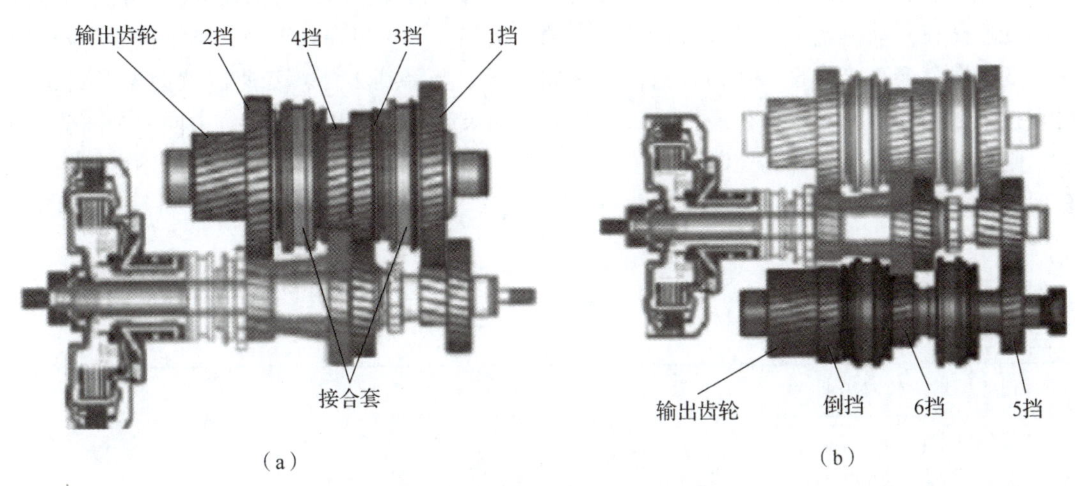

图 6.3.5　DQ250 变速器的输出轴

（a）输出轴 1；（b）输出轴 2

4）倒挡惰轮轴

倒挡惰轮轴上有倒挡惰轮 1（大）和倒挡惰轮 2（小），分别与输入轴 1 上的倒挡主动齿轮和输出轴 2 上的倒挡从动齿轮相啮合。

5）换挡机构

DQ250 的换挡机构和手动变速器一样，由换挡拨叉推动接合套来完成，但是与手动变速器不同的是，双离合自动变速器不再需要手动推拨叉，而是由液压马达（或者叫液压伺服机构）来推动拨叉完成换挡，如图 6.3.6 所示。每个换挡拨叉由两个被机电控制系统控制的液压马达来推动，而行程传感器是用来检测拨叉行程确定挂挡是否到位的。

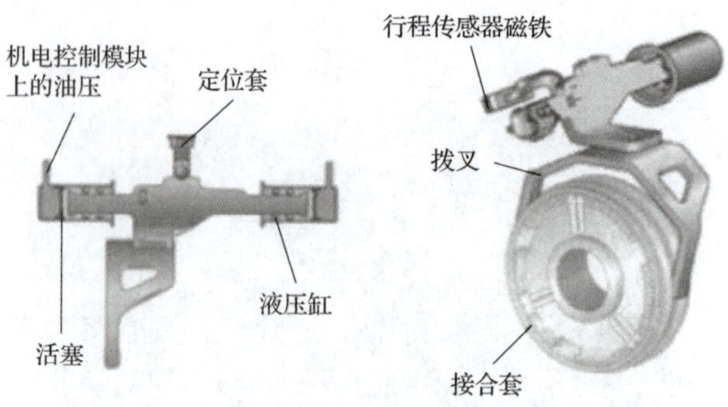

图 6.3.6　换挡控制机构

2. 双离合变速器的工作过程

双离合自动变速器在升挡或者降挡时，都是同时有两个挡位是接合的。升挡时，比正在工作的挡位高一挡的挡位作为预先挡位而接合。如果 1 挡正在工作，则 2 挡位作为预选挡位而接合；同样，降挡时，比正在工作的挡位低一挡的挡位作为预选挡位而接合。如果正在工作的是 6 挡，则 5 挡作为预选挡位而接合。双离合自动变速器的升挡或降挡是由变速器控制器（TCU）判断的：踩加速踏板时，TCU 判定为升挡过程，做好升挡准备；踩制动踏板时，TCU 判定为降挡过程，做好降挡准备。

一般来讲，变速器升挡总是一挡一挡地逐级上升，但降挡时经常会跳跃地降挡。双离合自动变速器在手动模式下也可以进行跳跃降挡，例如，从 6 挡降到 3 挡，连续按三下降挡按钮，变速器就会直接从 6 挡降到 3 挡，但是如果从 6 挡降到 2 挡，变速器就会先降到 5 挡，再直接到 2 挡。也就是说，在进行跳跃降挡时，如果起始挡位和最终挡位由同一个离合器控制，则必须通过另一离合器控制的挡位转换一下，而如果起始挡位和最终挡位不由同一个离合器控制，则可以直接跳跃至所定挡位。

任务实施

一、任务场景：校内实训室
二、任务要求： 1. 演练任务：学生进行归纳、总结、PPT 汇报，并撰写研究报告； 2. 演练目的：具备安全意识、具有环保意识和科学认知理念； 3. 演练内容：请同学们查阅资料，梳理双离合自动变速器的组成部分；说一说双离合自动变速器的工作过程；在实车上找到双离合自动变速器的各组成部分，并拍照上传
三、任务分组：在这个任务中，采用分组实施方式进行，4~8 人为一组，以学生自荐或推荐的方式选出组长，负责本团队的组织协调工作，带头示范、督促、帮助其他组员完成相应工作
四、任务步骤： 1. 查阅资料，理解双离合自动变速器的定义特点； 2. 找到双离合自动变速器的各组成部分，并拍照上传； 3. 梳理双离合自动变速器的组成部分； 4. 制作 PPT，总结、归纳双离合自动变速器的工作过程，并进行 PPT 汇报

任务评价

序号	评价项目	评价指标	分值	自评（30%）	互评（30%）	师评（40%）	合计
1	职业素养（50 分）	具备环保意识	10				
		具备协作沟通能力	10				
		具备责任意识	10				
		具备科学认知理念	10				
		具备自我提升意识	10				
2	专业能力（30 分）	能够在实车上找到双离合自动变速器各组成部分	15				
		能够梳理双离合自动变速器工作原理	15				
3	创新意识（20 分）	具备创新意识、创新能力	20				
合计			100				
综合得分							

知识扩展

课后提升

一、选择题

1. DSG 在升挡或者降挡时，都是同时有（　　）个挡位是接合的。

A. 1　　B. 2　　C. 3　　D. 4

2. 升挡时，比正在工作的挡位（　　）一挡作为预先挡位而接合。

A. 高　　B. 低

二、判断题

1. 双离合器安装于一个充满液压油的封闭油腔里，离合器片之间也充满油液，其传动原理同普通 AT 里面的湿式多片离合器。这种“干式”结构具有更好的调节能力和优异的热容性，因此能够传递比较大的扭矩。（　　）

2. 承接双离合器装置动力的是由一个由实心轴（输入轴 1）及其外部套筒（输入轴 2）组合的双传动轴机构。（　　）

3. 倒挡惰轮轴上有倒挡惰轮 1（大）和倒挡惰轮 2（小），分别与输入轴 1 上的倒挡主动齿轮和输出轴 2 上的倒挡从动齿轮相啮合。（　　）

4. DQ250 的换挡机构和手动变速器一样，由手动换挡拨叉推动接合套来完成。（　　）

5. 一般来讲，变速器升挡总是一挡一挡地逐级上升，但降挡时经常会跳跃地降挡。（　　）

阅读小资料

模块七

转向系统新技术

模块简介

汽车在行驶过程中，经常需要按照驾驶员的意志改变其行驶方向，如果是传统的机械转向系统，频繁转向会增加驾驶员的疲劳强度，若采用的是电控助力转向系统则会轻便很多，舒适性也会提高。汽车转向系统按照转向能源的不同，有机械转向系统和动力转向系统两种。机械转向系统是依靠驾驶员操纵转向盘的转向力来实现车轮的转向，动力转向系统则是在驾驶员的控制下，借助于转向助力来实现转向，转向助力主要来源于液压力或者电动机驱动力。传统动力转向系统只能提供固定的放大倍率，无法同时满足低速时转向轻便灵活、高速时具有较好转向手感的要求。电控助力转向（EPS）在车速较低时可以提供较大的放大倍率，在高速时可以适当减小放大倍率，以稳定转向手感。EPS 按照转向动力源的不同分为液压式 EPS 和电动式 EPS。电动式四轮转向系统优势明显，被越来越多地应用在汽车上。

汽车转向系统新技术究竟有哪些？它们的结构如何？有哪些特点？如何工作？控制原理是什么？带着这些问题让我们一起进入本模块的学习吧。

任务一　液压式 EPS 认知

任务导入

传统汽车转向系统是机械系统，汽车的转向运动是由驾驶员操纵转向盘，通过转向器和一系列的杆件传递到转向车轮而实现的。20 世纪 50 年代起，增加了液压助力系统（HPS，见动力转向系统），至今仍被广泛应用。由于电子技术的发展，汽车转向系统中越来越多地采用电子部件，逐渐发展了电控液压动力转向、电动助力转向、前轮主动转向和线控转向等电子控制转向系统。液压式 EPS 具体是怎样的呢？让我们一起来学习吧。

任务目标

知识目标	能力目标	素养目标
1. 理解液压式 EPS 的定义类型区别； 2. 掌握液压式 EPS 结构组成； 3. 掌握液压式 EPS 控制原理	1. 能够在实车上找液压式 EPS 各组成部分； 2. 能够梳理液压式 EPS 的控制逻辑	1. 具有绿色发展意识； 2. 具有科学技术是第一生产力理念； 3. 具有劳动精神

知识学习

一、课前预习

预习任务	预习内容	重点	难点
液压式 EPS 相关知识	1. 液压式 EPS 的定义； 2. 液压式 EPS 的分类； 3. 液压式 EPS 特点； 4. 液压式 EPS 结构原理	掌握液压 EPS 结构原理	掌握液压 EPS 结构原理

自我检测

一、问答题

1. 什么是液压式 EPS?

2. 简述液压式 EPS 的特点。

二、填空题

1. 液压式 EPS 是在传统的液压动力转向系统的基础上增设（　　）而构成的，将车速引入系统中，实现助力大小随车速变化。

2. 液压式 EPS 主要通过（　　）将车速传递给电子元件，或 ECU 控制电液转换装置改变动力转向的（　　）特性，助力将会随着车速的增加而（　　），从而增加了高速行驶时的路感，较好地兼顾了低速转向的轻便性和高速转向时的路感。

三、选择题

根据控制方式的不同，液压式 EPS 又可以分为（　　）、（　　）和（　　）。

A. 流量控制式　　　　B. 反力控制式

C. 阀灵敏度控制式　　D. 电子控制式

二、课堂学习

深入探究

1. 流量控制式 EPS

ECU 根据车速传感器等信号，调节动力转向装置供应的压力油液，改变油液的输入输出流量，以控制转向助力的大小。

日产蓝鸟轿车电控动力转向系统是典型的流量控制式 EPS，其结构特点是在转向液压泵与转向机体之间设有旁通流量控制阀。蓝鸟轿车电控动力转向系统的结构如图 7.1.1 所示。

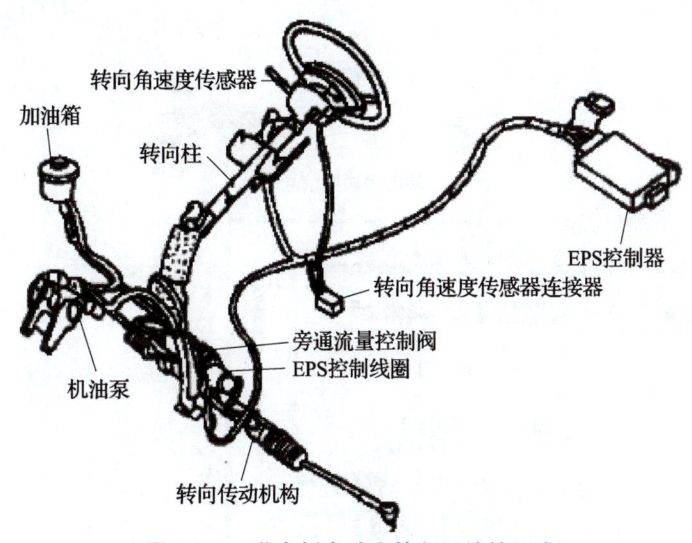

图 7.1.1　蓝鸟轿车动力转向系统的组成

电控动力转向系统的控制原理：电控单元（ECU）根据车速传感器、转向角速度传感器和选择开关等信号，向旁通流量控制阀按照汽车的行驶状态发出控制信号，控制旁通流量，从而调整向转向器供油的流量，改变转向助力的大小，如图 7.1.2 所示。

有些车型上装用的电控液压式动力转向系统也可以算是流量控制式的，但不是通过流量控制阀来控制转向助力的大小，而是通过控制转向助力泵的转速来控制转向助力的大小，如标致 307 和大众 POLO 轿车上装用的动力转向系统。图 7.1.3 所示为大众 POLO 轿车采用的电控液压动力转向系统，齿轮式的转向助力油泵是由电脑控制的电动机驱动的，电脑根据车速等信号，控制电动机的转速，从而调整转向助力的大小。

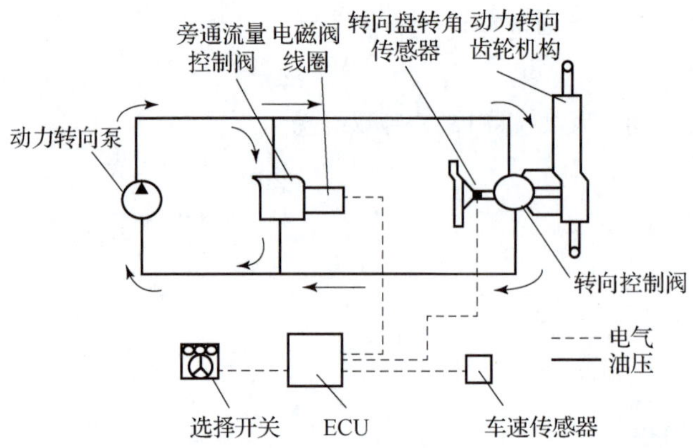

图 7.1.2　蓝鸟轿车动力转向系统的组成控制原理

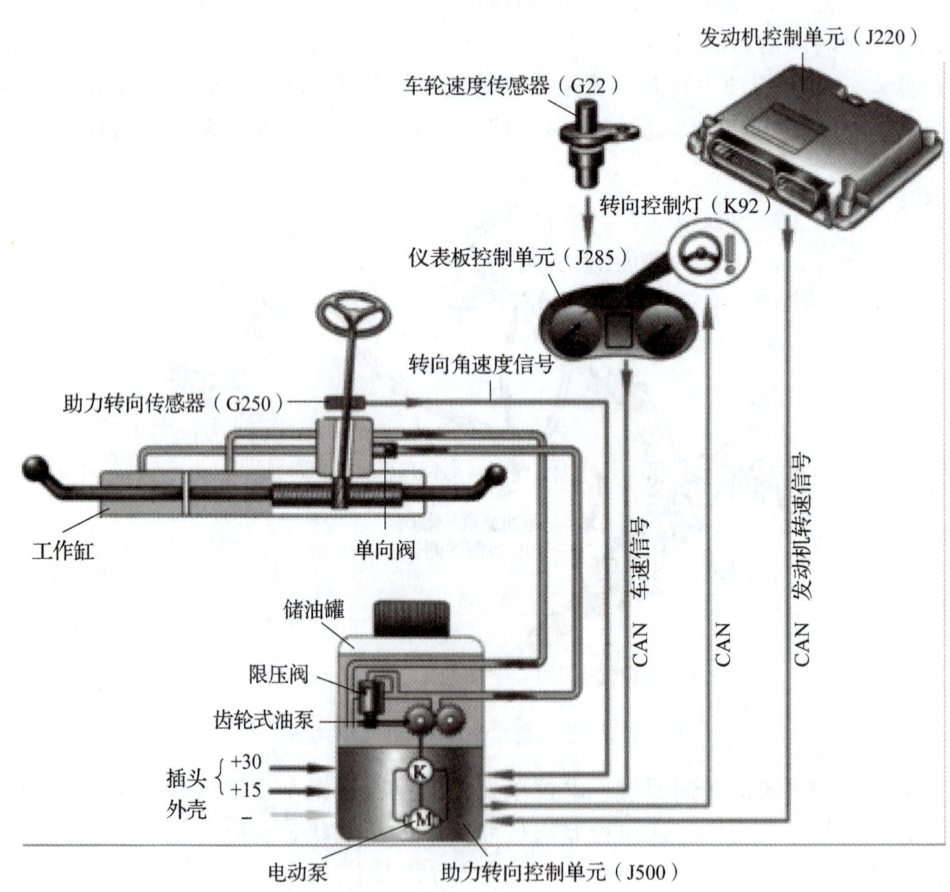

图 7.1.3　大众 POLO 轿车电控液压动力转向系统

2. 反力控制式 EPS

反力控制式 EPS 可以根据车速大小控制反力室油压，从而改变输入输出增益幅度以控制转向力。

1）组成原理

反力控制式动力转向系统的组成与工作原理如图 7.1.4 所示。其中转向阀是在传统的整体转阀式动力转向控制阀的基础上增设了油压反力室。扭力杆的上端通过销子与转阀阀杆相连，下端与小齿轮轴用销子连接。小齿轮轴的上端部通过销子与控制阀阀体相连。转向时，转向盘上的转向力通过扭力杆传递给小齿轮轴。当转向力增大，扭力杆发生扭转变形时，控制阀体和转阀阀杆之间将发生相对转动，于是就改变了阀体和阀杆之间油道的通断关系和工作油液的流动方向，从而实现转向助力作用。

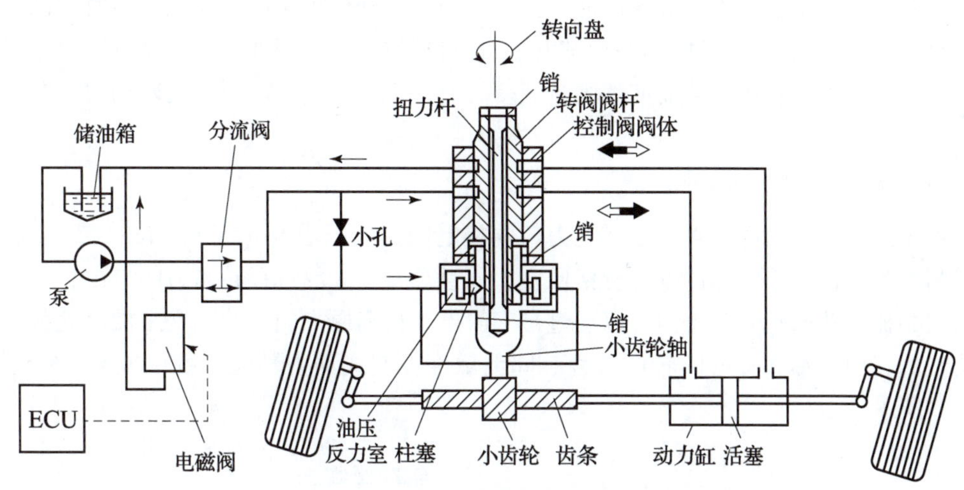

图 7.1.4　反力控制式动力转向系统组成与工作原理

2）典型反力控制式 EPS

丰田雷克萨斯轿车电控动力转向系统也是一种反力控制式的 EPS，它的电控动力转向系统主要由车速传感器、电磁阀、动力转向控制阀、动力转向液压泵、ECU 和液压反应室等组成。其组成与工作原理如图 7.1.5 所示。

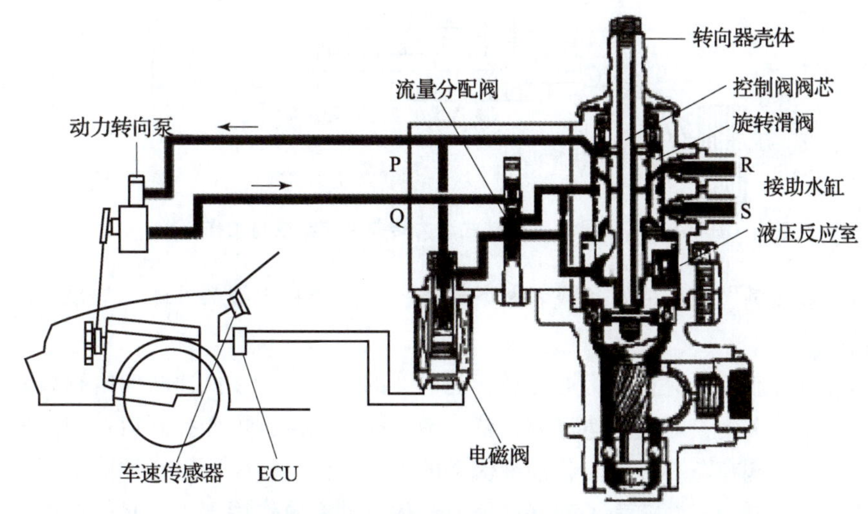

图 7.1.5　丰田雷克萨斯反力控制式动力转向系统组成与工作原理

流量分配阀的作用是将动力转向泵输出的油液分流后，分别输往旋转滑阀、电磁阀和液力反应室。电磁阀的作用则是控制油液的回流量。进行转向操作时，控制阀与旋转阀间出现相对转动，并通过油路分别与助力缸的进、回油路相通。动力转向泵输出的液压油经分配阀分流后，路经控制阀及旋转阀，通过油路中的一条油路进入转向助力缸；另一路分别进入液力反应室和电磁阀。电控动力转向 ECU 根据转速传感器传来的信号控制电磁阀的开度，通过控制流回动力转向泵的油量使动力转向系统的油压随车速的变化而变化。在车辆低速行驶时，电磁阀具有较大的开度，由于动力油缸的助力作用，转向十分轻便。在车辆中高速行驶时，电磁阀开度减小，液力反应室内油压升高。当高压油作用于液力反应室内时，油室中的柱塞就会紧紧地压向控制阀轴。此时，即使扭杆有扭转变形，因柱塞力的作用，也会限制控制阀与旋转阀的相对转动，从而使驾驶员获得具有一定手感的转向力，改善动力转向系统的操纵性能。

3. 阀灵敏度控制式 EPS

根据车速控制电磁阀，直接改变动力转向控制阀的油压增益（阀灵敏度）来控制油压。这种转向系统结构简单、部件少、价格便宜，而且具有较大的选择转向力的自由，与反力控制式转向相比，转向刚性差，但可以通过最大限度地提高原来的弹性刚度来加以克服，从而获得自然的转向手感和良好的转向特性。阀灵敏度控制式动力转向系统组成与工作原理如图 7.1.6 所示。

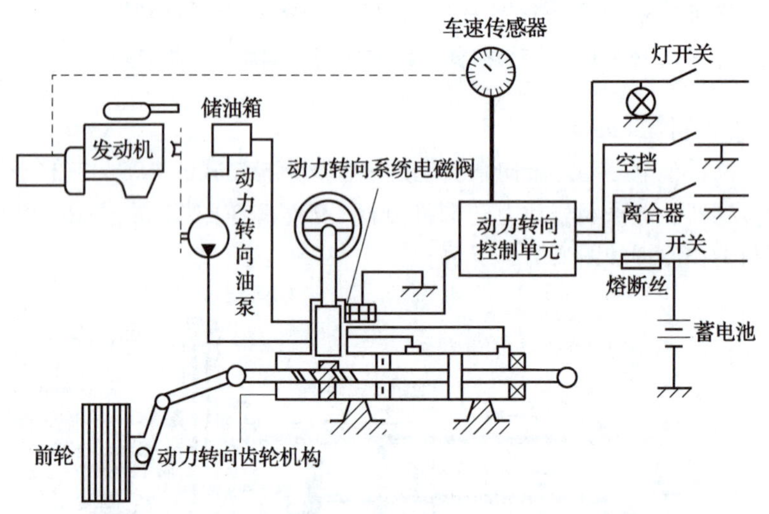

图 7.1.6　阀灵敏度控制式动力转向系统组成与工作原理

转子阀一般在圆周上形成 6 条或者 8 条沟槽，各沟槽利用阀部外体，与泵、动力缸、电磁阀及油箱连接。

电磁阀设有控制上下流量的旁通油道，是可变的节流阀。在低速时向电磁线圈通以最大的电流，使可变孔关闭；随着车速提高，依次减小通电电流，可变孔开启；在高速时开启面积达到最大值。该阀在左右转向时，油液流动的方向可以逆转，所以在油液上下流动时，可变小孔必须具有相同的特性。为了确保高压时液体流动有效作用于阀，必须提供稳定的油压控制。

任务实施

一、任务场景：校内实训室
二、任务要求： 1. 演练任务：学生进行归纳、总结、PPT 汇报，并撰写研究报告； 2. 演练目的：具备安全意识、具有环保意识和科学认知理念； 3. 演练内容：请同学们查阅资料，在实车上区分不同类型的液压 EPS；找到流量控制式 EPS 组成部分，拍照上传，并简述其工作原理；找到反力控制式 EPS 组成部分，拍照上传，并简述其工作原理；找到阀灵敏度式 EPS 组成部分，拍照上传，并简述其工作原理
三、任务分组：在这个任务中，采用分组实施方式进行，4～8 人为一组，以学生自荐或推荐的方式选出组长，负责本团队的组织协调工作，带头示范、督促、帮助其他组员完成相应工作
四、任务步骤： 1. 查阅资料，理解液压式 EPS 的定义类型区别； 2. 在实车上区分不同类型的液压 EPS 并拍照上传； 3. 制作 PPT，总结、归纳出不同类型液压 EPS 的控制原理工作原理，并进行 PPT 汇报

任务评价

序号	评价项目	评价指标	分值	自评（30%）	互评（30%）	师评（40%）	合计
1	职业素养（50 分）	具备责任意识	10				
		具备协作沟通能力	10				
		具备团队意识	10				
		具备收集信息、解决问题能力	10				
		具备劳动精神	10				
2	专业能力（30 分）	能够在实车上找液压式 EPS 各组成部分	15				
		能够梳理液压式 EPS 的控制逻辑	15				
3	创新意识（20 分）	具备创新意识、创新能力	20				
合计			100				
综合得分							

课后提升

一、填空题

1. 日产蓝鸟轿车电控动力转向系统是典型的流量控制式 EPS，其结构特点是在转向液压泵与转向机体之间设有（　　）阀。

2. 大众 POLO 轿车采用的电控液压动力转向系统，齿轮式的转向助力油泵是由电脑控制的电动机驱动的，电脑根据（　　）等信号，控制电动机的转速，从而调整转向（　　）的大小。

3. 反力控制式 EPS 可以根据车速大小控制（　　）油压，从而改变输入输出增益幅度以控制转向力。

4. 根据车速控制电磁阀，直接改变动力转向控制阀的油压增益（　　）来控制油压。

二、判断题

1. ECU 根据车速传感器等信号，调节动力转向装置供应的压力油液，改变油液的输入输出流量，以控制转向助力的大小。（　　）

2. 流量分配阀的作用是将动力转向泵输出的油液分流后，分别输往旋转滑阀、电磁阀和液力反应室。（　　）

任务二　电动式 EPS 认知

任务导入

液压动力转向系统结构复杂，存在消耗功率大、易产生泄漏、转向力不易有效控制等问题。随着电子控制技术在汽车上的广泛应用，出现了电动式电子控制动力转向系统，简称电动式 EPS。

任务目标

知识目标	能力目标	素养目标
1. 理解电动式 EPS 定义特点； 2. 掌握电动式 EPS 结构组成； 3. 掌握电动式 EPS 控制原理	1. 能够在实车上找到电动式 EPS 各组成部分； 2. 能够梳理电动式 EPS 的控制逻辑	1. 具有劳动精神； 2. 具有守正创新意识； 3. 具备自我提升意识

知识学习

一、课前预习

预习任务	预习内容	重点	难点
电动式 EPS 相关知识	1. 电动式 EPS 的定义； 2. 电动式 EPS 特点； 3. 电动式 EPS 结构原理	掌握电动式 EPS 结构原理	掌握电动式 EPS 结构原理

基础认知

自我检测

一、填空题

1. 电脑 ECU 根据扭矩传感器的扭矩及（　　）信号和（　　）信号，调节电动机的转向助力扭矩，替代了液压助力系统。

2. 电动式 EPS 无复杂的（　　）系统及其所对应的所有故障，并使系统总重减轻了 25%，降低了油耗和维修费用，因而在各类乘用车上的应用日渐广泛。

二、问答题

1. 试着总结什么是电动式 EPS。

2. 简述电动式 EPS 的特点。

二、课堂学习

深入探究

1. 电动式 EPS 的组成

电动式 EPS 是在机械转向机构的基础上，增加了电动式助力机构、转向助力控制系统后形成的。典型电动式 EPS 的组成如图 7.2.1 所示。它是由转矩传感器、直流电动机、电磁离合器、车速传感器、EPS ECU 等组成的。

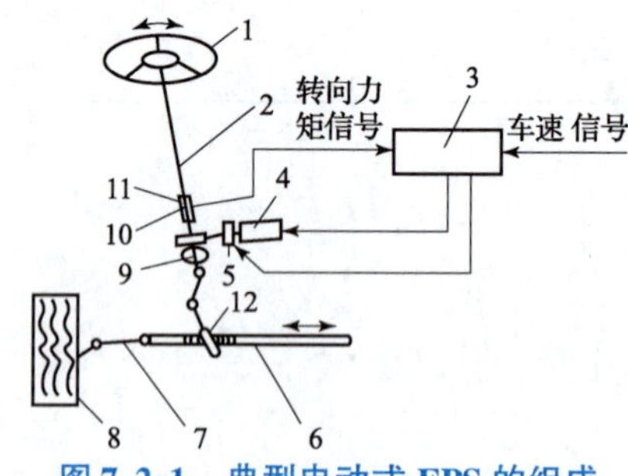

图 7.2.1　典型电动式 EPS 的组成

1—转向盘；2—转向轴；3—EPS ECU；4—直流电动机；5—电磁离合器；6—转向齿条；7—横拉杆；8—转向轮；9—输出轴；10—扭力杆；11—转矩传感器；12—转向齿轮

1）转矩传感器

转矩传感器用于测定转向盘与转向器之间的转向力矩，其结构与原理如图 7.2.2 所示。在输出轴的极靴上分别有 A、B、C、D 四个线圈，连接成一个桥式回路。在线圈的 U、T 两端输入持续的脉冲电压 U_i，当转向杆上的转矩为零时，定子与转子的相对转角为 0°，这时转子的纵向对称面处于图 7.2.2（b）所示定子 AC 和 BD 对称平面上，每个极靴上的磁通量均相等，因而由线圈组成的电桥处于平衡状态，在 V、W 两端的电位差 U_0 为零。转向时，由于扭力杆与输出轴极靴之间发生相对的扭转变形，定子与转子之间产生角位移 θ。这时，极靴 A、D 间的磁阻增大，B、C 间的磁阻减小，各极靴的磁通量产生差别，使电桥失去平衡。于是，在 V、W 之间就出现电位差 U_0。这个电位差与扭力杆的扭转角 θ 和输入电压 U_i 成正比。由于扭转角 θ 与作用于扭力杆上的转向力矩成正比，因此，U_0 就可获得转向盘的转向力矩。

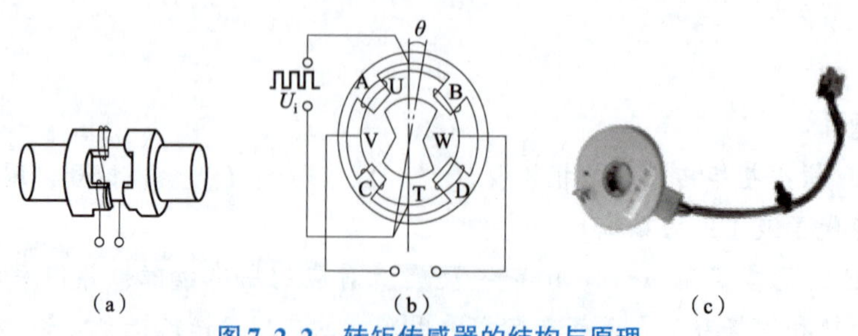

图 7.2.2　转矩传感器的结构与原理

（a）结构简图；（b）原理；（c）实物

2）直流电动机

直流电动机的原理与起动机电动机基本相同，通常采用永磁式电动机。电动机的输出转矩控制是通过控制其输入电流来实现的，而电动机的正转和反转则是由 EPS ECU 输入的正、反转触发脉冲控制的。典型的电动机正、反转控制电路如图 7. 2. 3 所示。A_1、A_2 为电动机正、反转信号触发端，当 A_2 端有触发信号输入时，VT_3 导通，VT_2 得到基极电流也导通，VT_1 得到基极电流也导通，电流经 VT_2、电动机 M 和 VT_4 到搭铁，电动机反转。电动机的电流大小可由触发信号电流的大小控制。

3）电磁离合器

电动式 EPS 采用干式单片式电磁离合器，其原理如图 7. 2. 4 所示。安装在电动机输出轴上，主动轮内装有电磁线圈，通过滑环引入电流。当离合器通电时，电磁线圈产生的电磁力使压板与主动轮端面压紧，于是，电动机的动力经轴、压板、花键、从动轴传递给减速机构。

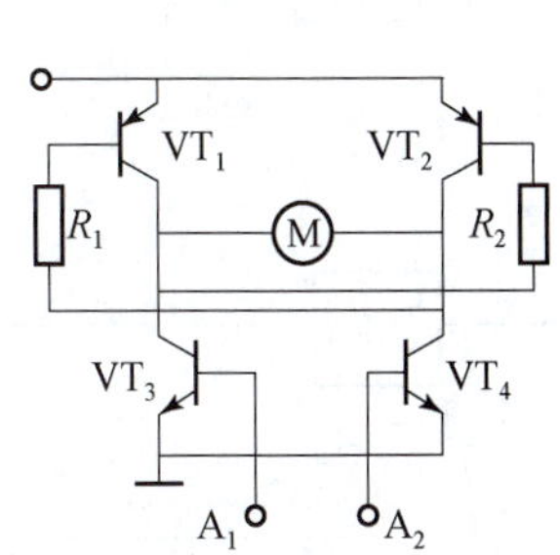

图7. 2. 3　典型的电动机正、反转控制电路

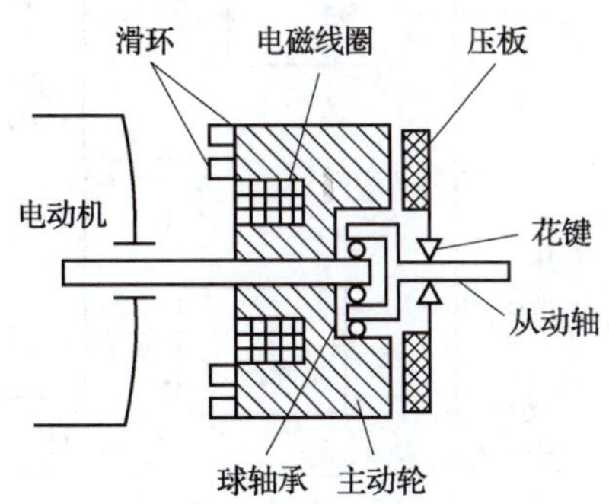

图 7. 2. 4　干式单片式电磁离合器原理

4）减速机构

电动式 EPS 减速机构有多种组合方式，一般采用涡轮蜗杆传动与转向轴驱动组合方式，也有的采用两级行星齿轮传动和传动齿轮驱动组合方式。为了抑制噪声和提高耐久性，减速机构中的齿轮有的采用特殊齿形，有的采用树脂材料制成。

2. 电动式 EPS 的工作原理

在操纵转向盘时，转矩传感器根据输入转向力矩的大小产生出相应的电压信号，由此电动式 EPS 就可以检测出操纵力的大小，同时根据车速传感器产生的脉冲信号又可测出车速，再控制电动机的电流，形成适当的转向助力。电动式 EPS 控制电路框图如图 7. 2. 5 所示。主转矩传感器和辅助转矩传感器的转矩信号与电动机的电流信号，通过 A/D 转换器输入 ECU 中，而车速信号、发动机转速、蓄电池电压和起动机开关的通/断状态、交流发电机的 L 端子电压则通过接口电路输入 ECU 中。

转矩信号通过 A/D 转换器输入 ECU 后，ECU 根据车速范围按照规定的转矩与电动机电流变换值，确定出电动机的电流指令值。把电流指令值输入 D/A 转换器，转换成模拟信号，之后输入电流控制电路中。同时，计算机还输出电动机的旋转方向指示信号，这个信号输入电动机的驱动电路后，便决定了电动机的旋转方向。

电流控制电路把上述已成为模拟信号的电流指令与电动机的实际电流相比之后，产生二者幅度相同的斩波信号。驱动电路收到斩波信号与旋转方向指示信号之后，则输出指令，控制电动机的电流，使其按规定的方向旋转。当超过规定的车速时，离合器的驱动信号被切断，电动机与减速机构分离，同时电动机也停止工作。

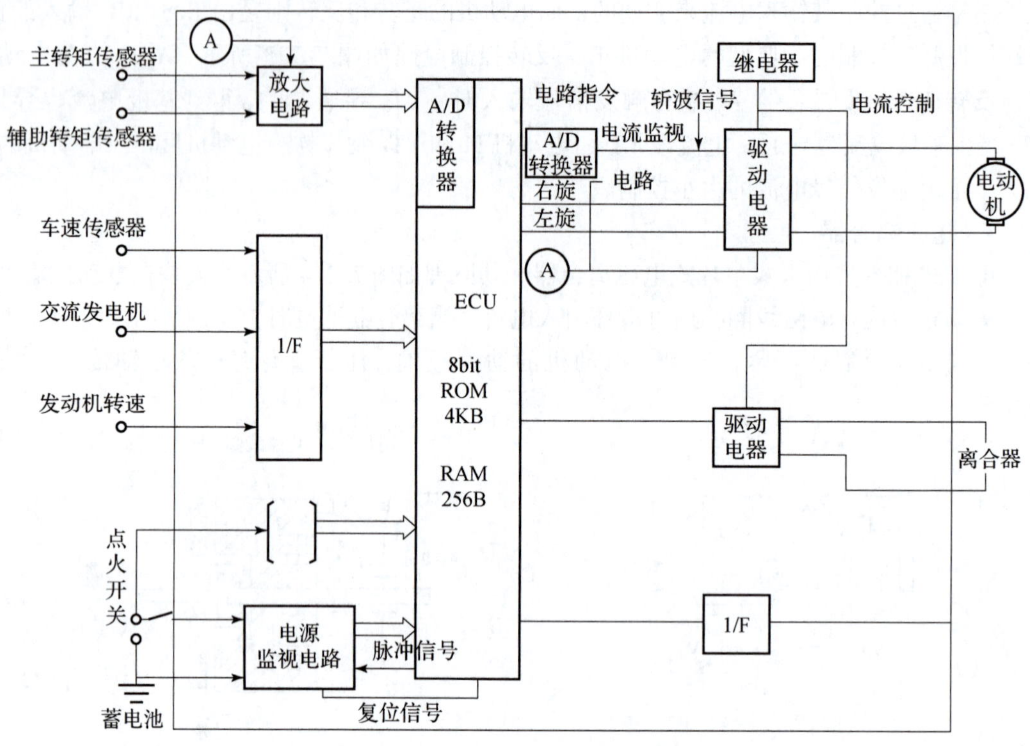

图 7.2.5　电动式 EPS 控制电路框图

任务实施

一、任务场景：校内实训室
二、任务要求： 1. 演练任务：学生进行归纳、总结、PPT 汇报，并撰写研究报告； 2. 演练目的：具备安全意识、具有环保意识和科学认知理念； 3. 演练内容：请同学们查阅资料，在实车上区分不同类型的电动式 EPS；比一比液压式 ESP 和电动式 ESP 的区别，并拍照上传；找到直流电机拍照上传，并画出其正反转控制电路；简述电动式 EPS 的工作原理
三、任务分组：在这个任务中，采用分组实施方式进行，4～8 人为一组，以学生自荐或推荐的方式选出组长，负责本团队的组织协调工作，带头示范、督促、帮助其他组员完成相应工作
四、任务步骤： 1. 查阅资料，理解电动式 EPS 定义特点； 2. 在实车上区分不同类型的电动 EPS 并拍照上传； 3. 制作 PPT，总结、归纳出不同类型电动 EPS 的控制原理工作原理，并进行 PPT 汇报

任务评价

序号	评价项目	评价指标	分值	自评（30%）	互评（30%）	师评（40%）	合计
1	职业素养（50 分）	具备环保意识	10				
		具备协作沟通能力	10				
		具备责任意识	10				
		具备收集信息、解决问题能力	10				
		具备自我提升意识	10				
2	专业能力（30 分）	能够在实车上找到电动式 EPS 各组成部分	15				
		能够梳理电动式 EPS 的控制逻辑	15				
3	创新意识（20 分）	具备创新意识、创新能力	20				
合计			100				
综合得分							

知识扩展

课后提升

一、选择题

1. 电动式 EPS 是在机械转向机构的基础上，增加了（　　）、（　　）后形成的。

A. 电动式助力机构　　B. 转向助力控制系统

C. 转向器　　D. 电机

2. 典型电动式 EPS 系统是由（　　）、（　　）、（　　）、（　　）、（　　）等组成的。

A. 转矩传感器　　B. 直流电动机　　C. 电磁离合器

D. 车速传感器　　E. EPS ECU

二、判断题

1. 转矩传感器用于测定转向盘与转向器之间的转向力矩。 （ ）

2. 直流电动机的原理与起动机电动机基本相同，通常采用永磁式电动机。 （ ）

3. 电动机的输出转矩控制是通过控制其输入电流来实现的，而电动机的正转和反转则是由 EPS ECU 输入的正、反转触发脉冲控制的。 （ ）

4. 电动式 EPS 采用干式单片式电磁离合器，当离合器通电时，电磁线圈产生的电磁力使压板与主动轮端面压紧，于是，电动机的动力经轴、压板、花键、从动轴传递给减速机构。 （ ）

5. 为了抑制噪声和提高耐久性，减速机构中的齿轮有的采用特殊齿形，有的采用树脂材料制成。 （ ）

阅读小资料

任务三　电子式四轮转向系统认知

任务导入

四轮转向系统（4WS），是指后轮也和前轮相似，具有一定的转向功能，不仅可以与前轮同方向转向，也可以与前轮反方向转向。电子式四轮转向系统是怎样的呢？让我们一起来学习吧。

任务目标

知识目标	能力目标	素养目标
1. 理解四轮转向系统的定义； 2. 理解四轮转向系统的转向特性； 3. 掌握转向角比例控制四轮转向系统的组成原理； 4. 掌握横摆角速度控制四轮转向系统的组成原理	1. 能够在实车上找到转向角比例控制四轮转向系统各部分； 2. 能够在实车上找到横摆角速度控制四轮转向系统各部分； 3. 能够梳理转向角比例控制四轮转向系统的工作原理； 4. 能够梳理横摆角速度控制四轮转向系统的工作原理	1. 具有创新意识； 2. 具有科学发展理念； 3. 具备团结协作意识

知识学习

一、课前预习

预习任务	预习内容	重点	难点
电子式四轮转向相关知识	1. 四轮转向汽车的定义； 2. 汽车转向特性； 3. 转向角比例控制四轮转向系统组成原理； 4. 横摆角速度控制四轮转向系统组成原理	掌握转向角比例控制四轮转向系统组成原理	掌握横摆角速度控制四轮转向系统组成原理

基础认知

自我检测

一、填空题

1. 汽车在低速转向行驶时，后轮相对于前轮（　　）向偏转，并且偏转角度应随转向盘转角增大而在一定范围内（　　）。

2. 如汽车通过曲率（　　）的弯道或汽车变道时，汽车车身的横摆角度和横摆角速度大为（　　），使汽车高速行驶的操纵稳定性显著提高。

二、问答题

1. 什么是四轮转向汽车？

2. 试着比较汽车的转向特性。

二、课堂学习

深入探究

1. 转向角比例控制四轮转向系统

所谓转向角比例控制，就是指后轮转角与前轮转角成比例。在低速区前后轮逆转，在中高速区前后轮同向。在中高速区的转向操纵应使前后轮平衡稳定并处于恒定转向状态，汽车的前进方向和车体朝向就能一致，并能得到稳定的转向性能。

1）系统组成

图 7. 3. 1 所示为丰田汽车转向角比例控制四轮转向系统。该系统前、后轮的转向机构进行机械连接。转向盘的转动传到前转向器（齿轮齿条式），齿条使前转向横拉杆做左右运动以控制前轮转向，同时，输出小齿轮旋转，通过连接轴传递到后轮转向齿轮箱中，后轮的转角与转向盘的转角成比例变化，并让其在低速转向时，后轮与前轮反向转动；在中高速行驶时，后轮与前轮同向转动。

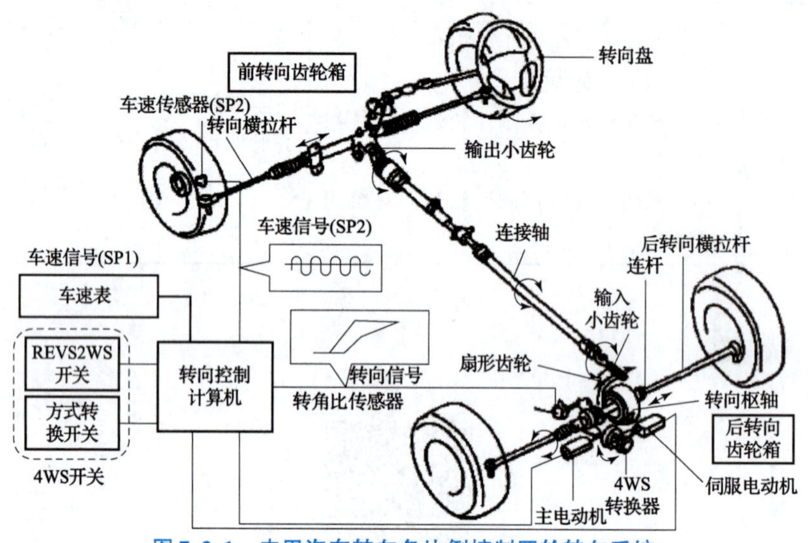

图 7. 3. 1 丰田汽车转向角比例控制四轮转向系统

这种控制方式可以使汽车在中高速行驶时，前后轮保持相对稳定的平衡，让汽车的前进方向与其车身的方向保持一致，获得稳定的转向特性。在转向初期的过渡阶段，由于从一开始，前、后轮都同时产生侧偏力，使得车身的公转运动早于其自转的横摆运动，与两轮转向汽车相比，其转向方向的偏差要小得多。

2）4WS 控制原理

4WS 电子控制装置的控制原理如图 7. 3. 2 所示。电子控制装置根据转角传感器、车速传感器的输入信号，可进行如下控制：

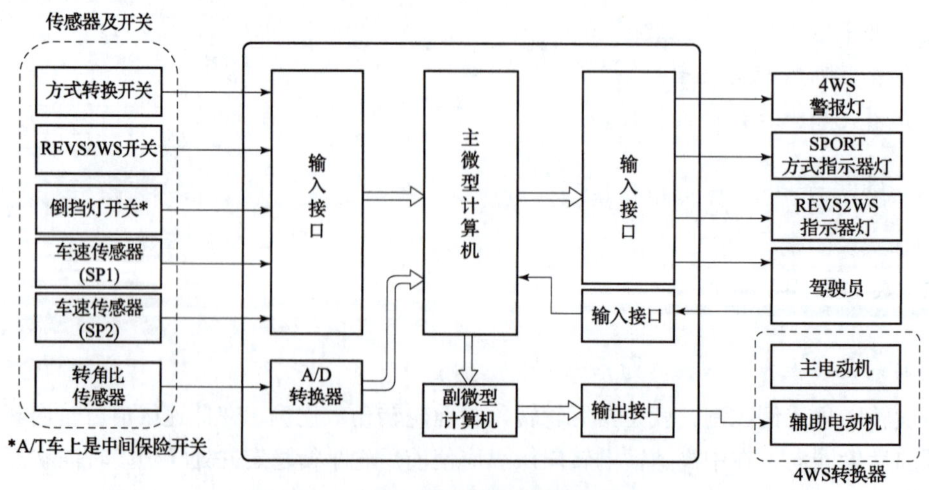

图 7. 3. 2 4WS 电子控制装置的控制原理

（1）转角比控制。根据行驶车速控制主电动机，从而实现对转角的控制。驾驶员可使用四轮转向模式切换开关，选择 NORMAL 或 SPORT 模式。

作为控制系统输入的车速信号，主要来自车速表的速度传感器。另外，任一前轮的 ABS 轮速传感器中的轮速信号将作为反馈信号输入控制系统。同时输入给电子控制装置的信号还有由转角比传感器检测出的后转向器中变换杆的转动角度信号和由横摆运动产生的车身回转角模拟电压信号。

（2）两轮转向选择功能。当两轮转向选择开关设定在 ON，且变速器被挂入倒挡位置时，后轮转向量就被设置为零。

（3）失效保护控制。当系统发生异常情况时，防误操作控制会进行如下处理：使驾驶室内的“四轮转向警示灯”点亮，告知驾驶员已出现异常情况，同时，将发生异常情况的部位存储到电子控制装置中。

①电动机异常：此时，驱动辅助电动机，仅利用转角控制图中 NORMAL 模式的同向转向部分，进行与车速相对应的转角比控制。

②车速传感器异常：使用 SP1. SP2 中输出的较高车速值，通过主电动机仅进行同向转向的转角比控制。

③转角比传感器异常：利用辅助电动机，驱动到同方向的最大值，然后中止其后的控制，若此时辅助电动机异常，则用主电动机完成上述工作。

④电子控制装置异常：利用辅助电动机，驱动到同方向的最大值，然后停止其后的控制，此时要避免出现反方向转向。

2. 横摆角速度比例控制四轮转向系统

横向偏转角比例控制四轮转向系统附加横向摆动率反馈控制，利用横向摆动率传感器检测车辆转向，抵消这一拐弯力以控制后轮转向，使汽车能主动适应行驶中横向摆动率的变化，确保车辆行驶的稳定性。

1）系统组成

图 7. 3. 3 所示为丰田轿车上装用的 4WS。它是一种根据检测出的车速横摆角速度来控制后轮转向量的控制方法。因为通过横摆角速度可直接检测出车身的自转运动，因此根据检测出的数值，对后轮的转角也做相应的增减，就可能从转向初期开始，使车身方向与前进方向之间的误差非常小，又由于它能直接感知到车辆的自转运动，因此即使有转向以外的力（如横向风等）引起车身自转，也能马上感知到，并可迅速通过对后轮的转向控制来抑制自转运动。

系统中使用多个传感器感知转向信息和汽车行驶状况，并用新开发的后轮转向执行机构主动控制后轮的转向角度。

此系统主要由以下两个控制模块组成：一是纯机械转向控制模块，目的在于改善低速下的操纵性；二是电子转向控制模块，不仅用来改善中高速时的操纵性和稳定性，而且也用来提高抗外来干扰的能力。

（1）前轮转向机构。前轮转向机构如图 7. 3. 4 所示，转向盘的转动传到转向器中的齿轮齿条上，齿条端部的移动又使控制齿条左右移动，带动小齿轮转动，使与小齿轮做成一体的前滑轮产生正反方向的转动。滑动轮的转动通过转角传动钢丝绳传递到后轮转向机构中的

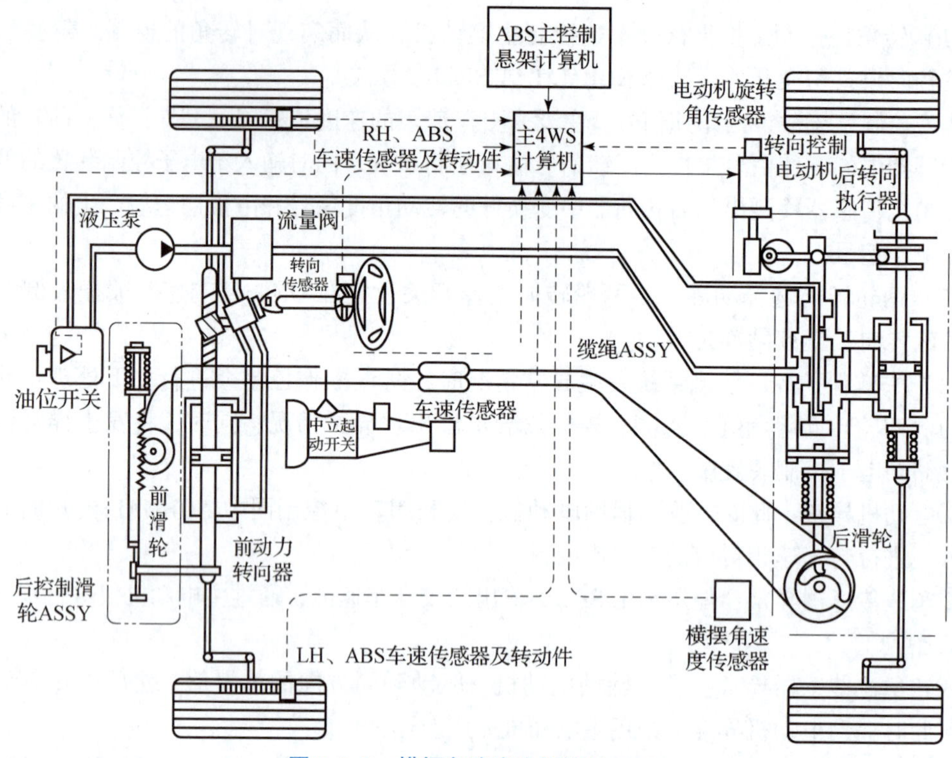

图 7.3.3　横摆角速度比例控制 4WS

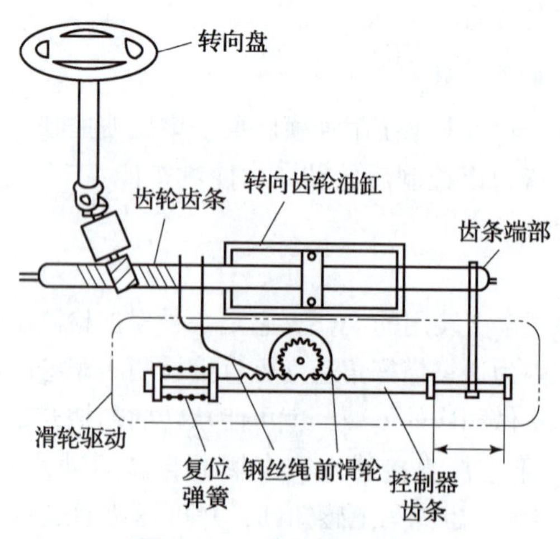

图 7.3.4　前轮转向机构

滑轮上。控制齿条存在一个不敏感行程，转向盘左右约 250°以内的转角正好处于此范围。因此，在此范围内将不会产生与前轮连动的后轮转向。由于高速行驶时不可能产生这样大的转角，所以事实上，高速行驶时的后轮仅由脉动电动机控制转向。

（2）后轮转向机构。后轮转向机构如图 7.3.5 所示。在机械转向时，钢丝绳的行程一传到后滑轮，就带动控制凸轮转动，凸轮随动件就沿凸轮的轮廓线运动，使阀管左右移动。当转向盘向左转动时，后滑轮向右移动。此时凸轮的轮廓线是向半径减小的方向转动，将凸轮随动件拉出，使阀管向左边移动。当转向盘向右转动时，与上述相反，凸轮的轮廓线向半径增大的方向转动，把凸轮随动件推向里面，使阀管向右移动。来自高压油泵的油路的走向根据阀管与阀轴的相对位移进行切换。当转向盘左转时，阀管向左方移动，将来自油泵的高压油输进油缸的右室，驱动动力活塞向左移动。此时，与活塞做成一体的油缸就被推向左方，带动后轮向右转动。相反，当前轮向右转向时，动力活塞被推向右方，带动后轮向左转向。总之，不管是哪一种情况，后轮都是反向转向。

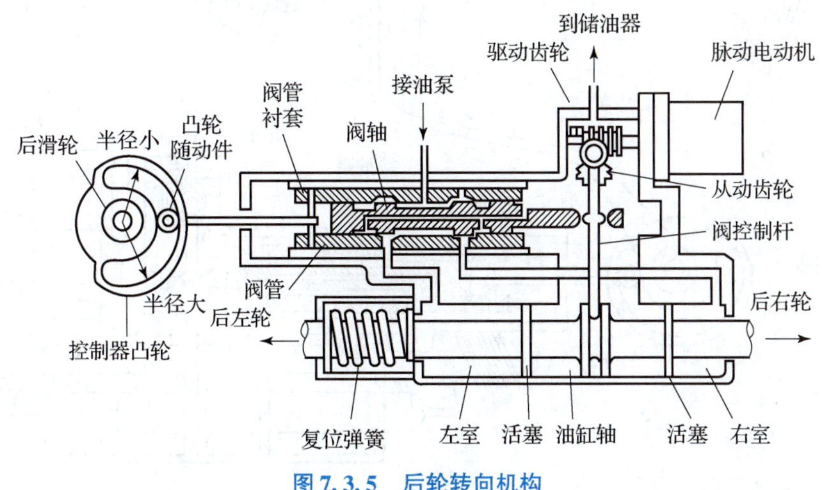

图 7.3.5　后轮转向机构

在电动转向时，阀管固定不动，此时，根据由脉动电动机驱动的阀控制杆的左右摆动，使阀轴左右移动，从而引起动力活塞的左右运动，其动作原理与上述机械转向时相同。脉动电动机根据 ECU 的指令，可进行正、反方向转动，因此可完成与前轮转向无关的后轮转向操作。

2）控制形式

与前轮的转向量相对应，后轮的转角控制形式可分为大转角控制与小转角控制两种。

（1）大转角控制（机械式转角控制）。当前轮转角处在不敏感范围内时，阀轴与阀管的相对位置处于中间状态。因此，从油泵来的油液就流回到储油器中，动力油缸中的左、右室仅存较低油压，油缸轴就在复位弹簧的作用下，处于中间位置。

如图 7.3.6 所示，当前轮左转时，阀管向左方移动，与阀轴之间产生了相对位移，a 部与 b 部的节流面积缩小，高压作用到动力油缸的右室，将动力活塞推向左方，使后轮向右转向。此时油缸轴也向左方移动，由于脉动电动机没有起动，阀控制杆就绕支点 A 转动，带动阀轴移动到比 B 点更左边的 B' 点。由于这个原理，已缩小的 a 部与 b 部的节流面积又增大，使动力油缸右室内的压力下降。其结果是，当油缸轴移动到目标位置时，a 部与 b 部的节流面积就正好达到与由车轮产生的外力相平衡的位置，而使后轮不产生过大的转向。在外力发生变化时，油缸轴也产生微量的移动变化，立刻带动阀控制杆对阀轴产生一个相应的反力，反力大小与作用在活塞左右室的油压差成正比，油压差越大，反力越大。当油压差为零时，反力也为零，此时阀轴处于中间位置，保持平衡。

（2）小转角控制（电动式转角控制）。由于要将脉动电动机的旋转运动转变为阀轴的直线运动，因此使用了一种将螺旋齿轮与曲轴相互接合而构成的机构。脉动电动机的旋转由一个涡轮传送给被动齿轮，再通过曲轴使阀控制杆摆动。被动齿轮左转时，阀控制杆的上端支点 A 以被动齿轮的中心点 O 为转动中心向 A' 点摆动。在脉动电动机起动的瞬间，后转向轴

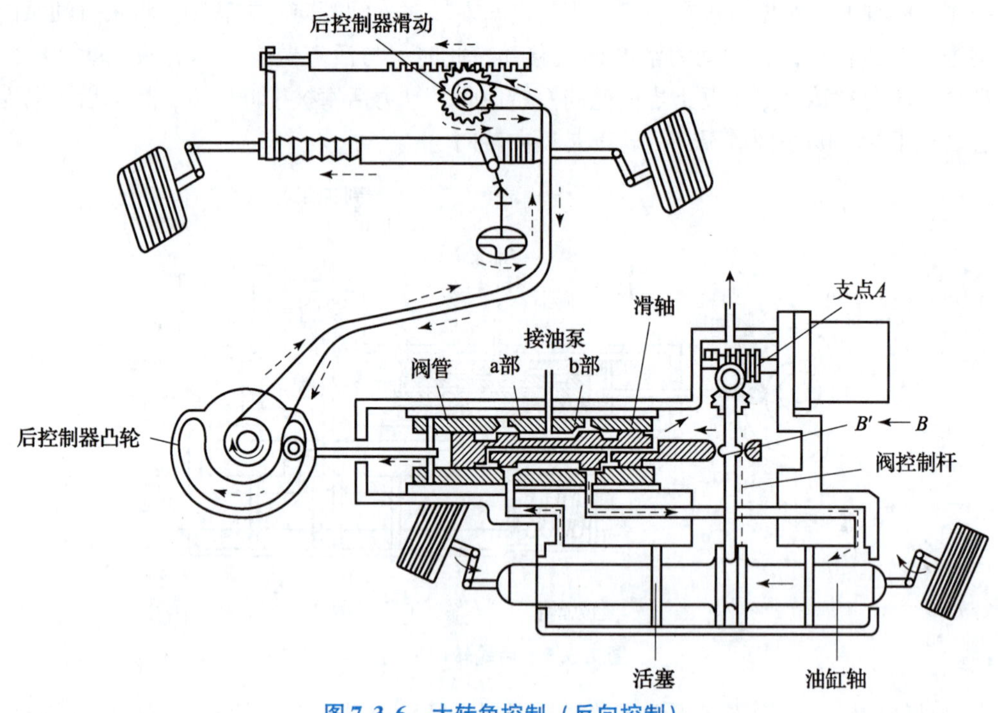

图 7.3.6　大转角控制（反向控制）

还没有移动，因此阀控制杆就以 C 点为中心向左方摆动，使杠杆的中间点 B 移到 B' 点位置，带动阀轴移向左方。在钢丝绳没有动作的时候，阀管是固定不动的，因此阀轴的移动就使阀管、阀轴之间产生相对位移，a 部以及 b 部的节流通道收缩，使高压作用到油缸左室，如图 7.3.7 所示。当油缸轴向右方移动时，反馈杆就以支点 A' 为中心转动，带动阀轴向右移动到 B'。这个移动又使 a 部和 b 部的节流通道张开，使油压降低，从而达到与上述机械转向时一样的平衡。

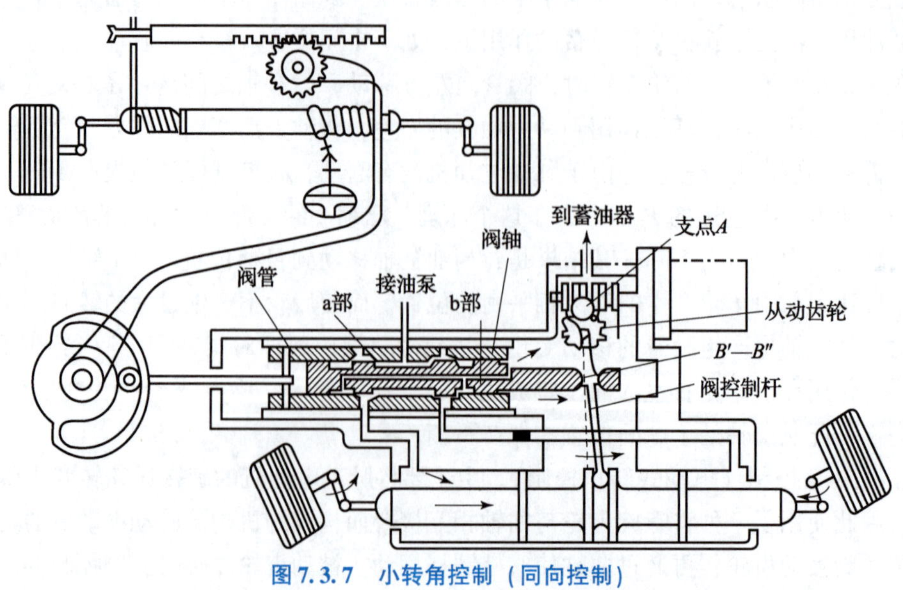

图 7.3.7　小转角控制（同向控制）

任务实施

一、任务场景：校内实训室
二、任务要求： 1. 演练任务：学生进行归纳、总结、PPT 汇报，并撰写研究报告； 2. 演练目的：具备安全意识、具有环保意识和科学认知理念； 3. 演练内容：请同学们查阅资料，请在实车上找到转向角比例控制四轮转向系统，并拍照上传；说一说 4WS 的控制原理；请在实车上找到横摆角速度比例控制四轮转向系统，并拍照上传；比一比横摆角速度比例控制四轮转向系统两种控制形式
三、任务分组：在这个任务中，采用分组实施方式进行，4 ~ 8 人为一组，以学生自荐或推荐的方式选出组长，负责本团队的组织协调工作，带头示范、督促、帮助其他组员完成相应工作
四、任务步骤： 1. 查阅资料，理解四轮转向系统的定义及转向特性； 2. 在实车上找到转向角比例控制四轮转向系统并拍照上传； 3. 小组辩论，比一比横摆角速度比例控制四轮转向系统两种控制形式； 4. 制作 PPT，总结、归纳出 4WS 的控制原理，并进行 PPT 汇报

任务评价

序号	评价项目	评价指标	分值	自评（30%）	互评（30%）	师评（40%）	合计
1	职业素养（50 分）	具备环保意识	10				
		具备协作沟通能力	10				
		具备责任意识	10				
		具备科学认知理念	10				
		具备自我提升意识	10				
2	专业能力（30 分）	能够在实车上找到转向角比例控制四轮转向系统、横摆角速度控制四轮转向系统各部分	15				
		能够梳理转向角比例控制四轮转向系统、横摆角速度控制四轮转向系统的工作原理	15				

续表

序号	评价项目	评价指标	分值	自评（30%）	互评（30%）	师评（40%）	合计
3	创新意识（20 分）	具备创新意识、创新能力	20				
合计			100				
综合得分							

知识扩展

课后提升

一、填空题

横向偏转角比例控制四轮转向系统主要由以下两个控制模块组成：一是（　　　　）模块，目的在于改善低速下的操纵性；二是（　　　　）模块，不仅用来改善中高速时的操纵性和稳定性，而且也用来提高抗外来干扰的能力。

二、判断题

1. 转向角比例控制就是后轮转角与前轮转角成比例。（　　）

2. 当两轮转向选择开关设定在 ON，且变速器被挂入倒挡位置时，后轮转向量就被设置为零。（　　）

3. 横向偏转角比例控制四轮转向系统附加横向摆动率反馈控制，利用横向摆动率传感器检测车辆转向。（　　）

阅读小资料

模块八

行驶系统新技术

模块简介

汽车的行驶系统主要包括车架、车桥、悬架和车轮。随着人们对汽车安全性、操纵性和舒适性的要求越来越高，以及电子技术的飞速发展，电子控制技术被有效地应用在汽车行驶系统上。汽车悬架的作用是缓冲和吸收来自车轮的振动，在汽车行驶过程中还要传递车轮与路面间产生的驱动力和制动力，汽车转向时，悬架还要承受来自车身的侧向力，并在汽车起步和制动时抑制车身的俯仰振动，提高汽车的行驶稳定性和乘坐的舒适性。四轮驱动系统，又称全轮驱动系统，是指汽车前后轮都有动力。可按行驶路面状态不同而将发动机输出扭矩按不同比例分布在前后所有的轮子上，以提高汽车的行驶能力。

汽车行驶系统新技术究竟有哪些？它们的结构如何？有哪些特点？如何工作？控制原理是什么？带着这些问题让我们一起进入本模块的学习吧。

任务一　电控悬架系统认知

任务导入

电控悬架系统能够根据车身高度、车速、转向角度及速率、制动等信号，由电子控制单元（ECU）控制悬架执行机构，使悬架系统的刚度、减振器的阻尼力及车身高度等参数得以改变，从而使汽车具有良好的乘坐舒适性、操纵稳定性以及通过性。电控悬架系统的最大优点就是它能使悬架随不同的路况和行驶状态做出不同的反应。电控悬架系统具体是怎样的呢？让我们一起来学习吧。

任务目标

知识目标	能力目标	素养目标
1. 理解电控悬架系统的定义； 2. 掌握电控悬架系统的结构； 3. 掌握电控悬架系统的原理	1. 能够在实车上找到电控悬架系统各组成部分； 2. 能够梳理电控悬架系统工作原理	1. 具有团队协作意识； 2. 具有科学认知理念； 3. 具有群众服务意识

知识学习

一、课前预习

预习任务	预习内容	重点	难点
电控悬架相关知识	1. 电控悬架的功能类型； 2. 电控悬架的组成； 3. 电控悬架的原理； 4. 电控悬架传感器执行器	掌握电控悬架的结构原理	掌握电控悬架的结构原理

基础认知

自我检测

一、问答题

简述电控悬架的功能。

二、填空题

1. 现代汽车装用的电子控制悬架系统种类很多，按传力介质的不同可分为（　　）和油（　　）两种。

2. 按控制理论不同，电子控制悬架系统可分为（　　）、（　　）两大类。

三、判断题

1. 主动式悬架是一种能供给和控制动力源（油压、空气压）的装置。（　　）

2. 无级半主动式悬架比全主动式悬架优越的地方是不需要外加动力源，消耗的能量很小，成本较低。（　　）

二、课堂学习

深入探究

1. 电控悬架系统的组成

舒适性与车身固有振动特性有关，而车身的固有振动特性又与悬架的特性有关。所以，汽车悬架是保证乘车舒适性的重要部件。同时，汽车悬架作为支架与车轴（或车轮）之间连接的传力机件，又是保证汽车行驶安全的重要部件。

汽车电控悬架系统主要由传感器、微电脑电子控制系统和执行机构三个部分组成。其电路框图如图 8.1.1 所示。

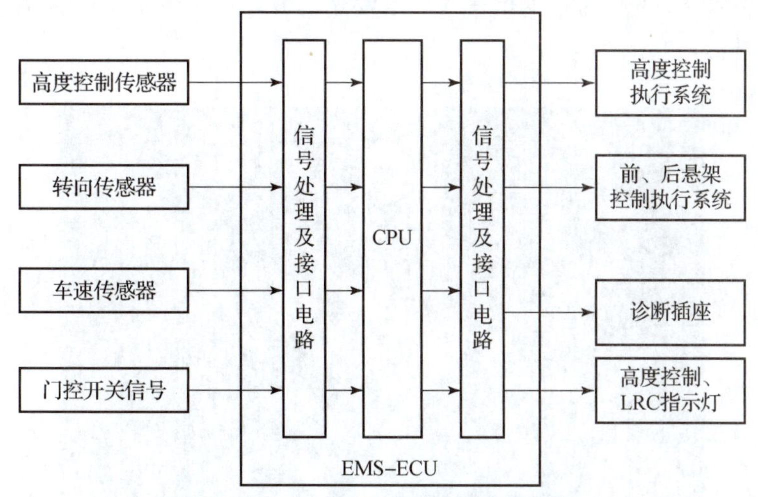

图 8.1.1 汽车电控悬架系统电路框图

2. 电控悬架系统的工作原理

车身状态传感器和开关给 ECU 提供加速度、位移及其他目标参数信号，ECU 根据各传感器送来的信号进行运算分析，向悬架执行元件发出指令信号，使执行元件（如阻尼调节步进电机）产生一定的机械动作，调节悬架参数的执行器（电磁阀、步进电机等）改变悬架的刚度、阻尼系数和车身高度，使车辆在行驶过程中具有良好的平顺性和操纵稳定性。基本原理如图 8.1.2 所示。

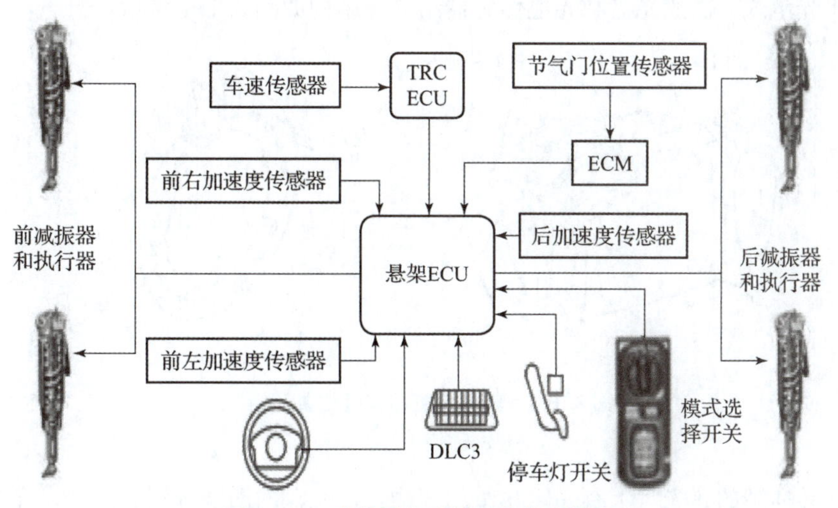

图 8.1.2 电控悬架系统工作基本原理

3. 电控悬架系统的传感器

电控悬架系统使用的传感器主要有高度控制传感器、转向传感器、车速传感器、门控开关等。

1）高度控制传感器

高度控制传感器在每个悬架上均设有一个，用来检测道路不平而引起的汽车高度变化，也就是检测车身与悬架下臂之间的距离。高度控制传感器采用了光电式信号发生器，由发光二极管与光敏晶体管的光电带槽的信号板和由发光二极管与光敏晶体管的光电传感器组成。其安装位置如图 8. 1. 3 所示。

图 8. 1. 3　高度控制传感器安装位置

每个高度控制传感器由一个信号板和 4 个信号发生器组成。当汽车高度发生变化时，连接杆摆动使信号板随之旋转，由此就会在光电传感器中产生通断信号。4 个信号发生器的信号组成 16 种高度状态。

2）转向传感器

转向传感器安装在转向开关总成上，其作用是检测车辆的转弯方向和转向角度。转向传感器也属于光电式，由遮光盘和光电传感器组成，结构如图 8. 1. 4 所示。

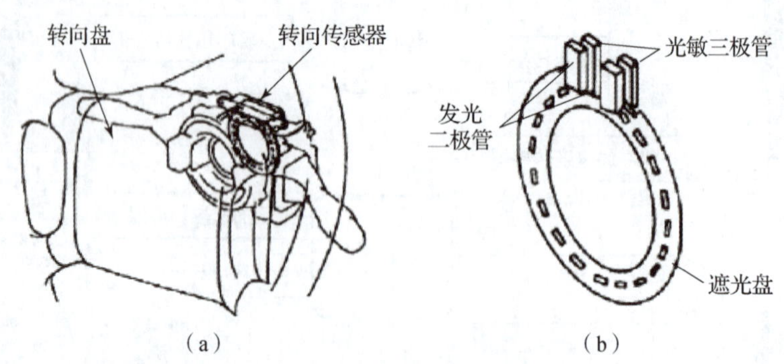

图 8. 1. 4　转向传感器安装位置及结构

（a）安装位置；（b）结构图

在压入转向轴的遮光盘上有一定数量的窄槽，遮光盘的两端分别有两个发光二极管和两个光敏三极管，组成两对光电耦合器（信号发生器）。当转动转向盘时，转向轴带动遮光盘旋转，当转到窄槽处时，光敏三极管感受到发光二极管发出的光，就会输出“ON”信号；当遮光盘转到除窄槽以外的其他位置时，光敏三极管感受不到发光二极管的光线，就会输出“OFF”信号。这样随着转向盘的转动，两个光电耦合器的输出端就形成“ON/OFF”的变换。

3）车速传感器

车速传感器通常与自动变速器系统共用。车速传感器的转子，由变速器输出轴通过齿轮驱动。转子轴每转一圈，传感器产生 20 个脉冲信号，输送至组合仪表，由组合仪表转换为转子轴每转一圈输出 4 个脉冲信号，该信号送至 ECU 中，用来计算车速，如图 8. 1. 5 所示。

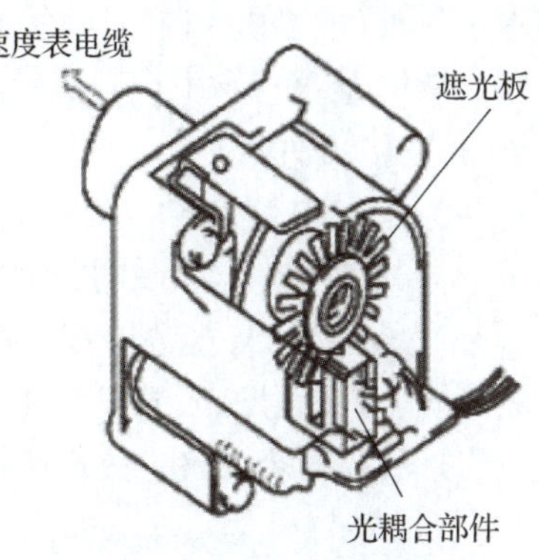

图 8. 1. 5　车速传感器

4）门控开关

门控开关安装在车门处，每个车门上均装有一只，当车门打开时门控开关接通。此时，车门未紧闭警告灯通过接通门控开关接地而点亮。其控制电路如图 8. 1. 6 所示。

当车门全部关闭后，门控开关均断开，车门未紧闭警告灯熄灭。各车门门控开关采用并联连接方式，一端与地连接，另一端接在悬架控制 ECU 的 DOOR 端。各车门中只要有一个未关紧，车门未紧闭警告灯就会处于点亮状态。此时，悬架 ECU 的 DOOR 端电压为 0 V。这一信号进入 ECU 后，ECU 就会断开悬架控制系统，使其不能工作。

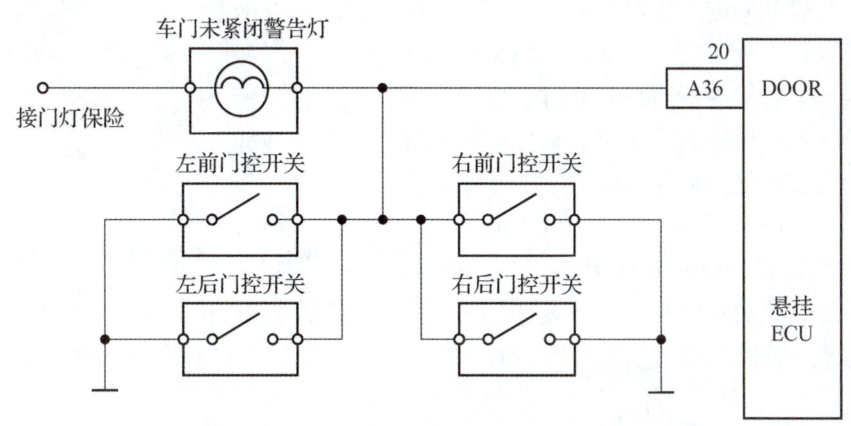

图 8. 1. 6　门控开关控制电路

4. 电控悬架系统的电子控制单元

悬架控制系统的控制单元简称悬架 ECU 或 EMS ECU，主要由中央处理器（CPU）、随机存储器（RAM）、只读存储器（ROM）、输入/输出接口（I/O）、模拟/数字（A/D）转换器等组成。各种传感器与执行元件是通过 I/O 接口电路来传递通信的，ROM 存储器储存着各种计算悬架控制的程序和运算所必需的数据，CPU 负责按存储器的固有程序进行各种信息处理。

悬架控制系统具有以下功能：

（1）提供稳压电源。控制装置内部所用电源和供各种传感器的电源均由稳压电源提供。

（2）传感器信号放大。使用接口电路将输入信号（如各种传感器信号、开关信号）的

干扰信号除去，然后放大、变换极值、比较极值，变换为适合输入控制装置的信号。

(3) 输入信号的计算。电子控制单元根据预先写入只读存储器（ROM）中的程序对各输入信号进行计算，并将计算结果与内存的数据进行比较后，向执行机构（如电动机、电磁阀、继电器等）发出控制信号。当输入 ECU 的信号除了开/关信号外还有电压信号时，还应进行 A/D 转换。

(4) 驱动执行机构。悬架 ECU 用输出驱动电路将输出驱动信号放大，然后输送到各执行机构（如电动机、电磁阀、继电器等）以实现对汽车悬架参数的控制。

(5) 故障检测。悬架 ECU 用故障检测电路来检测传感器、执行器、线路等故障，当发生故障时，将信号送入悬架 ECU，目的在于即使发生故障，也应使悬架系统安全工作，而且在修理故障时容易确定故障所在的位置。

5. 电控悬架系统的执行机构

汽车悬架系统执行机构主要由悬架控制执行器和高度控制阀等组成。

1）悬架控制执行器

悬架控制执行器在 ECU 控制信号的作用下，精确地跟踪汽车运行状况的变化，同时驱动减振器的转换阀和气压缸的空气阀，改变减振器的减振力和悬架弹簧的刚度。悬架控制执行器安装在前后悬架的左、右气压缸上，结构如图 8.1.7 所示。悬架控制执行器的下部有两个圆柱销，圆柱销上有通槽，在气压缸上端有两个具有长方形断面的柱销。安装时气压缸上的柱销与执行器上的槽孔吻合。

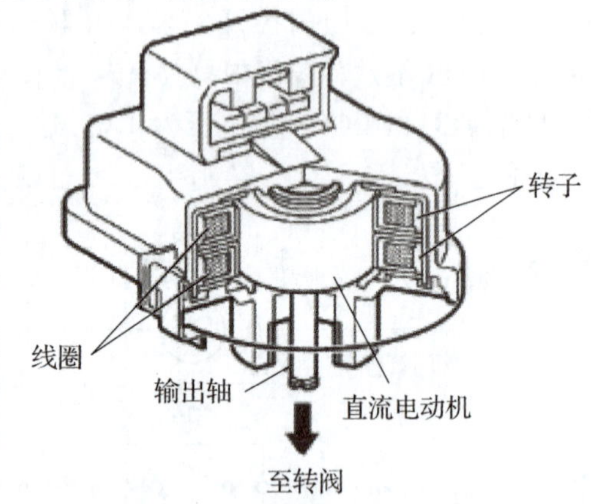

图 8.1.7 悬架控制执行器的结构

当汽车运行时，ECU 根据悬架控制开关和道路情况，通过改变悬架控制执行器的电流，使执行器圆柱销的槽孔处于如图 8.1.8 所示的三种不同位置，使减振器的减振力和弹簧刚度具有“软”“中”“硬”三种状态。

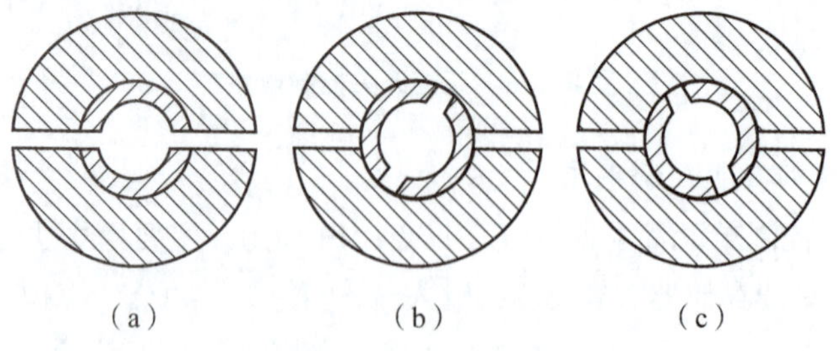

图 8.1.8 执行器圆柱销的三种不同位置

(a) 软；(b) 中；(c) 硬

2）高度控制阀

高度控制阀通常设置有两个，分别称为 1 号和 2 号高度控制阀。这两个控制阀用于控制从压缩机通往各气缸的压缩空气，以调整汽车的高度。1 号高度控制阀用于前悬架控制，它具有两个可以单独工作的电磁阀，分别控制前左、前右两个气压缸。2 号高度控制阀用于后悬架控制，它也有两个电磁阀，分别控制后左、后右两个气压缸，但它们又不是独立工作的。2 号高度控制阀中还有一个溢流阀，用以防止空气管路中产生不正常压力。

高度控制阀的工作状态受 ECU 输出信号的控制。当高度控制阀的电磁线圈中有电流通过时，高度控制阀打开，压缩空气进入气压缸，使汽车高度增加。当需要降低汽车高度时，EMS ECU 使高度控制阀电磁线圈通电，打开高度控制阀的同时，也使排气阀电磁线圈通电，打开排气阀，使气压缸中压缩空气进入大气，气压缸内压力降低，汽车高度下降。1、2 号高度控制阀与气压缸间的连接方式如图 8.1.9 所示。

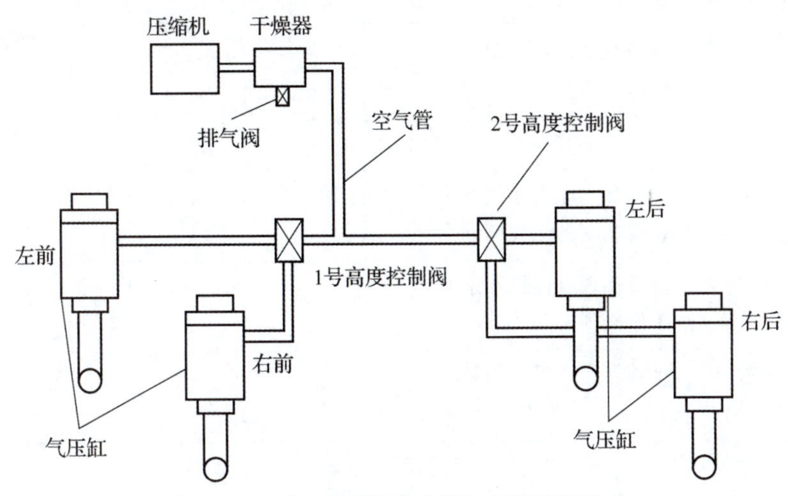

图 8.1.9　高度控制阀与气压缸间的连接方式

 任务实施

一、任务场景：校内实训室
二、任务要求： 1. 演练任务：学生进行归纳、总结、PPT 汇报，并撰写研究报告； 2. 演练目的：具备安全意识、具有环保意识和科学认知理念； 3. 演练内容：请同学们查阅资料，在不同类型实车上找到电控悬架并简述其不同之处；找到电控悬架的各种传感器并简述其工作原理；找到电控悬架的执行机构，并简述其工作原理
三、任务分组：在这个任务中，采用分组实施方式进行，4 ~ 8 人为一组，以学生自荐或推荐的方式选出组长，负责本团队的组织协调工作，带头示范、督促、帮助其他组员完成相应工作
四、任务步骤： 1. 查阅资料，理解电控悬架系统的定义； 2. 在实车上找到不同类型的电控悬架，将各组成部分拍照上传； 3. 小组辩论，比一比不同类型实车上找到的电控悬架； 4. 制作 PPT，总结、归纳电控悬架工作原理，并进行 PPT 汇报

任务评价

序号	评价项目	评价指标	分值	自评（30%）	互评（30%）	师评（40%）	合计
1	职业素养（50分）	具备责任意识	10				
		具备协作沟通能力	10				
		具备团队意识	10				
		具备收集信息、解决问题能力	10				
		具备劳动精神	10				
2	专业能力（30分）	能够在实车上找到电控悬架系统各组成部分	15				
		能够梳理电控悬架系统工作原理	15				
3	创新意识（20分）	具备创新意识、创新能力	20				
合计			100				
综合得分							

知识扩展

课后提升

一、填空题

1. 汽车电控悬架系统主要由（　　　　）、（　　　　）和执行机构三个部分组成。

2. 车身状态传感器和开关给 ECU 提供加速度、位移及其他目标参数信号，ECU 根据各传感器送来的信号进行运算分析，向悬架执行元件发出指令信号，使执行元件产生一定的机械动作，调节悬架参数的执行器，改变悬架的（　　　　）、（　　　　）和（　　　　），使车辆在行驶过程中具有良好的平顺性和操纵稳定性。

二、判断题

1. 电控悬架的阻尼调节步进电动机可以产生一定的机械动作进而调节悬架参数。（　　）

2. 高度控制阀通常设置有两个，分别称为 1 号和 2 号高度控制阀。这两个控制阀用于控制从压缩机通往各气缸的压缩空气，以调整汽车的高度。（ ）

阅读小资料

任务二 四轮驱动系统认知

任务导入

四轮驱动，又称全轮驱动，是指汽车前后轮都有动力。可按行驶路面状态不同而将发动机输出扭矩按不同比例分布在前后所有的轮子上，以提高汽车的行驶能力。一般用 4X4 或 4WD 来表示，如果你看见一辆车上标有上述字样，那就表示该车辆拥有 4 轮驱动的功能。

任务目标

知识目标	能力目标	素养目标
1. 理解四轮驱动系统的定义； 2. 理解四轮驱动系统不同类型的特性； 3. 掌握四轮驱动系统结构	1. 能够在实车上找到四轮驱动系统各组成部分； 2. 能够对比分析不同类型的四轮驱动系统	1. 具有马克思主义辩证思维； 2. 具有守正创新意识； 3. 具备自我提升意识

知识学习

一、课前预习

预习任务	预习内容	重点	难点
四轮驱动系统相关知识	1. 四轮驱动系统的定义； 2. 四轮驱动系统的类型； 3. 四轮驱动系统特性对比； 4. 四轮驱动系统性能分析	掌握四轮驱动系统特性分析及性能对比	掌握四轮驱动系统特性分析及性能对比

基础认知

自我检测

一、填空题

1. 四轮驱动系统，又称全轮驱动系统，是指汽车前后轮都有动力，一般可用（　　）或（　　）来表示。

2. 被动式的四轮驱动系统，采用的是（　　）式分动装置，该系统是在车轮发生空转以后才介入的。

3. 而主动式的四轮驱动系统，是通过由（　　）控制的多碟式离合器来介入的，电脑会不断收集轮胎的转速与油门的大小等数据，在轮胎发生空转以前就把（　　）分配好。

二、问答题

试着总结什么是四轮驱动。

二、课堂学习

深入探究

1. 四轮驱动系统的分类

四驱系统主要分成两类：分时四驱（Part Time4 WD）和全时四驱（Full Time 4WD）。

1）分时四驱

现在，我们使用的四驱车大多是半时四驱。只要车上有专门的两驱、四驱切换拨杆或按钮，那么这就是使用半时四驱的四驱车。半时四驱是四驱车最常使用的四驱系统。

半时四驱的使用可分两种状态：一种是两驱，汽车只有两个车轮得到动力，与普通汽车没有区别；另一种则是四驱，此时汽车前后轴以 50：50 的比例平均分配动力。半时四驱历史悠久，其优点是结构简单、可靠性大，加装自由轮毂后更加省油。

这是一种可以在两驱和四驱之间手动切换的系统。动力输出的扭矩基本是以同样的大小传递给前后轴，当在附着力良好的路面行驶至弯道时，由于前后轴的转速不同，分时驱动的前后轴之间没有差速器，所以会产生一侧轮胎刹车的感觉，因此不能在硬地面（铺装路面）上使用四驱，特别是在高速急转弯时，这种弯道制动有可能造成车辆失控。

汽车转向时，前轮转弯半径比同侧的后轮要大，路程走得多，因此前轮的转速要比后轮快；以至于四个车轮走的路线完全不同，所以半时四驱只可以在车轮打滑时才挂上四驱。一回到摩擦力大的铺装路面应马上改回两驱；否则，轮胎、差速器、传动轴、分动器都会损坏。所以驾驶半时四驱车必须小心，其四驱不可以在硬路面（铺装路面）上使用；下雨天也不可以用；有冰或雪地则可以用，而一旦离开冰雪路面，应马上改回两驱。

2）全时四驱

全时四驱是使汽车四个车轮一直保持有驱动力的四驱系统。若要细分全时四驱系统，可分成固定扭矩分配（前后 50∶50 比例分配）和变扭矩分配（前后动力分配比例可变）两大类。全时四驱也有很长的历史，可靠性更强，但其耗油量较大。

为了避免分时系统所产生的弯道制动现象，在前后轴之间装上差速器，这就是全时驱动。全时四驱系统内有三个差速器：除了前后轴各有一个差速器外，在前后驱动轴之间还有一个中央差速器。这使全时四驱避免了分时四驱的固有问题（在硬路面不能用四驱的问题）：汽车在转向时，前后轮的转速差会被中央差速器吸收。所以，全时四驱在硬路面（铺装路面）、下雨时有更可靠的四轮抓着力，比分时四驱性能优越。而到了冰雪路面和沼泽地就会把中央差速锁上（否则可能无法前进）；回到不滑的硬路（铺装路）时，会把中央差速器锁解开。

有一些四驱车使用看起来像全时四驱的智能四驱系统。这些系统平时是以前驱为主，当前轮打滑时，动力会部分转移到后轮，帮助前轮使汽车行驶（可理解为智能的半时四驱），这种系统并不可靠，只是为在湿滑路面行驶提高些稳定性。

在四驱车中，富士重工生产的斯巴鲁汽车的全时四轮驱动系统是比较完善的，四个车轮的扭矩输出比例各为 25%，并且与其特有的水平对置发动机相结合，达到了左右对称，从而降低了重心，提高了抓地性能，不管是在高速路面，还是雨雪湿滑路面，都能按照驾驶者的意愿从容转向。全时四驱结构如图 8. 2. 1 所示。

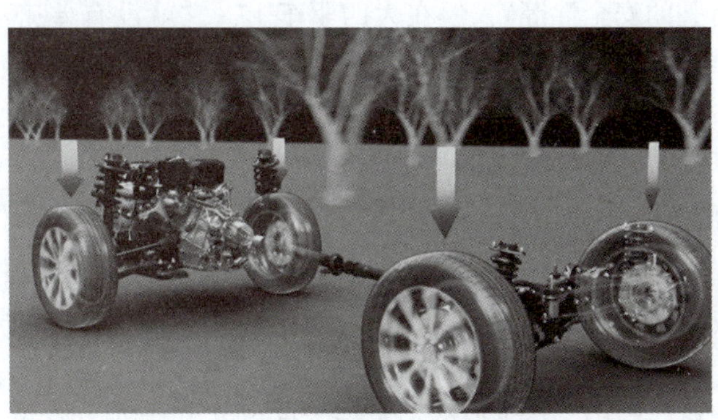

图 8. 2. 1　全时四驱结构示意图

鉴于四轮驱动车理想的表现，自 1982 年起世界拉力锦标赛中获胜的车辆都是全时四轮驱动的汽车。既然四驱明显优于两驱，为什么其被采用的比例却远远小于两驱呢？其答案就是成本。四驱车的造价比两驱车高得多，一辆四驱车必须采用三个差速器，其中一个安置于前后传动轴之间，而另两个则分别安置在前后半轴之间。正是因为价格的原因，汽车制造商无法将四驱车型全面推向民用市场。另外，四轮驱动车的燃油经济性比较差，在民用市场上推广受到了很多掣肘。

2. 四轮驱动两种系统对比

分时四驱靠操作分动器实现两驱与四驱的切换。由于分动器内没有中央差速器，所以半时四轮驱动的汽车不能在硬地面（铺装路面）上使用四驱，特别是在弯道上不能顺利转弯。这是因为半时四驱在分动器内没有中央差速器，而无法把前后轴的转速调整所致。汽车转向时，前轮转弯半径比同侧的后轮要大，路程走得多，因此前轮的转速要比后轮快；以至于四个车轮走的路线完全不同，所以半时四驱只可以在车轮打滑时才挂上四驱。一回到摩擦力大的铺装路面应马上改回两驱；否则，轮胎、差速器、传动轴、分动器都会损坏。不少半时四驱前轮都可以装上自由轮毂，这是一个很好的手动离合器，在不用四驱时，它可以断开前轮与传动半轴的连接，从而把车轮和左右传动半轴、差速器、传动轴、分动器的摩擦力都减去，达到省油和延长万向节和分动器齿轮寿命的目的，同时又可以降低车内噪声，是一个十分好的设计。所以驾驶半时四驱车必须小心，其四驱不可以在硬路面（铺装路面）上使用；下雨天也不可以用；有冰或雪地则可以用，而一旦离开冰雪路面，应马上改回两驱。

全时四驱系统内有三个差速器：除了前后轴各有一个差速器外，在前后驱动轴之间还有一个中央差速器。这使全时四驱避免了半时四驱的固有问题（在硬路面不能用四驱的问题）：汽车在转向时，前后轮的转速差会被中央差速器吸收。所以，全时四驱在硬路面（铺装路面）、下雨时有更可靠的四轮抓着力，比半时四驱优越。但到了冰雪，沼泽地就必须把中央差速器锁上（否则可能无法前进）；回到不滑的硬路（铺装路）时，马上要把中央差速器锁解开。有些全时四驱的中央差速器比较先进，一般情况下它可以把汽车动力平分给前后轴。当车轮出现打滑时，它会自动把中央差速器锁上。在第一代 RangeRover 自动变速车型中就可以找到这种设备，它是大众汽车发明的黏性防滑差速器。此系统同时也常被奥迪的四驱车所使用。这种系统在小车上表现很好（类似的限滑差速器在现代的四驱轿车上被广泛使用，可有效提高行驶的安全性等），但在大四驱车上，它就没有差速器手动锁来得可靠。所以，新一代 RangeRover 已不再使用这一系统。另外，有一些四驱车使用看起来像全时四驱的智能四驱系统。这些系统平时是以前驱为主，当前轮打滑时，动力会部分转移至后轮，帮助前轮使汽车行驶（可理解为智能的半时四驱）。

3. 四轮驱动性能分析

四轮驱动（4WD）系统是将引擎的驱动力从 2WD 系统的二轮传动变为四轮传动，而 4WD 系统之所以被列入主动安全系统，主要是 4WD 系统有比 2WD 更优异的引擎驱动力应用效率，达到更好的轮胎牵引力与转向力的有效发挥。因此就安全性来说，4WD 系统对轮胎牵引力与转向力的更佳应用，带来好的行车稳定性以及循迹性，除此之外，4WD 系统更有 2WD 系统所没有的越野性。4WD 大致可分短时（PART TIME）及全时（FULL TIME）四轮传动系统，短时四轮传动系统可依驾驶者的需求，选择两轮传动或四轮传动，这种传动系统是属于比较传统的 4WD 系统，从越野性来看，对于此种传动系统，当选择四轮驱动模式时，前后轮系直接连接，可确保前后轮的驱动力输出。因此此种系统属于适合越野的 4WD 系统。另一种为全时 4WD 系统，此种系统不需驾驶人操作，车辆总是处于四轮驱动系统，此种系统经由前后驱动力的分配，可达到更完美的驱动力及转向力的最佳配置，属于高性能传动系统，除了配置于一般的越野吉普车外，亦常用于一些高性能的轿跑车上。

任务实施

一、任务场景：校内实训室
二、任务要求： 1. 演练任务：学生进行归纳、总结、PPT 汇报，并撰写研究报告； 2. 演练目的：具备安全意识、具有环保意识和科学认知理念； 3. 演练内容：请同学们查阅资料，在实车上区分全时四驱和半时四驱系统；找到全时四驱系统各组成部分并简述其工作过程；找到半时四驱系统各组成部分并简述其工作过程
三、任务分组：在这个任务中，采用分组实施方式进行，4～8 人为一组，以学生自荐或推荐的方式选出组长，负责本团队的组织协调工作，带头示范、督促、帮助其他组员完成相应工作
四、任务步骤： 1. 查阅资料，理解四轮驱动系统的定义； 2. 在实车上找到不同类型四驱系统并拍照上传； 3. 小组辩论，比一比全时四驱和半时四驱系统； 4. 制作 PPT，总结、归纳全时四驱系统、半时四驱系统的工作原理，并进行 PPT 汇报

任务评价

序号	评价项目	评价指标	分值	自评（30%）	互评（30%）	师评（40%）	合计
1	职业素养（50 分）	具备守正创新意识	10				
		具备协作沟通能力	10				
		具备辩证思维	10				
		具备收集信息、解决问题能力	10				
		具备劳动精神	10				
2	专业能力（30 分）	能够在实车上找到四轮驱动系统各组成部分	15				
		能够对比分析不同类型的四轮驱动系统	15				
3	创新意识（20 分）	具备创新意识、创新能力	20				
合计			100				
综合得分							

知识扩展

课后提升

一、选择题

1. 四驱系统主要分成（　　）和（　　）。

A. 分时四驱　　B. 全时四驱　　C. 半时四驱

2. 四轮驱动系统优点包括（　　）。

A. 提高通过性　　B. 提高爬坡性

C. 转弯性能极佳　　D. 启动和加速性能极佳

E. 直线行驶稳定性

二、判断题

1. 现在我们使用的四驱车大多是半时四驱。只要车上有专门的两驱、四驱切换拨杆或按钮，那么这就是使用半时四驱的四驱车。（　　）

2. 全时四驱是使汽车四个车轮一直保持有驱动力的四驱系统。（　　）

3. 全时四驱系统内有三个差速器：除了前后轴各有一个差速器外，在前后驱动轴之间还有一个中央差速器。（　　）

4. 所以驾驶半时四驱车必须小心，其四驱不可以在硬路面（铺装路面）上使用；下雨天也不可以用；有冰或雪地则可以用，而一旦离开冰雪路面应马上改回两驱。（　　）

阅读小资料

模块九

制动系统新技术

模块简介

制动系统是汽车上重要的行车安全控制系统，主要包括防抱死制动系统（ABS）、驱动防滑控制（ASR）系统、电子稳定程序控制（ESP）系统、动态稳定控制（DSC）系统和电子驻车制动（EPB）技术等。ABS 的作用是通过对区域抱死车轮的制动压力进行自适应循环调节，来防止被控制车轮发生抱死。ASR 系统就是利用控制器控制车轮与路面的滑移率，防止汽车在加速过程中打滑，特别是防止汽车在非对称路面或转弯时驱动轮的空转，以保持汽车行驶方向的稳定性、操纵性和维持汽车的最佳驱动力以及提高汽车的平顺性。ESP 和 DSC 则整合了 ABS 和 ASR 的功能，通过有针对性地单独制动各个车轮，在紧急躲避障碍物或转弯时出现转向不足或转向过度时，使车辆避免偏离理想轨迹，可降低各种场合下发生侧滑的危险，电子驻车制动技术极大地提高了驻车制动的安全性。

汽车制动系统新技术究竟有哪些？它们的结构如何？有哪些特点？如何工作？控制原理是什么？带着这些问题让我们一起进入本模块的学习吧。

任务一　探寻 ABS 系统

任务导入

防抱死制动系统（Antilock Brake System）简称 ABS，作用就是在汽车制动时，自动控制制动器制动力的大小，使车轮不被抱死，处于边滚边滑（滑移率在 20% 左右）的状态，以保证车轮与地面的附着力在最大值。

任务目标

知识目标	能力目标	素养目标
1. 理解 ABS 定义； 2. 掌握 ABS 结构； 3. 掌握 ABS 原理	1. 能够在实车上找到 ABS 各组成部分； 2. 能够梳理 ABS 工作原理	1. 具有创新意识； 2. 具有科学认知理念； 3. 具有劳动精神

知识学习

一、课前预习

预习任务	预习内容	重点	难点
ABS 相关知识	1. ABS 定义； 2. ABS 组成； 3. ABS 结构； 4. ABS 原理	掌握 ABS 结构原理	掌握 ABS 结构原理

基础认知

自我检测

一、填空题

1. ABS 全称是 Anti－lock Breaking System，它是一种可以安装在任何带有液压刹车系统的汽车上的系统，也就是我们常说的（　　　　）。

2. ABS 独立地调节车轮的制动力，防止车轮抱死，使车轮与地面滑动率保持在（　　　　）左右。

3. 汽车 ABS 通常由三部分组成：（　　　　）、控制器、（　　　　）。

二、判断题

1. 压力调节器主要是执行控制器发出的控制指令，使电磁阀和电机动作。（　　）

2. 控制器接收传感器送来的信号后，经过滤波、整形、放大等处理，计算和判断车轮的运动状态的两个参数。（　　）

二、课堂学习

深入探究

1. ABS 组成结构

1）传感器

（1）轮速传感器。轮速传感器是在汽车行驶过程中将车轮轮速以电信号形式传给电子控制单元（ECU），通过处理后判断车轮的运动状态而决定是否开始进行防抱死制动控制的传感器。一般安装在车轮处，但也有安装在主减速器或者变速器中的。轮速传感器的基本结构如图 9. 1. 1 所示。

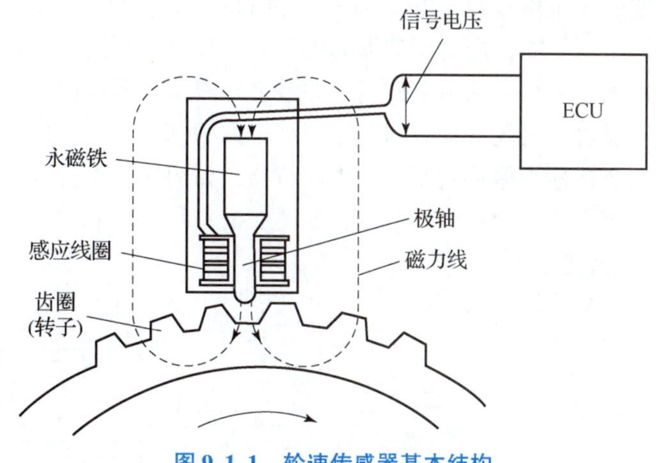

图 9. 1. 1　轮速传感器基本结构

（2）减速传感器。在高附着系数路面上制动时，汽车减速度大；在低附着系数路面上制动时，汽车减速度小，因而该信号送入 ECU 后，可以对路面进行区别，判断路面附着系数高低情况。当判定汽车行驶在雪地、结冰等打滑的路面上时，采取相应的控制措施，以提高制动性能。减速度传感器多用于四轮驱动控制系统。

2）电子控制单元（ECU）

电子控制单元是 ABS 的控制中心，实际上是一个微型计算机，所以又常称为 ABS ECU。ABS ECU 由输入电路、数字控制器、输出电路和警告电路组成。其作用是接收轮速传感器以及其他开关信号，进行放大、计算、比较，按照特定的控制逻辑进行分析、判断后输出指令，控制制动压力调节器进行制动压力调节，如图 9. 1. 2 所示。

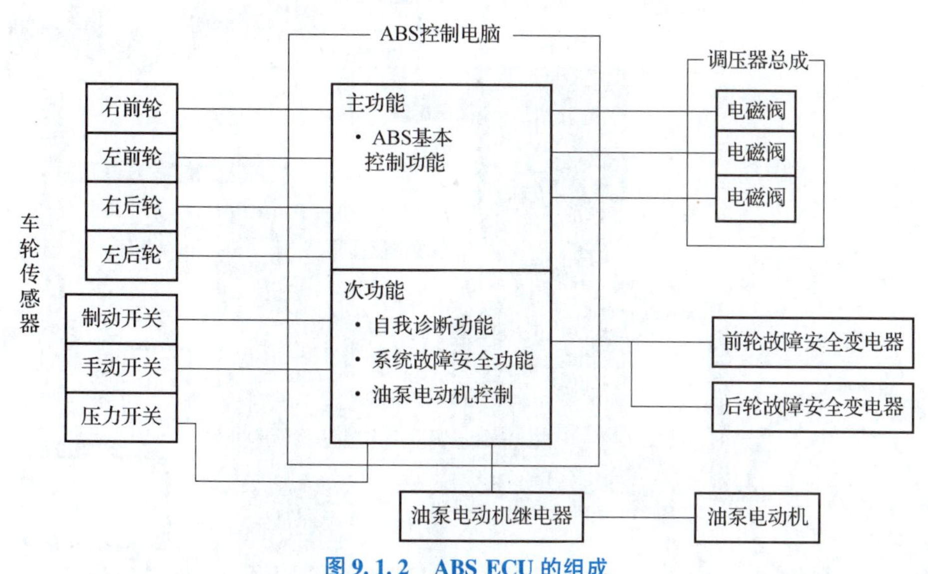

图 9. 1. 2　ABS ECU 的组成

ECU 还有故障检测和失效保护功能。点火开关接通后，仪表板上的 ABS 警告灯闪烁几次后熄灭，表明 ABS 自诊断完毕，系统正常；如果不熄灭，则表明系统有故障，当 ABS 失灵后，常规制动仍继续工作。

3）制动压力调节器

制动压力调节器的作用是接收 ECU 的指令，通过电磁阀的动作来实现车轮制动器制动压力的自动调节。因车型不同，压力调节器的安装位置和制动管路的布置等均有所不同，但其本身的构造和工作则基本相同，由电磁阀、储液室和液压泵所构成。制动压力调节器串联在主缸和轮缸之间，通过电磁阀直接或间接地控制轮缸的制动压力。通常，把电磁阀直接控制轮缸制动压力的调节器称为循环式制动压力调节器，如图 9.1.3 所示；把间接控制制动压力的调节器称为可变容积式制动压力调节器，如图 9.1.4 所示。

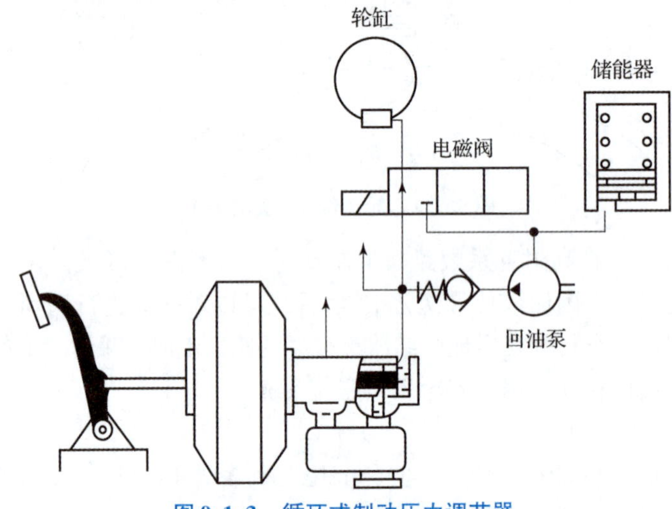

图 9.1.3　循环式制动压力调节器

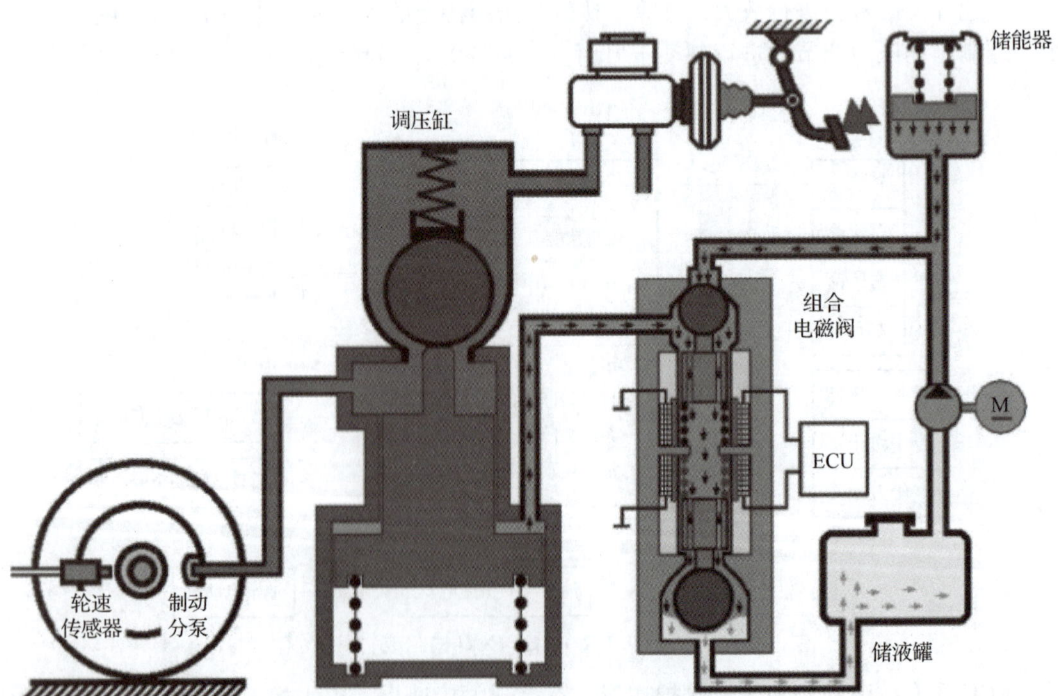

图 9.1.4　液压控制可变容积式制动压力调节器

2. ABS 的工作原理

当车轮制动时，装在车轮上的传感器能立即感知车轮是否抱死，并将信号传给电脑。如果车轮发生抱死，则电脑马上降低对抱死车轮的制动力，直至车轮又继续转动。当车轮转动程度增大，电脑又对其施加制动，这样保证车轮受到制动又不会抱死。整个过程不断重复，直至汽车完全停下来。在 ABS 中，电脑能在 1 s 内对车轮进行几百次检测，同时对制动系统进行几十次的操纵。在汽车制动过程中，当车轮即将到达下一个锁死点时，刹车油的压力使得气囊重复作用，如此在 1 s 内可作用 60 ~ 120 次，相当于不停地刹车、放松，即相似于机械的“点刹”。因此，防抱死制动系统能避免在紧急刹车时方向失控及车轮侧滑，使车轮在刹车时不被锁死，不让轮胎在一个点上与地面摩擦，从而加大摩擦力，使刹车效率达到 90% 以上，同时还能减少刹车消耗，延长刹车轮鼓、碟片和轮胎两倍的使用寿命；可以有效防止车轮抱死，使车辆保持良好的制动方向稳定性。

汽车 ABS 主要由轮速传感器、ECU、制动压力调节器等构成一个闭环制动系统。轮速传感器不断地测取车轮的转速，对汽车运行状态进行实时监控，ABS ECU 接收来自轮速传感器的信号，并对这些信号进行分析和处理，进而计算出汽车的车轮速度、减速度和参考滑移率，并指示执行器工作，执行器根据 ABS ECU 的指令调节控制车轮上的制动压力，使车轮的滑移率始终可以保持在 20% 左右的最佳范围内，阻止车轮抱死，进而保证在制动过程中轮胎 - 道路附着力最大，制动距离缩减，较好地保证制动过程中车轮的方向稳定性和转向控制能力，避免车祸的发生，增强汽车的安全性能。

任务实施

一、任务场景：校内实训室
二、任务要求： 1. 演练任务：学生进行归纳、总结、PPT 汇报，并撰写研究报告； 2. 演练目的：具备安全意识、具有环保意识和科学认知理念； 3. 演练内容：请同学们查阅资料，在不同类型实车上找到 ABS 并简述其不同之处；找到 ABS 各组成部分；梳理 ABS 的工作原理
三、任务分组：在这个任务中，采用分组实施方式进行，4 ~ 8 人为一组，以学生自荐或推荐的方式选出组长，负责本团队的组织协调工作，带头示范、督促、帮助其他组员完成相应工作
四、任务步骤： 1. 查阅资料，理解 ABS 定义； 2. 在实车上找到 ABS 各部分并拍照上传； 3. 小组辩论，比一比不同类型 ABS； 4. 制作 PPT，总结、归纳 ABS 的工作原理，并进行 PPT 汇报

任务评价

<table>
<tr><th>序号</th><th>评价项目</th><th>评价指标</th><th>分值</th><th>自评（30%）</th><th>互评（30%）</th><th>师评（40%）</th><th>合计</th></tr>
<tr><td rowspan="5">1</td><td rowspan="5">职业素养（50分）</td><td>具备规范意识</td><td>10</td><td></td><td></td><td></td><td></td></tr>
<tr><td>具备协作沟通能力</td><td>10</td><td></td><td></td><td></td><td></td></tr>
<tr><td>具备团队责任意识</td><td>10</td><td></td><td></td><td></td><td></td></tr>
<tr><td>具备收集信息、解决问题能力</td><td>10</td><td></td><td></td><td></td><td></td></tr>
<tr><td>具备劳动精神</td><td>10</td><td></td><td></td><td></td><td></td></tr>
<tr><td rowspan="2">2</td><td rowspan="2">专业能力（30分）</td><td>能够在实车上找到ABS各组成部分</td><td>15</td><td></td><td></td><td></td><td></td></tr>
<tr><td>能够梳理ABS工作原理</td><td>15</td><td></td><td></td><td></td><td></td></tr>
<tr><td>3</td><td>创新意识（20分）</td><td>具备创新意识、创新能力</td><td>20</td><td></td><td></td><td></td><td></td></tr>
<tr><td colspan="3">合计</td><td>100</td><td></td><td></td><td></td><td></td></tr>
<tr><td colspan="4">综合得分</td><td colspan="3"></td><td></td></tr>
</table>

知识扩展

课后提升

一、判断题

1. 在高附着系数路面上制动时，汽车减速度大；在低附着系数路面上制动时，汽车减速度小，因而减速传感器信号送入ECU后，可以对路面进行区别，判断路面附着系数高低情况。 （　）

2. 当车轮制动时，装在车轮上的传感器能立即感知车轮是否抱死，并将信号传给电脑。

如果车轮发生抱死，则电脑马上降低对抱死车轮的制动力，直至车轮又继续转动。（　　）

3. 通常，把电磁阀直接控制轮缸制动压力的调节器称为循环式制动压力调节器，把间接控制制动压力的调节器称为可变容积式制动压力调节器。（　　）

二、填空题

1. 轮速传感器是在汽车行驶过程中将车轮轮速以（　　　　）形式传给 ECU，通过处理后判断（　　　　）状态而决定是否开始进行防抱死制动控制的传感器。

2. ECU 的作用是接收轮速传感器以及其他开关信号，进行（　　　　）、（　　　　）、（　　　　），按照特定的控制逻辑分析、判断后输出指令，控制制动压力调节器进行制动压力调节。

三、选择题

ABS ECU 由（　　）组成。

A. 由输入电路　　B. 数字控制器　　C. 输出电路　　D. 警告电路

阅读小资料

任务二　探寻 ASR/ESP 系统

任务导入

ASR 系统使汽车在各种行驶状况下都能获得最佳的牵引力。ESP 是对旨在提升车辆的操控表现的同时，有效地防止汽车达到其动态极限时失控的系统或程序的统称。ESP 系统能提升车辆的安全性和操控性。

任务目标

知识目标	能力目标	素养目标
1. 理解 ASR/ESP 系统定义； 2. 掌握 ASR/ESP 系统结构； 3. 掌握 ASR/ESP 系统原理	1. 能够在实车上找到 ASR/ESP 系统各组成部分； 2. 能够梳理 ASR/ESP 系统控制原理	1. 具有人类命运共同体意识； 2. 具有守正创新意识； 3. 具备自我提升意识

一、课前预习

预习任务	预习内容	重点	难点
ASR/ESP 系统相关知识	1. ASR/ESP 系统定义； 2. ASR/ESP 系统作用； 3. ASR/ESP 系统结构； 4. ASR/ESP 系统控制原理	掌握 ASR/ESP 系统结构控制原理	掌握 ASR/ESP 系统结构控制原理

基础认知

自我检测

一、填空题

1. 驱动防滑控制系统是汽车制动防抱死系统功能的自然扩展，它的作用是维持汽车行驶时的（　　　　）稳定性，并尽可能利用车轮－路面间的纵向附着能力，提供最大的（　　　　）。

2. ASR 是控制车轮的（　　　　），用于提高汽车起步、加速及在光滑路面上行驶时的牵引力和确保行驶的稳定性。

二、问答题

1. 简述什么是 ASR 系统。

2. 简述什么是 ESP 系统。

二、课堂学习

深入探究

1. ASR 的控制方法

1）发动机的输出功率控制

在汽车起步、加速时，ASR 控制器输出控制信号，控制发动机的输出功率，以抑制驱动轮滑转。常用方法有：辅助节气门控制、燃油喷射量控制和延迟点火控制。

（1）节气门开度调节。节气门开度调节是指在原节气门管路上再串联一个副节气门（图 9.2.1），通过传动机构来控制其开度的大小，从而改变进气量，调节输出转矩。这种控制方式操纵稳定性较差，牵引性很差，但舒适性很好。

图 9.2.1　发动机节气门

（2）点火参数调节。点火参数调节是对点火提前角进行控制或对是否点火进行控制。减小点火提前角，可以适度减小输出转矩。

（3）燃油供给量调节。减少供油和暂停供油，可以减小转矩，这是现代驱动防滑控制系统中比较容易的控制方式。这种控制方式通常和燃油电子控制结合在一起使用。

2）驱动轮制动控制

直接对发生空转的驱动轮加以制动，反应时间最短。普遍采用 ASR 与 ABS 组合的液压控制系统，在 ABS 中增加电磁阀和调节器，从而增加驱动控制功能，如图 9.2.2 所示。

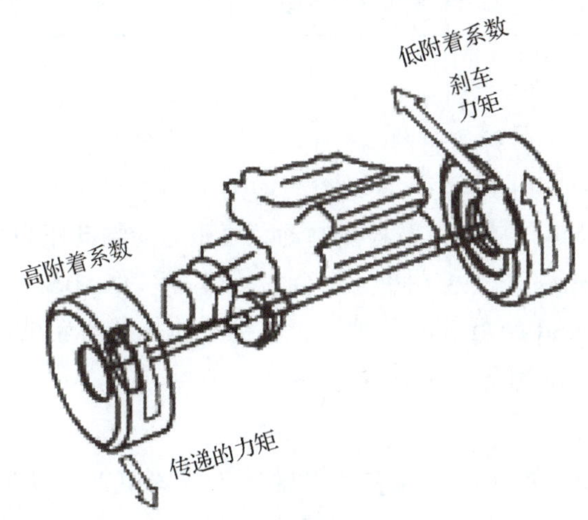

图 9.2.2　对驱动轮实行制动控制

3）同时控制发动机输出功率和驱动轮制动力

控制信号同时起动 ASR 制动压力调节器和辅助节气门调节器，在对驱动车轮施加制动力的同时减小发动机的输出功率，以达到理想的控制效果。

4）防滑差速锁（LSD）控制

LSD 能对差速器锁止装置进行控制，使锁止范围从 0～100%。当驱动轮单边滑转时，控制器输出控制信号，使差速锁和制动压力调节器动作，控制车轮的滑移率。这时非滑转轮还

模块九 制动系统新技术

有正常的驱动力，从而提高汽车在滑溜路面的起步、加速能力及行驶方向的稳定性。

5）差速锁与发动机输出功率综合控制

差速锁制动控制与发动机输出功率综合控制相结合的控制系统可根据发动机的状况和车轮的滑转的实际情况采取相应的控制，达到最理想的控制效果。

2. ABS与ASR的区别

ASR和ABS都是控制车轮和路面的滑移率，以使车轮与地面的附着力不下降，因此两系统采用的是相同的技术，它们密切相关，常结合在一起使用，通过共享许多电子组件和共同的系统部件来控制车轮的运动，构成行驶安全系统。ASR和ABS两系统的不同点比较如表9.2.1所示。

表9.2.1　ABS与ASR对比

控制系统 / 控制项目	ABS	ASR
控制总目标	制动时控制车轮相对地面的滑动	驱动时控制车轮和对地面的滑动
达到效果	提高制动效果和确保制动安全	提高起步、加速及在光滑路面的牵引力，确保行驶稳定性
控制对象	四轮	驱动轮
起作用时间	车速很低时不起作用	车速很高时一般不起作用

3. ESP的组成

ESP以ABS为基础，由各种传感器、电子控制单元和执行器三大部分组成。ESP的大部分元件可以与ABS和ASR共用。在此基础上，增加了用于检测汽车状态的横摆率传感器、转向角传感器、侧向加速度传感器以及检测制动总泵压力的制动压力传感器。ESP的电子控制单元一般与ABS和ASR的电子控制单元组合为一体，称为ABS/ASR/ESP电子控制单元。ESP的执行器是在ABS/ASR执行器的基础上，改进了通往各车轮的液压通道，增加了ESP警告灯和ESP蜂鸣器等，如图9.2.3所示。

4. ESP的工作原理

ESP首先通过转向盘转角传感器及各车轮转速传感器识别驾驶员转弯方向（驾驶员意愿），通过横摆角速度传感器识别车辆绕垂直于地面轴线方向的旋转角度，并用侧向加速度传感器识别车辆实际运动方向。只要ESP识别出驾驶员的输入与车辆的实际运动不一致，就马上通过单个车轮施加制动和控制发动机的输出功率，来保持车辆的稳定性。

若ESP判定为转向不足，则将制动内侧后轮，使车辆进一步沿驾驶员转弯方向偏转，从而稳定车辆；若ESP判定为转向过度，则将制动外侧前轮，防止出现甩尾，并减弱过度转向趋势。如果单独制动某个车轮不足以稳定车辆，ESP将通过降低发动机扭矩输出的方式或制动其他车轮来满足需求。

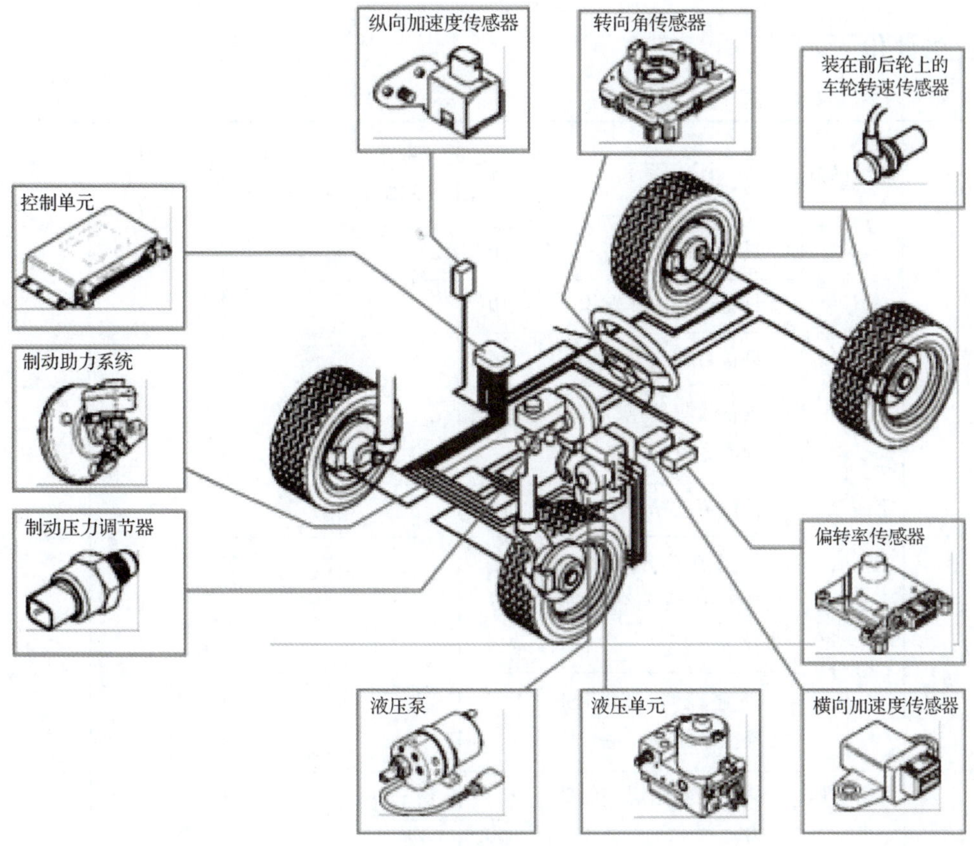

图 9.2.3　ESP 的组成及安装位置

任务实施

<table>
<tr><td>一、任务场景：校内实训室</td></tr>
<tr><td>二、任务要求：
1. 演练任务：学生进行归纳、总结、PPT 汇报，并撰写研究报告；
2. 演练目的：具备安全意识、具有环保意识和科学认知理念；
3. 演练内容：请同学们查阅资料，在实车上找到 ASR 和 ESP 系统；简述 ASR 系统的工作过程；简述 ESP 系统的工作过程</td></tr>
<tr><td>三、任务分组：在这个任务中，采用分组实施方式进行，4～8 人为一组，以学生自荐或推荐的方式选出组长，负责本团队的组织协调工作，带头示范、督促、帮助其他组员完成相应工作</td></tr>
<tr><td>四、任务步骤：
1. 查阅资料，理解 ASR/ESP 系统定义；
2. 在实车上找到 ASR 和 ESP 系统并拍照上传；
3. 制作 PPT，总结、归纳 ASR 和 ESP 系统的工作过程，并进行 PPT 汇报</td></tr>
</table>

任务评价

序号	评价项目	评价指标	分值	自评（30%）	互评（30%）	师评（40%）	合计
1	职业素养（50分）	具备规范意识	10				
		具备全局协作意识	10				
		具备自我提升意识	10				
		具备收集信息、解决问题能力	10				
		具备劳动精神	10				
2	专业能力（30分）	能够在实车上找到ASR/ESP系统各组成部分	15				
		能够梳理ASR/ESP系统控制原理	15				
3	创新意识（20分）	具备创新意识、创新能力	20				
合计			100				
综合得分							

知识扩展

课后提升

一、选择题

1. ASR 的控制方法包括（　　）。

A. 发动机的输出功率控制

B. 驱动轮制动控制

C. 同时控制发动机输出功率和驱动轮制动力

D. 防滑差速锁（LSD）控制

E. 差速锁与发动机输出功率综合控制

2. ESP 以 ABS 为基础，由（　　）组成。

A. 传感器　　　　B. 电子控制单元　　　　C. 执行器

二、判断题

1. 只要 ESP 识别出驾驶员的输入与车辆的实际运动不一致，就马上通过单个车轮施加制动和控制发动机的输出功率，来保持车辆的稳定性。（　　）

2. 若 ESP 判定为转向不足，则将制动内侧后轮，使车辆进一步沿驾驶员转弯方向偏转，从而稳定车辆。（　　）

3. 若 ESP 判定为转向过度，则将制动外侧前轮，防止出现甩尾，并减弱过度转向趋势。（　　）

4. 如果单独制动某个车轮不足以稳定车辆，ESP 将通过降低发动机扭矩输出的方式或制动其他车轮来满足需求。（　　）

阅读小资料

任务三　探寻 DSC 系统

任务导入

BMW 自主开发的动态控制系统中集成了自动稳定控制系统和牵引力控制系统，能够通过对出现滑转趋势的驱动轮进行选择制动来控制驱动轮的滑转状态，从而相应地对车辆起到稳定作用。而在冰雪路面、沙漠或砂砾路面上，驾驶者只需按下一个按钮就可以使车辆进入动态控制模式，从而增强车辆在上述路面上的牵引力。

任务目标

知识目标	能力目标	素养目标
1. 理解 DSC 系统定义； 2. 掌握 DSC 系统功能； 3. 掌握 DSC 系统结构原理	1. 能够在实车上找到 DSC 系统各组成部分； 2. 能够梳理 DSC 系统组成及工作过程	1. 具有创新意识； 2. 具有科学认知理念； 3. 具备团结协作意识

知识学习

一、课前预习

预习任务	预习内容	重点	难点
DSC 动态控制系统相关知识	1. DSC 动态控制系统定义； 2. DSC 动态控制系统组成； 3. DSC 动态控制系统作用； 4. DSC 动态控制系统原理	掌握 DSC 系统组成及工作过程	掌握 DSC 系统组成及工作过程

基础认知

自我检测

一、填空题

1. DSC 系统是由自动（　　　）+（　　　）、电子差速锁和动态制动控制共同组成的动态稳定控制系统。

2. 只有在更高速度时，也就是真正有必要的时候，DSC 系统才会对（　　　）开度进行干预。

3. 汽车防抱死制动系统通常由三部分组成：（　　　）、控制器、（　　　）。

二、判断题

1. DSC 可以防止在紧急操控车辆时失去转向控制，系统可以通过对正确的车轮实施单独制动，帮助驾驶员保持对车辆的控制。（　　）

2. 驾驶员也可以选择按下“DSC”按钮，切换至注重驾驶的操作模式。（　　）

二、课堂学习

深入探究

1. DSC 系统组成

DSC 单元除了与底盘 CAN（F－CAN）连接外，另外还与传动系统 CAN（PT－CAN）连接。PT－CAN 线是一条传动系统 CAN 线，连接动态稳定控制系统 DSC、数字式发动机电子控制系统 DME、电子变速器控制系统 EGS、自适应巡航控制系统 ACC、主动转向系统 AFS、自适应转向灯 AHL、动态行驶稳定装置 ARS 及安全网关模组 SGM 等。F-CAN 线是一条底盘 CAN 线，连接动态稳定控制系统 DSC、主动转向控制系统 AFS、带转向角度传感器的转向柱开关中心 SZL 和 DSC 传感器等。这两种 CAN 线均由 H（高电位）线和 L（低电位）线两条线组成完成数字信号的传输任务。除了 PT-CAN 线和 F-CAN 线外，还有其他的 BUS 线，如车身 K-BUS 线、音响系统 MOST 数据总线、气囊总线、Local-BUS 线（本地电子气门控制系统 BUS 线）等。

DSC 系统主要由下列元器件组成：

（1）DSC 单元。

（2）车轮转速传感器。

（3）DSC 传感器，用以识别车辆的横向加速度和偏航角速率，通过 F-CAN 线与 DSC 电脑连接，传输车辆的行驶状态信号。

（4）DSC 开关。

（5）转向角度传感器，安装在转向柱开关中心上，监测转向盘的转向角度信号。该信号由转向柱开关中心电脑通过 F-CAN 线传输给 DSC 电脑。

（6）内部制动压力传感器。

（7）管路制动压力传感器。

（8）制动片磨损传感器。

（9）制动信号开关。

（10）制动液位开关。

（11）其他通信信号。

2. DSC 系统工作过程

DSC 系统为了要使车子在转弯时仍有好的循迹性，配有更先进的侦测及控制设备，如除了能侦测车轮转速外，还有侦测转向盘转动的幅度、车速以及车子的侧向加速度，根据以上所侦测到的资讯，来判断车轮在转弯过程中是否有打滑的危险，如果会有打滑的危险或已经打滑，则电脑马上会命令制动油压控制系统对打滑的车轮进行适当的制动，或者是以减少喷油量、延迟点火的方式来降低引擎力量的输出，达到了在各种行驶条件下都能防止轮胎打滑的目的，进而使车辆无论在起动加速、再加速还是转弯等过程都能获得好的循迹性。

任务实施

一、任务场景：校内实训室
二、任务要求： 1. 演练任务：学生进行归纳、总结、PPT 汇报，并撰写研究报告； 2. 演练目的：具备安全意识、具有环保意识和科学认知理念； 3. 演练内容：请同学们查阅资料，在不同类型实车上找 DSC 系统各组成部分；简述 DSC 系统的工作过程

续表

三、任务分组：在这个任务中，采用分组实施方式进行，4~8 人为一组，以学生自荐或推荐的方式选出组长，负责本团队的组织协调工作，带头示范、督促、帮助其他组员完成相应工作
四、任务步骤： 1. 查阅资料，理解 DSC 系统定义； 2. 在不同类型实车上找 DSC 系统各组成部分，并拍照上传； 3. 制作 PPT，总结、归纳 DSC 系统的工作过程，并进行 PPT 汇报

任务评价

序号	评价项目	评价指标	分值	自评（30%）	互评（30%）	师评（40%）	合计
1	职业素养（50 分）	具备规范意识	10				
		具备全局意识	10				
		具备自我提升意识	10				
		具备科学意识	10				
		具备劳动精神	10				
2	专业能力（30 分）	能够在实车上找到 DSC 系统各组成部分	15				
		能够梳理 DSC 系统组成及工作过程	15				
3	创新意识（20 分）	具备创新意识、创新能力	20				
合计			100				
综合得分							

课后提升

一、**填空题**

1. 如果会有打滑的危险或已经打滑，则电脑马上会命令制动油压控制系统对打滑的车轮进行适当的（　　　　），或者是以减少（　　　　）、延迟点火的方式来降低引擎力量的输出。

2. DSC 系统使车辆无论在起动加速、再加速还是转弯等过程都能获得好的（　　　　）性。

二、**判断题**

1. DSC 单元除了与底盘 CAN（F－CAN）连接外，另外还与传动系统 CAN（PT－CAN）连接。（　　）

2. 除了 PT－CAN 线和 F－CAN 线外，还有其他的 BUS 线，如车身 K－BUS 线等。（　　）

阅读小资料

任务四　探寻 EPB 技术

任务导入

电子驻车制动（Electrical Park Brake，EPB）是由电子控制方式实现停车制动的技术。其工作原理与机械式手刹相同，均是通过刹车盘与刹车片产生的摩擦力来达到控制停车制动，只不过控制方式从之前的机械式手刹拉杆变成了电子按钮。那么电子驻车制动技术具体是怎样的呢？让我们一起来学习吧。

任务目标

知识目标	能力目标	素养目标
1. 理解 EPB 系统定义； 2. 掌握 EPB 系统特点； 3. 掌握 EPB 系统结构原理	1. 能够在实车上找到 EPB 系统各组成部分； 2. 能够梳理 EPB 系统工作原理	1. 具备职业素养； 2. 具有创新持续发展意识； 3. 具有绿色发展意识

一、课前预习

预习任务	预习内容	重点	难点
EPB 系统相关知识	1. EPB 系统定义； 2. EPB 系统特点； 3. EPB 系统功能； 4. EPB 系统原理	掌握 EPB 系统功能及原理	掌握 EPB 系统功能及原理

基础认知

自我检测

一、问答题

简述什么是 EPB 系统。

二、判断题

1. EPB 系统可以在发动机关闭后自动应用驻车制动。 ( )

2. 电子驻车制动其实就相当于手刹，只是改成了电子手刹，从机械手刹的拉手变成了按钮，它的用途和手刹基本相同。 ( )

3. 自动驻车功能可使车辆在等待红灯或上下坡停车时自动起动四轮刹车。 ( )

二、课堂学习

深入探究

1. EPB 系统优点

EPB 系统接收遍布在汽车各个部位的传感器发送的信号，当驾驶员遇到红灯等需要短暂停车的情况时，轮速传感器以及发动机扭矩传感器将检测到的汽车信息采集并发往 ECU，ECU 做出判断后控制制动卡钳咬紧制动盘，完成驻车。从技术方面看，相对传统的驻车存在驾驶者操作不正确或不到位的隐患，而且功能性单一，而电子驻车的功能丰富且更加安全可靠，是一次技术上的升级。传统式手刹是拉索式的，手拉杆处的棘轮会发出咔嗒声，拉起的棘轮齿数决定了制动力的大小，所以传统驻车结构是纯机械化操控，而电子驻车制动模式采用按钮操作，非常简单省力，所以极大提升了舒适性。

（1）EPB 系统可以在发动机熄火后自动施加驻车制动。驻车方便、可靠，可防止意外的释放（如小孩、偷盗等）。

（2）EPB 系统用更先进的电子控制技术来代替传统的机械式手刹，避免驻车忘记拉手刹，起动忘记松开手刹的不安全事故。

（3）EPB 系统可在紧急状态下作为行车制动用。

2. EPB 系统功能

（1）基本功能：通过按钮或线控指令实现传统手刹的驻车和释放功能。

（2）动态功能：行车时，若不踩踏板刹车，通过长拉 EPB 按钮，一样也可以实现制动功能。(长拉时间，各厂家设置不同)

（3）“熄火控制”模式：当汽车拔钥匙熄火时，自动启用驻车制动，发动机不打火，则驻车不能解除。

（4）开车释放功能：当驾驶员开车时，踩下加速踏板，挂挡后自动解除驻车。

（5）起动约束：点火关闭，释放约束模式（保护儿童)，不用操作制动踏板，即可释放约束模式。

（6）紧急释放功能：当电子驻车没电需要解除驻车时，可用专门的释放工具释放驻车。

3. EPB 系统原理

电子驻车制动系统是指将行车过程中的临时性制动和停车后的长时性制动功能整合在一起，并且由电子控制方式实现停车制动的技术。电子手刹是由电子控制方式实现停车制动的技术。其工作原理与机械式手刹相同，均是通过拉索拉紧后轮刹车蹄进行制动。另一种则是使用电子机械卡钳，是通过电机卡紧刹车片产生来达到控制停车制动。

电子驻车功能技术的运用，使得驾驶者在停车时不需要长时间刹车，起动电子驻车制动的情况下，能够避免车辆不必要的滑行，简单来说就是车辆不会溜后。传统的手刹在斜坡起步时需要依靠驾驶者通过手动释放手制动或者熟练的油门、离合配合来舒畅起步。而电子驻车功能通过坡度传感器由控制器给出准确的驻车力，在起动时，驻车控制单元通过离合器距离传感器、离合器捏合速度传感器、加速踏板传感器等提供的信息通过计算，当驱动力大于行驶阻力时自动释放驻车制动，从而使汽车能够平稳起步。

过去的驻车制动的控制技术是通过车上的电子按钮控制电机完成钢索的拉紧，这虽然达到了电力控制而且方便驾驶员的操作，但是其制动的内涵并未发生实质上的改变。全新意义上的电子驻车技术是将原有的钢索取消，通过集成在后轮盘式制动器上的电机动作完成电子驻车的过程，而过去的行车制动过程只是通过液压系统完成的。随着技术时代的更新，对于安全认知的不断提升催使了 EPB 的出现，对于安全系统的控制也从粗略的整体控制向精确的部分控制改变，如 ABS、ESP 等系统的诞生都为 EPB 铺垫了基础，集成卡钳式 EPB 系统结构如图 9.4.1 所示。

EPB 集成的制动卡钳通过支架固定于汽车的后悬架上，当 ECU 接收到电子驻车的开关信号，经过判断计算后向集成于制动卡钳上的直流电机发送信号，经过减速器和传动心轴以及压力螺母的运动转换结构推动活塞，活塞随之推动摩擦片与制动盘摩擦达到保持车轮相对汽车与地面静止的目的。

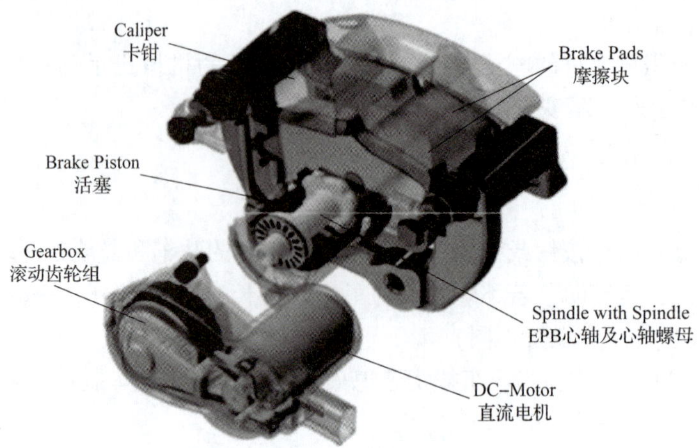

图 9.4.1　集成卡钳式 EPB 系统结构

 任务实施

<table>
<tr><td>一、任务场景：校内实训室</td></tr>
<tr><td>二、任务要求：
1. 演练任务：学生进行归纳、总结、PPT 汇报，并撰写研究报告；
2. 演练目的：具备安全意识、具有环保意识和科学认知理念；
3. 演练内容：请同学们查阅资料，在实车上找到 EPB 系统，并简述 EPB 系统的工作原理</td></tr>
<tr><td>三、任务分组：在这个任务中，采用分组实施方式进行，4～8 人为一组，以学生自荐或推荐的方式选出组长，负责本团队的组织协调工作，带头示范、督促、帮助其他组员完成相应工作</td></tr>
<tr><td>四、任务步骤：
1. 查阅资料，理解 EPB 系统定义；
2. 在不同类型实车上找到 EPB 系统各组成部分，并拍照上传；
3. 制作 PPT，总结、归纳 EPB 系统的工作过程，并进行 PPT 汇报</td></tr>
</table>

 任务评价

序号	评价项目	评价指标	分值	自评（30%）	互评（30%）	师评（40%）	合计
1	职业素养（50 分）	具备职业素养	10				
		具备持续发展意识	10				
		具备自我提升意识	10				
		具备环保意识	10				
		具备劳动精神	10				

续表

序号	评价项目	评价指标	分值	自评（30%）	互评（30%）	师评（40%）	合计
2	专业能力（30 分）	能够在实车上找到 EPB 系统各组成部分	15				
		能够梳理 EPB 系统工作原理	15				
3	创新意识（20 分）	具备创新意识、创新能力	20				
合计			100				
综合得分							

知识扩展

课后提升

一、填空题

1. 电子驻车制动（Electrical Park Brake，EPB）系统是指将行车过程中的临时性制动和停车后的长时性制动功能整合在一起，并且由（　　　　）方式实现停车制动的技术。

2. 电子驻车技术是将原有的钢索取消，通过集成在后轮盘式制动器上的（　　　　）动作完成电子驻车的过程，而过去的行车制动过程只是通过（　　　　）系统完成的。

二、判断题

1. EPB 系统可以在发动机熄火后自动施加驻车制动。驻车方便、可靠，可防止意外的释放（如小孩、偷盗等）。（　　）

2. EPB 系统用更先进的电子控制技术来代替传统的机械式手刹，避免驻车忘记拉手刹，起动忘记松开手刹的不安全事故。（　　）

3. EPB 系统可在紧急状态下作为行车制动用。（　　）

阅读小资料

模块十

新能源汽车总体

模块简介

近十年来，在与交通运输相关的研究开发领域，人们致力于加快培育和发展高效、清洁和安全的运输工具。以电动汽车、混合动力电动汽车和燃料电池电动汽车为代表的新能源汽车已被公认为日后用以替代传统车辆的主要运输工具。进入21世纪，国外各大汽车公司纷纷制订新的新能源汽车开发计划。在这个“环保竞技场”，包括通用、奔驰、大众、宝马、丰田、本田、福特、克莱斯勒、日产等汽车公司，更是当仁不让地扮演了新能源汽车的主角。国内的奇瑞、比亚迪、北汽、小鹏等自主品牌的新能源汽车也异军突起。

能源、气候、环境和资源与一个国家的国计民生息息相关，如何解决与之相关的问题也决定了人类社会能否可持续发展。汽车的发明极大地缩短了人与人之间的空间距离，方便了人们的生活，汽车已经成为当今社会的重要交通工具。但汽车保有量的大幅度增加，给地球带来了资源过度消耗、空气污染和气候变暖等负面问题。试想，如果我们还继续大量使用燃油汽车，未来会是什么样？新能源汽车都包含哪些类型？技术发展路线如何？通过本模块的学习，你可以得到答案。

任务一　新能源汽车的定义与分类探索

任务导入

关于能源的定义，约有20种。《大英百科全书》说：“能源是一个包括所有燃料、流水、阳光和风的术语，人类用适当的转换手段便可让它为自己提供所需的能量”；《日本大百科全书》说：“在各种生产活动中，我们利用热能、机械能、光能、电能等来做功，可利用来作为这些能量源泉的自然界中的各种载体，称为能源”；我国的《能源百科全书》说：“能源是可以直接或经转换提供人类所需的光、热、动力等任一形式能量的载能体资源”。可见，能源是一种呈多种形式的，且可以相互转换的能量的源泉。确切而简单地说，能源是自然界中能为人类提供某种形式能量的物质资源。能源亦称能量资源或能源资源，是指可产生各种能量（如热量、电能、光能和机械能等）或可做功的物质的统称；是指能够直接取得或者通过加工、转换而取得有用能的各种资源，包括煤炭、原油、天然气、煤层气、水能、核能、风能、太阳能、地热能、生物质能等一次能源和电力、热力、成品油等二次能源，以及其他新能源和可再生能源。能源（Energy Source）亦称能量资源或能源资源，是国民经济的重要物质基础，未来国家命运取决于能源的掌控。能源的开发和有效利用程度以及人均消费量是生产技术和生活水平的重要标志。新能源汽车是如何定义与分类的呢？让我们一起来学习吧。

任务目标

知识目标	能力目标	素养目标
1. 了解新能源汽车的定义； 2. 掌握新能源汽车不同的分类方式	1. 能够说出新能源汽车的具体含义； 2. 能够区分新能源汽车的不同类型	1. 具有科学技术是第一生产力理念； 2. 具有马克思主义哲学意识； 3. 具有人类命运共同体理念

知识学习

一、课前预习

预习任务	预习内容	重点	难点
能源相关知识	1. 了解什么叫能源； 2. 了解能源的来源； 3. 掌握能源的分类方式； 4. 能够对能源的分类进行对号入座	能源的分类方式	掌握能源的分类方式，并能够对能源进行分类

基础认知

自我检测

一、选择题

1. 以下按照产生方式分类的是（　　）。

A. 一次能源和二次能源　　B. 常规能源和新型能源

C. 再生能源和非再生能源　　D. 燃料型能源和非燃料型能源

2. 以下按照能源使用的类型分类的是（　　）。

A. 一次能源和二次能源　　B. 常规能源和新型能源

C. 再生能源和非再生能源　　D. 燃料型能源和非燃料型能源

3. 以下按能源的性质分类的是（　　）。

A. 一次能源和二次能源　　B. 常规能源和新型能源

C. 再生能源和非再生能源　　D. 燃料型能源和非燃料型能源

二、问答题

什么是能源？

二、课堂学习

深入探究

汽车新能源主要包括电能、氢能源、天然气（液化石油气，Liquefed Petroleum Gas，LPG；压缩天然气，Compressed Natural Gas，CNG）、醇类燃料、二甲醚（Dimently Eher，DME）、太阳能等。表 10.1.1 为各种汽车可利用新能源的优缺点比较。

表 10.1.1　各种汽车可利用新能源的优缺点比较

新能源	优点	缺点	备注
电能	1. 来源丰富； 2. 直接污染及噪声小； 3. 结构简单，维修方便	1. 蓄电池能量密度小，汽车续驶里程短，动力性较差； 2. 蓄电池质量大，寿命短，成本较高； 3. 蓄电池充电时间长	1. 目前应用相对有限，多应用于公共交通领域； 2. 公认的未来汽车的主流
氢能源	1. 来源丰富； 2. 污染很小； 3. 氢能源的辛烷值高，热值高	1. 氢生产成本高； 2. 气态氢能量密度小，储运不便，液态氢技术难度大，成本高； 3. 需开发专用发动机	1. 制氢及储运等技术仍不成熟； 2. 应用范围较少

续表

新能源	优点	缺点	备注
天然气	1. 资源丰富； 2. 污染小； 3. 辛烷值高	1. 需要建设配套保障设施（加气站等），投资强度大； 2. 能量密度较小，续驶里程受限； 3. 动力性较低； 4. 储运不便	

新能源汽车是指采用非常规的车用燃料作为动力来源（或使用常规的车用燃料，采用新型车载动力装置），综合车辆的动力控制和驱动方面的先进技术，形成的技术原理先进，具有新技术、新结构的汽车。新能源汽车的问世，经历了很多曲折，不断提出假设、试验、否定再试验，也正体现了事物发展过程中必然出现的曲折性这一规律、否定之否定规律。它表明事物从简单到复杂、从低级到高级的发展不是直线式的，而是近似于一串圆圈，近似于螺旋的曲线，即由自身出发，仿佛又回到自身，并得到丰富和提高的辩证过程，经过不断的技术革新，目前，我国的新能源汽车主要包括纯电动汽车、增程式电动汽车、混合动力电动汽车和燃料电池电动汽车。

1）纯电动汽车

纯电动汽车（Blade Electric Vehicles，BEV）是一种采用单一蓄电池作为储能动力源的汽车，如图 10.1.1～图 10.1.4 所示。它利用蓄电池作为储能动力源，通过储能装置向电动机提供电能，驱动电动机运转，从而推动汽车行驶。纯电动汽车的驱动能量完全由电能提供、由电动机驱动。电动机的驱动电能来源于车载可充电储能系统或其他能量储存装置。

图 10.1.1　日产 Leaf

图 10.1.2　大众 E－UP

图 10.1.3　雪铁龙 C－ZERO

图 10.1.4　大众高尔夫

2）增程式电动汽车

增程式电动汽车（Extended Range Electric Vehicles，EREV）是一种在纯电动模式下可以达到其所有的动力性能，而当车载可充电储能系统无法满足续驶里程要求时，可打开车载辅助供电装置为动力系统提供电能，以延长续驶里程的电动汽车，而且该车载辅助供电装置与驱动系统没有传动轴（带）等传动连接，它是介于纯电动汽车和混合动力电动汽车之间的一种过渡车型，具有纯电动汽车和混合动力电动汽车的特征，有人把它划分为纯电动汽车范畴，也有人把它划分为混合动力电动汽车范畴，认为它是一种插电式串联混合动力电动汽车，发动机为驱动电动机或锂电池组供电，不直接驱动电动机。

3）混合动力电动汽车

混合动力电动汽车，是由多于一种的能量转换器提供驱动动力的混合型电动汽车，即使用蓄电池和副能量单元的电动汽车，如图 10.1.5～图 10.1.8 所示。目前混合动力电动汽车多采用传统燃料的燃油发动机与电力混合的方式，其关键技术为混合动力系统，它直接影响到混合动力电动汽车的整车性能。

图 10.1.5　第一代 NHW11 普锐斯

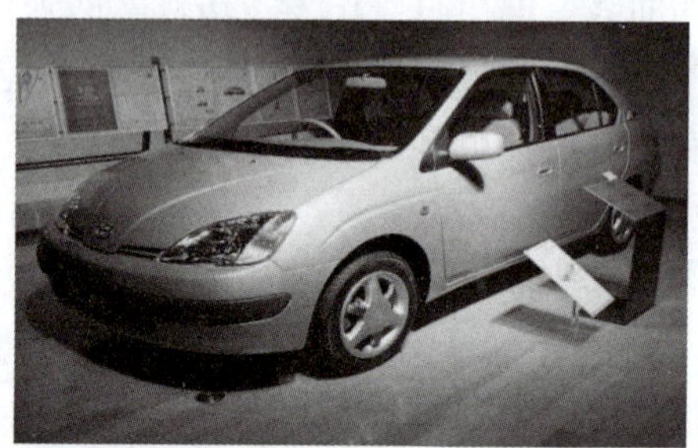

图 10.1.6　第一代 NHW10 普锐斯

图 10.1.7　第二代 NHW20 普锐斯

图 10.1.8　第三代 NHW30 普锐斯

混合动力电动汽车的优势在于其可通过平均需用功率确定内燃机的最大功率，使内燃机处于油耗低、污染小的最优工况下工作，通常可以降低排放；混合动力电动汽车所使用的电池可回收制动等工况下的能量。混合动力电动汽车也存在价格高、续驶里程小、动力性相对不足等问题。目前国内外有应用较成熟的车型。

4）燃料电池电动汽车

燃料电池电动汽车，是利用燃料电池将燃料中的化学能直接转化为电能，实现动力驱动的新型汽车。我们一直提倡看问题要用辩证的眼光，事情有好的一方面，同时也有不好的面。与内燃机汽车相比，燃料电池电动汽车是通过电池直接将化学能转化为电能，利用电动机驱动，而不是利用燃料的燃烧过程。其能量转换效率较内燃机要高2～3 倍；

燃料电池化学反应过程不会产生污染物，噪声低，这些是燃料电池电动汽车的优点。缺点是燃料电池组的生产、集成及产业化仍待发展。事物的发展进行是呈螺旋式上升的，不利的方面向有利的方面发展，我们要不失时机地抓住机遇，促成事物发生质变，因而我们一定要志存高远，用我们的技术去填补空白。

燃料电池电动汽车（Fuel Cell Electric Vehicle，FCEV）是利用氢气和空气中的氧在催化剂的作用下，在燃料电池中经电化学反应产生的电能作为主要动力源驱动的汽车。燃料电池电动汽车实质上是纯电动汽车的一种，主要区别在于动力电池的工作原理不同。一般来说，燃料电池是通过电化学反应将化学能转化为电能，电化学反应所需的还原剂一般采用氢气，氧化剂则采用氧气，因此最早开发的燃料电池电动汽车多是直接采用氢燃料，氢气的储存可采用液化氢、压缩氢气或金属氢化物储氢等形式。

任务实施

一、任务场景：校内实训室
二、任务要求： 1. 演练任务：学生对新能源汽车进行归纳、总结； 2. 演练目的：培养科学认知理念、团队协作能力； 3. 演练内容：请同学们查阅资料，对纯电动新能源汽车性能进行分析，并团结协作进行归纳、总结
三、任务分组：在这个任务中，采用分组实施方式进行，4~8 人为一组，以学生自荐或推荐的方式选出组长，负责本团队的组织协调工作，带头示范、督促、帮助其他组员完成相应工作
四、任务步骤： 1. 查阅资料，了解新能源汽车的定义，区分各种类型新能源汽车； 2. 对纯电动新能源汽车性能进行分析； 3. 对纯电动新能源汽车进行归纳、总结

任务评价

序号	评价项目	评价指标	分值	自评（30%）	互评（30%）	师评（40%）	合计
1	职业素养（50 分）	具备责任意识、服从意识	10				
		具备团队协作、交流沟通能力	10				
		完成任务积极主动	15				
		能够采用多手段收集信息、解决问题	15				

续表

序号	评价项目	评价指标	分值	自评（30%）	互评（30%）	师评（40%）	合计
2	专业能力（30分）	能够说出新能源汽车的具体含义	15				
		能够区分新能源汽车的不同类型	15				
3	创新意识（20分）	具备创新性思维和行动	20				
合计			100				
综合得分							

知识扩展

课后提升

一、选择题

1. 我国的纯电驱动技术路线是在（　　）年正式发布的。

A. 2009　　B. 2010　　C. 2011　　D. 2012

2. 不属于三纵战略布局的新能源汽车是（　　）。

A. 混合动力汽车　　B. 纯电动汽车　　C. 燃料电池汽车　　D. 燃气汽车

3. 最早研发混合动力汽车的国家是（　　）。

A. 德国　　B. 美国　　C. 日本　　D. 英国

4. （　　）是世界上最早实现批量生产的混合动力汽车。

A. 丰田普锐斯　　B. 本田 Insight

C. 通用 Saturn VUE　　D. 福特 Escape

二、判断题

1. 我国的纯电驱动技术路线是在 2009 年提出的。（　　）
2. 目前国内市场的新能源汽车与国外品牌的相比有一定的优势。（　　）
3. 纯电动汽车方面，应重点研究动力电池、电机控制技术。（　　）
4. 本田 Insight 于 1995 年问世，是世界上最早实现批量生产的混合动力汽车。（　　）
5. 自 2014 年 9 月 1 日至 2017 年年底，我国对获得许可在中国境内销售的纯电动以及符合条件的插电式（含增程式）混合动力、燃料电池三类新能源汽车，免征车辆购置税。

（　　）

阅读小资料

任务二　新能源汽车的发展背景探索

任务导入

在新能源汽车领域，我国已拉开新能源汽车的产业化大幕，通过实施“863”计划，初步取得了一些进展：一是初步建立了混合动力、纯电动和燃料电池“三纵三横”的研发布局和技术体系；二是在技术研发方面，部分产品基本能满足整车要求；三是在产业化方面，部分产品实现了小批量的生产和示范运营，正在向产业化推进；四是初步形成了新能源汽车技术标准体系和测试评价能力。此外，我国电动汽车充电站也在不断跟进建设。从建设数量看，目前已有 30 多个直辖市或地级市建有电动汽车充电站，大部分城市建设数量为 1 座，深圳、北京、上海、杭州、临沂等城市则有较多电动汽车充电站。目前，还有不少城市在选址或开工建设中。那么新能源汽车的发展背景是怎样的呢？让我们一起来学习吧。

任务目标

知识目标	能力目标	素养目标
1. 了解发展新能源汽车的必要性； 2. 掌握汽车尾气的解决方法	1. 能够梳理发展新能源汽车的原因； 2. 能够知道汽车尾气解决的方法	1. 具有绿色发展意识； 2. 具有安全意识； 3. 具有创新意识； 4. 具有马克思主义辩证法意识

知识学习

一、课前预习

预习任务	预习内容	重点	难点
了解发展新能源汽车的必要性有哪些	1. 了解我国石油储量的情况； 2. 了解我国汽车保有量的情况； 3. 了解我国汽车销售情况； 4. 了解环境污染的原因及后果； 5. 了解气候变暖的原因及后果	环境污染、气候变暖给我们造成的影响	我国石油短缺、环境污染、气候变暖的原因及后果

基础认知

自我检测

一、问答题

引起气候变暖的主要原因是什么？

二、选择题

汽车尾气排放的主要污染物主要是什么？(　　)

A. 一氧化碳　　B. 碳氢化合物　　C. 氮氧化合物　　D. 铅

E. 细微颗粒物及硫化物

二、课堂学习

深入探究

我国是一个石油消费大国。2021 年，我国石油消费量达到 6.51 亿 t，1 t 原油相当于 7 桶原油，也就是说我国平均每天的石油消费量就达到了 1 250 万桶；石油进口量已经达到了 4.62 亿 t，对外依存度超过了 70%。石油在交通领域的消费逐年增长。据美国能源部预测，2023 年以后，全球石油需求与常规石油供给之间将出现净缺口，2050 年的供需缺口几乎相当于 2000 年世界石油总产量的两倍。目前世界汽车保有量突破 10 亿辆，预计到 2030 年全球汽车保有量将突破 20 亿辆，主要增量来自发展中国家，其中中国增速全球第一，但是我们要用辩证的眼光、联系的眼光去看问题，汽车保有量我们全球第一，导致我们的石油消费超出了我们存有的，所以我们不得不大部分依赖进口，从而导致油价居高不下；从另一角度看，汽车的飞速发展在给我们的生活带来便捷的同时，也让汽车尾气激增，导致了环境污染。

我国汽车产销量逐年增加，成为世界第一大汽车生产大国和第一新车销售市场，由此带来的能源安全问题将更加突出。汽车消费的快速增长导致石油消耗加速增长。据统计，目前汽车用汽柴油消费占全国汽柴油消费的比例约为50%，每年新增石油消费量的70%以上被新增汽车所消耗。

根据数据统计显示，世界石油储量第一大国是南美洲国家委内瑞拉，石油储量为3 009亿桶，占整个世界已知储量的20%。排名第二大石油储量大国是中东的石油富国沙特阿拉伯，储量为2 665亿桶，占世界已知储量的18%。排名第三的是位于北美洲北部的加拿大，石油储量为1 697亿桶，占世界已知储量的13%。排名第四的是伊朗，石油储量为1 584亿桶，占世界已知储量的9%。以上前4名的石油储量大国就占世界已知储量的60%左右。而我国石油消费进口大户俄罗斯，它的已知石油储量也只有800亿桶，排在世界第8位。

而我们中国的石油储量就更少了，已知的石油储量只有256亿桶，排在世界第13位。更主要的是我国的石油开采成本非常高昂，超过绝大多数国家。根据中国两油桶（中石化和中石油）数据显示，两大石油公司在我国国内的油田的开采成本基本上为50美元/桶，海上开采成本为60美元/桶左右。所以油价稍微下跌就会导致亏损，很多情况下，开采成本都超过进口石油的成本。而相对应的，其他国家的石油开采成本就没有那么高了。沙特阿拉伯的石油开采的成本基本上低于10美元/桶，很多的油田的石油开采成本都在3～5美元/桶，中东很多国家的石油开采成本都很低，这其中包括伊朗、伊拉克、科威特、阿联酋等国家。

俄罗斯的石油开采成本也只有18美元/桶，美国的石油开采成本相对比较高，为36美元/桶左右。综合来看，我国是一个石油资源缺乏、开采成本极高的国家，而且又是一个石油消费大国，这必定制约未来经济的发展，政治、文化发展也都将受到影响。依据全球及中国能源结构（图10.2.1），我们不得不转向汽车新领域，开发新能源汽车。新能源汽车是指采用非常规的车用燃料作为动力来源（或使用常规的车用燃料，采用新型车载动力装置），综合车辆的动力控制和驱动方面的先进技术，形成的技术原理先进，具有新技术、新结构的汽车。目前，我国的新能源汽车主要包括纯电动汽车、增程式电动汽车、混合动力电动汽车和燃料电池电动汽车。

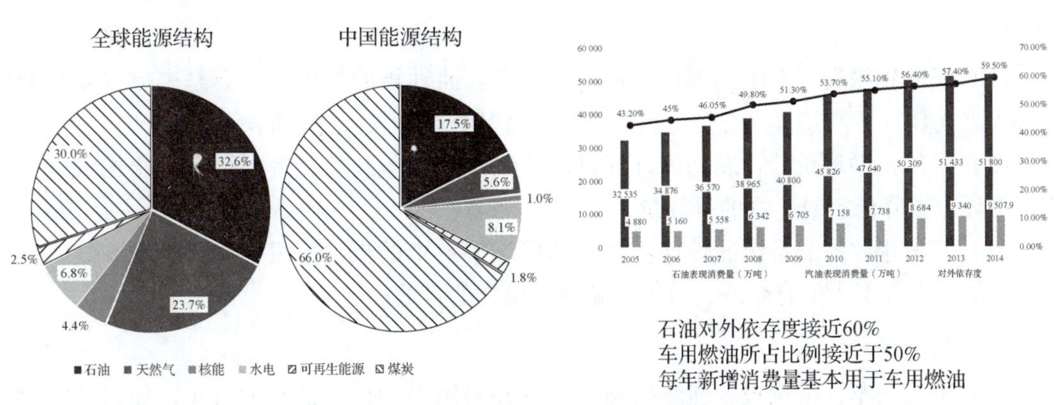

图10.2.1　全球及中国能源结构

任何事物都是相互联系的，汽车的飞速发展，让我们失去了新鲜的空气，大气变得污浊。众所周知，导致环境污染的原因有很多，主要来自自然和人因污染源，汽车尾气是空气污染的主要致因之一，汽车尾气排放的主要污染物有一氧化碳、碳氢化合物、氮氧化合物、铅、细微颗粒物及硫化物等。这些一次污染物还会通过大气化学反应生成光化学烟雾、酸沉降等二次污染物。全球大气污染的42%源于交通车辆产生的污染。

目前解决由于汽车尾气而引起的环境污染，可以从以下几个方面入手治理：

1. 汽车燃油的改用

（1）采用无铅汽油，以代替有铅汽油，可减少汽油尾气毒性物质的排放量。

（2）掺入添加剂，改变燃料成分。

（3）选用恰当的润滑添加剂、机械摩擦改进剂。

（4）采用绿色燃料同样可减少汽车尾气有毒气体排放量。

（5）汽车三元催化转化器治理。

2. 发动机的调试

（1）减小喷油提前角。减少喷油提前角，可降低发动机工作的最高温度（1 500 ℃），使 NO_x 的生成量减少。

（2）改善喷油器的质量，控制燃烧条件（燃比、燃烧温度、燃烧时间），可使燃料燃烧完全，从而可减少 CO、HC 和煤烟。

（3）调整喷油泵的供油量，可降低发动机的功率，使雾化的燃料有足够的氧气进行完全燃烧，从而也可以减少 CO、HC 和煤烟的生成。

3. 净化措施（即汽车尾气由原有毒气体，变成为无毒气体，再排放到大气中，从而可减少对大气环境的污染）

（1）采用催化剂：将 CO 氧化成 CO_2，HC 氧化成 CO_2 和 H_2O，NO_x 被还原成为 N_2 等。采用的催化剂有氧化锰 - 氧化铜、氧化铬 - 氧化镍 - 氧化铜等金属氧化物和白金属（铂）等贵金属。它们都可以净化 CO、HC。催化反应器设置在排气系统中的排气歧管与消声器之间。

（2）水洗：通过水箱，使汽车尾气中的碳烟粒子经过水洗和过滤及蒸汽的淋浴，可将粘在碳粒上的有毒物质给予去除。

4. 净化处理措施

（1）正曲轴箱通气系统的设计：把从气缸窜入曲轴箱的气体（主要是未燃气体）再循环进入进气歧管，使其再次燃烧，改变了过去将其直接排入大气造成污染的缺点。

（2）排气再循环设计：发动机排气口用控制阀与进气歧管相连接，使排出的气体经过再次循环，以降低氮氧化物的排放量。

（3）蒸发排放控制系统的设计：将化油器浮子室中的汽油蒸发气引入进气系统，而将油箱中的蒸发气引入储存系统，可大大减少污染物的排放。

5. 行政管理

（1）淘汰旧车，采取报废迎新措施。开发并采用多种燃料的新型汽车，如以氢为燃料的电池电动车、太阳能汽车、电动汽车、复式汽车、液化气汽车、甲醇汽车等，它们是低公害、前途最佳的新型汽车，是今后汽车的发展方向。同时，目前也还可改装汽油发动机汽车为柴油发动机汽车。虽然柴油发动机燃料费用高，但 CO 生成量少。如果对 NO_x、粉尘排放量作相对限制，那么柴油发动机汽车也是未来最佳汽车。

（2）严格执行国家质量技术标准，控制燃油标准。按国家规定，不合质量的燃油不能使用，市场上不准出售低劣的燃油。然而虽然汽车不准使用含铅汽油这一禁令已下，但难以奏效。其主要原因是含铅的 70 号和不含铅的 90 号及 90 号以上汽油，每吨差价比较大，且无有效的控制措施和得力的政策宣传，所以政策执行效果不佳。市场调查结果显示含铅汽油库存数量还比较大，加之车辆运输的流动性，故使得禁令难以实施。因此，应大大加强对“禁令”的宣传力度和推行力度，保证大气环境的洁净。

事物都是相互联系的，随着我国汽车保有量持续增加，汽车尾气排放不仅造成了环境污染，而且由于能源的大量消耗还带来温室气体的排放问题。二氧化碳是全球最主要的温室气体，是造成气候变化的主要原因，而它主要来自石化燃料的燃烧。由于人类活动的影响，温室气体和硫化物气溶胶的浓度增加过快，未来 100 年全球平均地表温度将上升 1.4~5.8 ℃。

为了减少汽车对全球气候变暖的影响，削弱温室气体二氧化碳的排放，汽车应尽量采用小排量发动机和稀燃发动机，最大限度地提高能源利用效率。如果我国采用一系列先进技术，包括电动汽车、天然气汽车和以天然气为燃料的内燃技术，到 2030 年，我国汽车二氧化碳的排放总量有可能降低 45%。很多国家制定了汽车排碳标准和燃料经济性法规。其特点是把二氧化碳的排放作为燃油经济性的重要度量。

 任务实施

一、任务场景：校内实训室
二、任务要求： 1. 演练任务：学生进行阐述、描述、列举。 2. 演练目的：培养学生环保意识、安全意识、团结协作意识、科学认知理念。 3. 演练内容：请同学们查阅资料，并阐述石油产生的原因、过程；描述哪些是再生资源，哪些不是再生资源并能进行区别；描述石油短缺会对我们造成的后果，描述环境污染的原因；列举汽车尾气排放的主要污染物，及针对汽车尾气引起的环境污染治理措施
三、任务分组：在这个任务中，采用分组实施方式进行，4~8 人为一组，以学生自荐或推荐的方式选出组长，负责本团队的组织协调工作，带头示范、督促、帮助其他组员完成相应工作
四、任务步骤： 1. 查阅资料，查阅关于新能源汽车发展背景的相关资料； 2. 阐述石油产生的原因、过程； 3. 描述哪些是再生资源，哪些不是再生资源，并能进行区别； 4. 描述石油短缺会对我们造成的后果，描述环境污染的原因； 5. 列举汽车尾气排放的主要污染物； 6. 列举汽车尾气排放的主要污染物，及针对汽车尾气引起的环境污染治理措施

任务评价

序号	评价项目	评价指标	分值	自评（30%）	互评（30%）	师评（40%）	合计
1	职业素养（45 分）	具备环保意识	15				
		具备安全意识	15				
		具备团结协作、交流沟通能力	5				
		具备科学认知理念	5				
		能够采用多手段收集信息、解决问题	5				
2	专业能力（40 分）	能够梳理发展新能源汽车的原因	20				
		能够知道汽车尾气解决的方法	20				
3	创新意识（15 分）	具备创新性思维和行动	15				
合计			100				
综合得分							

知识扩展

课后提升

一、选择题

1. 世界能源主要包括（　　）。

A. 石油　　B. 天然气　　C. 煤炭　　D. 柴油

2. 下列哪项措施可以减少汽车尾气排放对环境造成的污染？（　　）

A. 提高机动车速度　　B. 优化路网布局

C. 合理分配车流　　D. 减少汽车城市中心区的车流密度

E. 改善汽车运行状况　　F. 降低机动车污染物排放

3. 到2030年我国汽车二氧化碳的排放总量有可能降低（　　）。

A. 30%　　B. 50%　　C. 40%　　D. 45%

二、判断题

1. 我国是一个能源短缺的国家。（　　）

2. 我国的石油消耗仅次于美国，位居世界第2位。（　　）

3. 到2030年全球汽车保有量将突破20亿辆。（　　）

4. 汽车尾气排放的主要污染物为一氧化碳、碳氢化合物、氮氧化合物、铅、细微颗粒及硫化物。（　　）

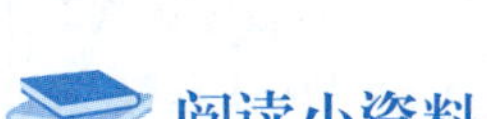

阅读小资料

任务三　新能源汽车的发展现状与趋势探索

任务导入

在我国经济发展的现阶段，低碳经济成为我国未来发展的主要方向，在此背景下，新能源汽车应运而生。新能源汽车具有节能减排、保护环境等多方面的优点，也代表世界汽车产业的发展方向。新能源汽车是指除使用汽油、柴油、天然气等化石能源作为发动机燃料之外的所有其他能源汽车，包括纯电动汽车、混合动力汽车、燃料电池汽车和太阳能汽车等。我国新能源汽车行业发展的必由之路是在低碳经济发展的大背景下，遵循市场发展的道路，通过政策引导和市场协作的不断磨合，逐步提高我国新能源行业发展的工作效率。由政府积极参与和支持新能源汽车的研发和市场推广，带动一批新能源汽车生产企业自主研发，加快推进新能源汽车产业化进程，不仅有利于技术进步和节能减排，还能促进我国汽车产业的可持续发展。那么我国的新能源汽车的发展现状与趋势是怎样的呢？让我们一起来学习吧。

任务目标

知识目标	能力目标	素养目标
1. 了解新能源的发展现状； 2. 掌握新能源汽车的发展趋势	1. 能够分析国内外新能源汽车发展现状； 2. 能够区分不同的新能源汽车动力	1. 具备创新意识； 2. 具有绿色发展意识； 3. 具有科学认知理念； 4. 具有马克思主义辩证法思维

知识学习

一、课前预习

预习任务	预习内容	重点	难点
1. 了解新能源汽车的分类； 2. 了解新能源汽车发展趋势	1. 了解国外新能源汽车发展现状； 2. 了解国内新能源汽车发展现状； 3. 了解我国新能源汽车发展战略和发展趋势	我国新能源汽车发展战略和发展趋势	我国新能源汽车发展战略和趋势

基础认知

自我检测

选择题

1. 新能源汽车上游主要为原材料有哪些？（　　）

A. 电解液　　B. 正极材料　　C. 负极材料　　D. 隔膜

2. 新能源汽车产业链热力地图分布比较集中的是（　　）。

A. 山东　　B. 广东　　C. 河北　　D. 河南

3. 目前我国新能源汽车市场主要包括（　　）。

A. 纯电动新能源汽车　　B. 插电式混合动力汽车

C. 燃料电池汽车　　D. 智能汽车

二、课堂学习

深入探究

随着居民生活水平的大幅进步，汽车的保有量也在逐年上升。但是随着国内一次能源的日益短缺以及环境的不断恶化，汽车作为重要的石油消耗及CO排放车辆，逐渐引起人们的普遍关注。新能源汽车将电力作为其主要动力源，尽管在发电过程中同样会消耗其他能源并排放二氧化碳，但是随着清洁能源发电比例的增加，以及超临界、超超临界火力发电机组正在逐步取代小型机组，其发电效率明显提高，同时其排放物便于集中处理。所以新能源汽车的使用对节能减排大有裨益。

一、新能源汽车动力分类

与传统燃油汽车相比，新能源汽车最大的变化在于其动力源。按照动力源的不同，通常将新能源汽车分为纯电动汽车、混合动力汽车以及燃料电池汽车。

1. 纯电动汽车

纯电动汽车不需要内燃机以及其他动力装置，其动力源只有电力，靠充电电池提供，电动机将电能转换为机械能后依靠传动系统驱动汽车。该类型汽车运行时无尾气排放，环保性能较好。

2. 混合动力汽车

混合动力汽车是指由两种及以上动力源驱动汽车行驶的车辆，根据汽车的具体运行状态由单个或者多个动力源共同驱动。该类型汽车在传统燃料动力系统基础上增加发电机及电动机动力系统。其电能既可以通过外部充电桩进行充电，也可以通过能量回收装置对车辆在制动以及怠速等工况下的能量进行回收，进而将其转换为电能储存于蓄电池，还可以是上述两种方式的组合。尽管该类汽车还存在一定的尾气排放，但是其节能效果非常明显。

3. 燃料电池汽车

燃料电池汽车将氢气、甲醇等作为燃料，使用其化学反应后产生的电能带动电动机，进而将电能转换为机械能，再通过传动系统带动汽车行驶。该类汽车的尾气只有少量的氮氧化物，不会污染环境。

二、发展现状

1. 产销量呈增加趋势

新能源汽车产量和销量在2018年均首次突破100万辆并同时达到顶峰。但是因为国家对新能源汽车补贴标准的不断下调，2019年新能源汽车产、销量均小幅下滑，首次出现负增长。进入2020年以来，由于受到新型冠状病毒的影响，国内前四个月新能源汽车产、销量均为20.5万辆，同比分别下降44.8%和43.4%，下降幅度较大。基于此，国家发改委、工信部、财政部以及科技部联合发布关于完善新能源汽车推广应用财政补贴政策的通知（财建〔2020〕86号)，文件明确指出将新能源汽车推广应用财政补贴政策实施期限延长至2022年年底，同时平缓补贴退坡力度和节奏。该政策的实施进一步推动了新能源汽车的发展。

2. 充电设施不断完善

由于新能源汽车尤其是纯电动汽车的主要能源消耗种类为电力，为方便新能源汽车的充电，必须大力发展其动力输出保障设施充电桩。充电桩的安装数量及其分布会对新能源汽车的行驶里程产生重要影响，并在一定程度上决定着新能源汽车到底能够走多远。为促进国内充电设施的持续健康发展，国家财政已经累计拨放该方面的奖励资金45亿元。另外，国家也已经于2014年全面放开了新能源汽车相关基础设施建设的市场准入，这极大地促进了社会资金流向充电桩建设领域。截至2019年年底，国内充电桩安装数量达121.9万个，而新能源汽车保有量为381万辆，桩车比基本为3∶1，发展趋势良好。

3. 发展布局良好

经过多年的发展，目前国内在新能源汽车领域基本上建立了“三纵三横”的发展布局。“三纵”指纯电动汽车、混合动力汽车和燃料电池汽车同步发展，“三横”指动力总成系统、驱动电机和动力电池技术的整体进步。无论是在动力电池方面，还是在关键零部件方面，其技术均取得了较大进步。

三、发展不足及趋势

事物的发展分三个阶段——发展的初级阶段是各种发展要素从整合到形成相对稳定的发展状态的时期，发展阶段是发展状态各要素功能发挥充分、协同良好的时期，发展高级阶段（发达阶段）是发展状态各要素高度协同、稳健、快速发展时期。新能源汽车的发展同样也遵循事物发展的规律性，综合我国的石油储量、国内汽车保有量持续增加、环境污染、气候变暖等因素，为了促使新能源汽车稳健、快速发展，需要采取一定的措施。

1. 国内外车企合作更加深入

由于新能源汽车涉及核心技术较多，单个企业不可能在其所有技术领域均独领风骚。随着车企市场竞争的不断加剧，车企之间的强强联合已经成为大势所趋。目前，丰田已经和比亚迪签订合作协议，恒大已经与包括FEV、EDAG及IAV在内的多家企业达成战略合作，长城与宝马集团合资的光束汽车项目已经正式启动。今后，各大车企甚至是跨行业之间的合作仍会继续加深。

2. 继续大力发展充电设施

尽管目前桩车比基本达到3∶1，但是距离国家规划的1∶1的目标还有较大差距。据国家电动汽车理事会预测，到2030年，国内新能源汽车保有量将会突破八千万辆，目前的充电设施发展速度远远无法满足市场需求。因此在未来一段时间，充电设施的发展也会更加迅速。除此之外，截至2019年6月，充电桩保有量排名前十的省份主要集中在沿海地区，占全国充电桩总量的75.3%，地区发展极不平衡，随着中西部地区的不断发展，充电桩的安装比例也会逐渐向中西部地区倾斜。

3. 不断推进电池技术的进步

在上述介绍的三种新能源汽车中，由于纯电动汽车不需要消耗常规化石燃料，只需要消耗电能，不存在环境污染，因此其发展前景最好。然而，无论是何种新能源汽车，其动力电池都是极其重要的一环，都对整车的市场价值产生重要影响。动力电池的整体质量不仅决定了汽车的单次充电行驶里程，同时其使用寿命也极大地影响着用车成本。所以与传统燃油汽车相比，纯电动汽车的核心技术为动力电池，为有效解决电动汽车行驶里程及电池寿命等问题，必须大力推进动力电池技术的不断进步，只有这样，才能促使新能源汽车的发展走向新的台阶。

4. 废旧动力电池的处理逐渐走向成熟

当新能源汽车行驶相应的里程或者是其容量衰减至额定容量80%以后，一般就认为动力电池达到了其使用寿命，需要报废更换。目前，由于汽车废旧电池的分布相对分散，并且利用价值不高，再加上处理成本、管理及技术等问题，汽车废旧电池一直以来均未得到有效处理，回收率相对较低，大多是将其作为普通的生活垃圾进行处理。2021 年全国机动车保有量达 3.95 亿辆新能源汽车同比增长 59.25%。随着新能源汽车数量的增加，将会产生大量的废旧电池垃圾，国内首批汽车动力电池的大批量报废时间即将到来。因此在大力发展新能源汽车的基础上，废旧电池作为一种有害垃圾，如果处理不好，其损坏后会对土壤和地下水产生一定危害，殃及子孙后代，对环境的可持续发展造成严重的影响。因此，国家工信部也要求生产厂家对每块动力电池进行独立编码，确保可以追踪其最终去向。相信今后新能源汽车废旧动力电池的处理会更加完善。

任务实施

一、任务场景：校内实训室
二、任务要求： 1. 演练任务：学生进行归纳、总结、PPT 汇报，并撰写研究报告； 2. 演练目的：具备分析能力、具有环保意识、具有科学认知理念； 3. 演练内容：请同学们查阅资料，总结国内外在新能源汽车发展上的差别，制作 PPT 进行讲解，然后收集相关资料，对我国新能源汽车发展战略和发展趋势进行归纳、总结，撰写研究报告
三、任务分组：在这个任务中，采用分组实施方式进行，4～8 人为一组，以学生自荐或推荐的方式选出组长，负责本团队的组织协调工作，带头示范、督促、帮助其他组员完成相应工作
四、任务步骤： 1. 查阅资料，了解新能源汽车的发展现状并分析其趋势； 2. 归纳、总结国内外在新能源汽车发展上的差别； 3. 制作 PPT 对国内外在新能源汽车发展上的差别进行 PPT 汇报； 4. 收集相关资料对我国新能源汽车发展战略和发展趋势进行归纳、总结； 5. 撰写关于我国新能源汽车发展战略和发展趋势的研究报告

任务评价

序号	评价项目	评价指标	分值	自评（30%）	互评（30%）	师评（40%）	合计
1	职业素养 50 分	具备科学认知理念	10				
		具备团队协作、交流沟通能力	10				
		具备环保意识	10				
		具备分析能力	10				
		能够采用多手段收集信息、解决问题	10				

续表

序号	评价项目	评价指标	分值	自评（30%）	互评（30%）	师评（40%）	合计
2	专业能力 30 分	能够分析国内外新能源汽车发展现状	15				
		能够区分不同的新能源汽车动力	15				
3	创新意识 20 分	具备创新性思维和行动	20				
合计			100				
综合得分							

知识扩展

课后提升

一、选择题

每（　　）辆电动汽车应至少配套建设一座公共充电站。

A. 500　　B. 400　　C. 2 000　　D. 5 000

二、判断题

1. 燃料电池汽车在成本和整体性能上，特别是续驶里程和补充燃料时间上明显优于其他电池的电动汽车。（　　）

2. 新能源汽车发展趋势中驱动电机呈多样化发展。（　　）

阅读小资料

模块十一

电动汽车关键技术

模块简介

电动汽车的发展给我们的生活带来了方便，然而要想推动电动汽车的发展，我们一定要充分了解电动汽车技术，电动汽车技术的核心就是“三电”技术：电池、电机、电控，这是电动汽车的关键技术，也是电动车区别于传统汽车的新技术。

那么“三电”技术到底在电动汽车中发挥什么作用和功能呢？下面就让我们一同来学习一下电动汽车的动力电池及管理系统、电机与驱动控制系统、整车控制系统吧，学习完之后大家肯定会有收获。

任务一　电动汽车储能装置探索

任务导入

电池是电动汽车的动力源泉，也是一直制约电动汽车发展的关键因素。车用电池的主要性能指标包括比能量、能量密度、比功率、循环寿命和成本等。大家可以通过本节课的任务学习了解电动汽车电池有哪些类型及各种电动汽车电池的性能指标。

任务目标

知识目标	能力目标	素养目标
1. 了解电池的类型； 2. 掌握电池的性能指标	1. 能够区分不同的电池； 2. 能够说出电池的容量、能量、功率等主要性能指标	1. 具有马克思主义辩证法思维； 2. 具有绿色发展意识； 3. 具有质量观念； 4. 具有创新理念

知识学习

一、课前预习

预习任务	预习内容	重点	难点
1. 了解电池的分类； 2. 了解电池的性能指标； 3. 了解电动汽车对蓄电池的要求	1. 了解电池的分类； 2. 了解什么是化学电池、物理电池和生物电池； 3. 熟悉电池的容量、能量、功率等主要性能指标； 4. 了解电动汽车对蓄电池有哪些要求	电池的类型、性能指标，电池与电动汽车的关系	电池的类型、性能指标

基础认知

自我检测

一、选择题

1. 电池是电动汽车的动力源，是能量存储装置，它可以分为（　　）。

A. 化学电池　　B. 物理电池　　C. 生物电池　　D. 太阳能电池

2. 化学电池按照工作性质分为（　　）。

A. 原电池　　B. 蓄电池　　C. 燃料电池　　D. 储电电池

3. 下列电池属于物理电池的是（　　）。

A. 太阳能电池　　B. 超级电容器　　C. 飞轮电池　　D. 生物电池

4. 电池的容量可以分为（　　）。

A. 理论容量　　B. 实际容量　　C. 标称容量　　D. 额定容量

二、判断题

1. 电池的内阻是指电流流过电池内部时所受到的阻力。（　　）

2. 电池的能量是指在一定放电制度下，电池所能输出的电能，单位是 W · h 或 kW · h。（　　）

3. 电池的比能量是综合性指标。（　　）

4. 电池的功率是指电池在一定放电制度下，单位时间内所输出能量的大小，单位为 W 或 kW。 (　　)

二、课堂学习

深入探究

电动汽车储能装置主要有蓄电池、燃料电池、超级电容器、飞轮电池等。众所周知，矛盾是事物发展的动力，这是马克思主义哲学的一个经典结论。在“矛盾动力”中，存在“同一性与斗争性”这一对范畴，同时存在另一对范畴——“和谐性与竞争性”。和谐性与竞争性是矛盾对立面之间不同于同一性和斗争性这一对基本关系或属性的，表示矛盾存在状态的一对新的基本关系或属性。在当今时代，电动汽车、燃油汽车存在和谐的一面，当然也有竞争的一面，矛盾的竞争性是指矛盾着的各方相互对比、相互提升、相互竞赛的性质和趋势。矛盾的竞争性不否认矛盾的斗争性，它们同时存在，区别的关键在于，矛盾的竞争性指的是矛盾的主体通过类比，不断提升和发挥自身优势，争取系统中的强势地位，这是矛盾主体生命力本性决定的。而斗争性是指矛盾的一方否定或排斥对方的存在，强调取而代之。对于电动汽车的储电装置也不例外，其中蓄电池是电动汽车最常用的能量存储装置，也是目前制约电动汽车发展的关键因素。电动汽车若要能与燃油汽车相竞争，关键是开发出比能量高、比功率大、使用寿命长、成本低的电池。电动汽车使用的蓄电池主要有铅酸蓄电池、镍氢电池、镍镉电池、锂离子电池、锌镍电池、空气电池等。

1. 铅酸蓄电池

铅酸蓄电池自 1859 年发明以来，其使用和发展已经有 160 余年的历史，广泛用作内燃机汽车的起动动力源。铅酸蓄电池作为纯电动汽车动力电源，在比能量、深放电循环寿命、快速充电等方面均比镍氢电池、锂离子电池差，不适合电动轿车。但由于其价格低廉，国内外将它的应用定位在速度不高、路线固定、充电站设立容易规划的车型上。铅酸蓄电池的主要发展方向是提高比能量，增大循环使用寿命。

1）铅酸蓄电池的分类

铅酸蓄电池分为免维护铅酸蓄电池和阀控密封式铅酸蓄电池。免维护铅酸蓄电池具有自身结构上的优势，电解液的消耗量非常小，在使用寿命内基本不需要补充蒸馏水。它具有耐震、耐高温、体积小、自放电小的特点，使用寿命一般为普通铅酸蓄电池的两倍。市场上的免维护铅酸蓄电池有两种：一种在购买时一次性加足电解液，以后的使用过程中不需要添加补充液；另一种是电池本身出厂时就已经加好电解液并封死，即阀控密封式铅酸蓄电池，该电池在使用期间不用加酸加水维护，电池为密封结构，不会漏酸，也不会排酸雾，电池盖子上设有溢气阀（也叫安全阀），该阀的作用是当电池内部气体量超过一定值，即当电池内部气压升高到一定值时，溢气阀自动打开，排出气体，然后自动关阀。阀控密封式铅酸蓄电池分为 AGM（吸液式）和 GEL（胶体）电池两种。AGM 电池可以立放工作，也可以卧放工作；GEL（胶体）以 SO_2 作为凝固剂，电解液吸附在极板和胶体内，一般立放工作。如无特殊说明，阀控密封式铅酸蓄电池皆指 AGM 电池。电动汽车使用的动力电池一般是阀控密封式铅酸蓄电池。

2）铅酸蓄电池的结构

铅酸蓄电池的基本结构如图 11. 1. 1 所示。它由正/负极板、隔板、电解液、溢气阀、壳体等部分组成。极板是铅酸蓄电池的核心部件，正极板上的活性物质是二氧化铅，负极板上的活性物质为海绵状纯铅。隔板隔离正、负极板，防止短路；它作为电解液的载体，能够吸收大量的电解液，起到促进离子良好扩散的作用；它还是正极板产生的氧气到达负极板的“通道”，以顺利建立氧循环，减少水的损失。电解液由蒸馏水和纯硫酸按一定比例配制而成，主要作用是参与电化学反应，是铅酸蓄电池的活性物质之一。电池槽中装入一定密度的电解液后，由于电化学反应，正、负极板间会产生约 2.0 V 的电动势。溢气阀位于电池顶部，起到安全、密封、防爆等作用。

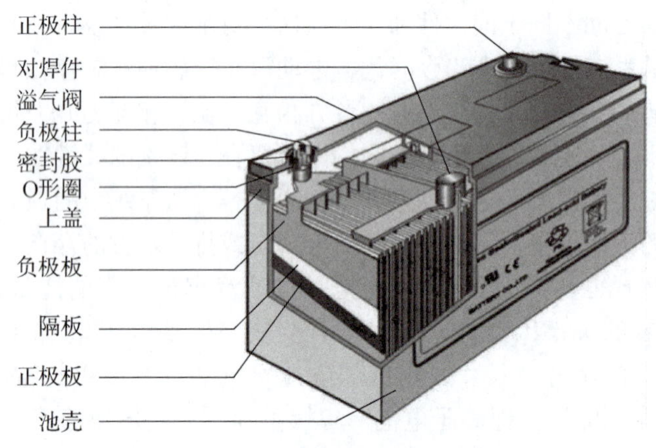

图 11. 1. 1　铅酸蓄电池的基本结构

3）铅酸蓄电池的特点

铅酸蓄电池具有以下优点：

（1）除锂离子电池外，在常用蓄电池中，铅酸蓄电池的电压最高，为 2. 0 V。

（2）可制成小至 1 A · h 大至几千 A · h 的各种尺寸和结构的蓄电池。

（3）高倍率放电性能良好，可用于引擎起动。

（4）高低温性能良好，可在 -40 ~ 60 ℃条件下工作。

（5）电能效率高达 60%。

（6）易于浮充使用，没有“记忆”效应。

（7）易于识别荷电状态。

铅酸蓄电池具有以下缺点：

（1）比能量低，在电动汽车中所占的质量和体积较大，一次充电行驶里程短。

（2）使用寿命短，使用成本高。

（3）充电时间长。

（4）铅是重金属，存在污染。

2. 镍镉电池

镍镉电池是一种碱性蓄电池，它的比能量可达 55 W · h/kg，比功率超过 190 W/kg，可快速充电，重金属镉造成环境污染。镍镉电池的结构与原理与镍氢电池相似。

1）镍镉电池的结构

镉镍电池是采用金属镉作为负极活性物质、氢氧化镍作为正极活性物质的碱性蓄电池。正、负极材料分别填充在穿孔的附镍钢带（或镍带）中，经拉浆、滚压、烧结、化成或涂膏、烘干、压片等方法制成极板；用聚酰胺非织布等材料作为隔离层；用氢氧化钾水溶液作为电解质溶液；电极经卷绕或叠合组装在塑料或镀镍钢壳内。

2）镍镉电池的特点

（1）镍镉电池可重复500次以上的充放电，非常经济。

（2）内阻小，可供大电流放电，放电时电压的变化很小，作为直流电源是一种质量极佳的电池。

（3）因为采用完全密封式，因此不会有电解液漏出的现象，也完全不需要补充电解液。

（4）与其他种类电池相比，镍镉电池可耐过充电或过放电，操作简单方便。

（5）长时间放置也不会使性能劣化，当充完电后即可恢复原来的特性。

（6）可使用在很广的温度范围内。

（7）因为采用金属容器而制成，比较坚固。

（8）镍镉电池的品质管理非常严格，有非常优良的品质依赖性。

在镍镉电池重复经过几次维持在低容量的充放电后，当必须进行较大量的放电时电池会无法作用，这种情形我们称为“记忆效应”。记忆效应可能是镍镉电池中最容易被误解的问题，放电电压低下的问题是可以由1~2次的完全放电而解决的，建议10次充电后进行1次放电，以防止发生记忆效应。

3. 锂离子电池

1）锂离子电池的特点

锂离子电池是1990年由日本索尼公司首先推向市场的新型高能蓄电池，与其他蓄电池相比，锂离子电池具有比能量高、充放电寿命长、无记忆效应、无污染、快速充电、自放电率低、工作温度范围宽的特点。

2）锂离子电池的分类

锂离子电池按照外形不同，可以分为方形锂离子电池和圆柱形锂离子电池；按照所用电解质材料的不同，可以分为聚合物锂离子电池和液态锂离子电池；按照锂离子电池正极材料的不同，可以分为锰酸锂离子电池、磷酸铁锂离子电池、镍钴锂离子电池或镍钴锰锂离子电池。第一代车用锂离子电池是锰酸锂离子电池，成本低、安全性较好，但循环寿命不高，在高温环境下循环寿命更短，高温时会出现锰离子溶出的现象。第二代车用锂离子电池是具有美国专利的磷酸铁锂离子电池，是锂离子电池的发展方向，它的原材料价格低，磷、铁、锂的资源丰富，工作电压适中，充放电特性好，放电功率高，可快速充电，循环寿命长，高温和高热稳定性好，储能特性强，完全无毒。为了避开磷酸铁锂离子电池的专利纠纷，一些国家开发了镍钴锂离子电池或镍钴锰锂离子电池。由于钴价格昂贵，所以其成本较高，安全性比磷酸铁锂离子电池稍差，循环寿命优于锰酸锂离子电池。

3）锂离子电池结构

锂离子电池由正极、负极、隔板、电解液和安全阀组成。圆柱形锂离子电池结构如图11.1.2所示。

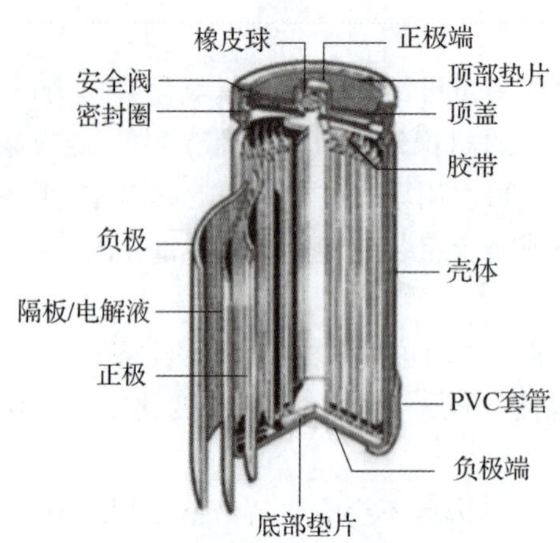

图 11.1.2　圆柱形锂离子电池结构

（1）正极。正极物质在锰酸锂离子电池中以锰酸锂为主要原料，在磷酸铁锂离子电池中以磷酸铁锂为主要原料，在镍钴锂离子电池中以镍钴锂为主要材料，在镍钴锰锂离子电池中以镍钴锰锂为主要材料。在正极活性物质中再加入导电剂、树脂黏合剂，并涂覆在电池基体上，呈细薄层分布。

（2）负极。负极活性物质由碳材料与黏合剂的混合物再加上有机溶剂调和制成糊状，并涂覆在铜基体上，呈薄层状分布。

（3）隔板。隔板的功能是关闭或阻断通道，它一般使用聚乙烯或聚丙烯材料的微多孔膜。所谓关闭或阻断功能，是指电池出现异常温度上升，阻塞或阻断作为离子通道的细孔，使蓄电池停止充放电反应。隔板可以有效防止因外部短路等引起的电池异常发热现象。这种现象即使产生一次，电池也不能正常使用了。

（4）电解液。电解液是以混合溶剂为主体的有机电解液。为了使主要电解质成分的锂盐溶解，电解液必须是具有高电容率，并且与锂离子相容性好的溶剂，即以不阻碍离子移动的低黏度的有机溶液为宜，而且在锂离子蓄电池的工作温度范围内，必须呈液体状态，凝固点低，沸点高。电解液对于活性物质还应具有化学稳定性，必须良好适应充放电反应过程中发生的剧烈的氧化还原反应。由于使用单一溶剂很难满足上述严苛条件，因此电解液一般为几种不同性质的溶剂的混合。

（5）安全阀。为了保证锂离子电池的使用安全性，一般会采取控制外部电路或在蓄电池内部设置异常电流切断安全装置的措施。即使这样，在使用过程中也有可能因其他原因引起蓄电池内压异常上升，因此设置安全阀来释放气体，以防止蓄电池破裂。安全阀实际上是一次性非修复式的破裂膜，一旦其进入工作状态，就会保护蓄电池使其停止工作，因此是蓄电池的最后保护手段。

4. 燃料电池

燃料电池是一种将存在于燃料与氧化剂中的化学能直接转化为电能的发电装置。它从外表上看有正负极和电解质等，像一个蓄电池，但实质上它不能“储电”，而是一个“发电厂”。2014 年 2 月 19 日据物理学家组织网报道，美国科学家开发出一种直接以生物质为原料的低温燃料电池。这种燃料电池只需借助太阳能或废热就能将稻草、锯末、藻类甚至有机肥料转化为电能，能量密度比基于纤维素的微生物燃料电池高出近 100 倍。

1）质子交换膜燃料电池的结构

质子交换膜燃料电池（PFC）采用可传导离子的聚合膜作为电解质，所以也叫聚合物电解质燃料电池（PEEC）、固体聚合物燃料电池（SPFC）或固体聚合物电解质燃料电池（SPEFC）。

质子交换膜燃料电池的基本结构。质子交换膜燃料电池主要由质子交换膜、催化层、扩散层、集流板（又称双极板）、气体流道和冷却通道等组成（图 11.1.3）。

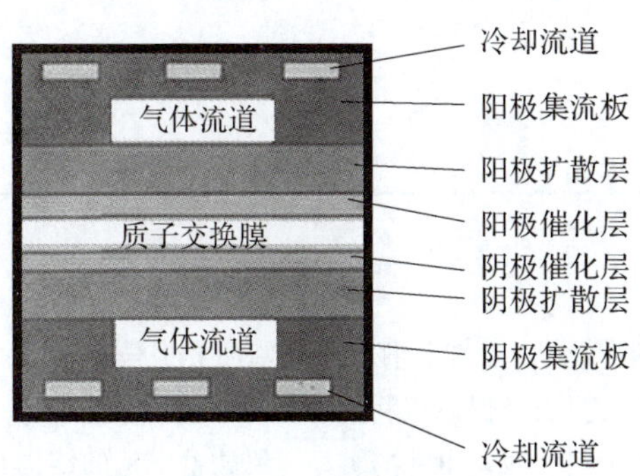

图 11.1.3　质子交换膜燃料电池结构示意图

（1）质子交换膜。质子交换膜（PEM）是质子交换膜燃料电池中最重要的部件之一，其性能好坏直接影响电池的性能和寿命。质子交换膜燃料电池中的质子交换膜与一般化学电源中使用的隔膜有很大不同，它不只是一种将阳极的燃料与阴极的氧化剂隔开的隔膜材料，它还是电解质和电极活性物质（电催化剂）的基底，即兼有隔膜和电解质的作用；另外，质子交换膜还是一种选择透过性膜，在质子交换膜的高分子结构中，含有多种离子基团，它只允许 H^+ 穿过，其他离子、气体及液体均不能通过。

（2）扩散层和催化层。质子交换膜燃料电池电极是一种多孔气体扩散电极，一般由扩散层和催化层构成。扩散层分为阳极扩散层和阴极扩散层，是导电材料制成的多孔合成物，起着支撑催化层、收集电流并为电化学反应提供电子通道、气体通道和排水通道的作用。催化层分为阳极催化层和阴极催化层，是进行电化学反应的区域，是电极的核心部分，其内部结构粗糙多孔，因而有足够的表面积以促进氢气和氧气的电化学反应。

2）质子交换膜燃料电池的特点

（1）能量转化效率高。过氢氧化合作用直接将化学能转化为电能，不通过热机过程，不受卡诺循环的限制。

（2）可实现零排放。没有污染物排放，唯一的排放物是纯净水，是环保型能源。

（3）运行噪声低，可靠性高。质子交换膜燃料电池组无机械运动部件，工作时仅有气体和水的流动。

（4）维护方便。质子交换膜燃料电池内部构造简单，电池模块呈现自然的“积木化”结构，使得电池组的组装和维护都非常方便，也很容易实现“免维护”设计。

（5）发电效率平稳。发电效率受负荷变化影响很小，非常适用于分散型发电装置（作为主机组），也适用于电网的“调峰”发电机组（作为辅机组）。

（6）氢来源广泛。氢是世界上最多的元素，氢气来源及其广泛，是一种可再生的能源资源。可通过石油、天然气、甲醇、甲烷等进行重整制氢；也可通过电解水制氢、光解水制氢、生物制氢等方法获取氢气。

（7）技术成熟。氢气的生产、储存、运输和使用等技术目前均已非常成熟、安全。

（8）成本高。因为膜材料和催化剂均十分昂贵，只有达到一定生产规模，经济效益才能显示出来。

（9）对氢的纯度要求高。这种电池需要纯净的氢，因为其极易受到一氧化碳和其他杂质的污染。

任务实施

一、任务场景：校内实训室
二、任务要求： 1. 演练任务：学生进行归纳、总结、PPT 汇报，并撰写研究报告； 2. 演练目的：具备安全意识、具有环保意识和科学认知理念； 3. 演练内容：请同学们查阅资料，对蓄电池的类型、铅酸蓄电池的结构和特点、镍氢电池的结构和特点、锂离子电池的结构和特点、质子交换膜燃料电池的结构和特点进行分析，并归纳、总结，撰写研究报告
三、任务分组：在这个任务中，采用分组实施方式进行，4~8 人为一组，以学生自荐或推荐的方式选出组长，负责本团队的组织协调工作，带头示范、督促、帮助其他组员完成相应工作
四、任务步骤： 1. 查阅资料，查找关于电动汽车储能装置的相关知识； 2. 分析、归纳、总结蓄电池的类型、铅酸蓄电池的结构和特点、镍氢电池的结构和特点、锂离子电池的结构和特点、质子交换膜燃料电池的结构和特点； 3. 制作 PPT 对各种蓄电池结构、特点进行 PPT 汇报； 4. 撰写关于电动汽车蓄电池结构和特点的研究报告

任务评价

序号	评价项目	评价指标	分值	自评（30%）	互评（30%）	师评（40%）	合计
1	职业素养（50 分）	具备质量观念	10				
		具备团队协作、交流沟通能力	10				
		具备安全、环保意识	10				
		具备分析能力	10				
		能够采用多手段收集信息、解决问题	10				

续表

序号	评价项目	评价指标	分值	自评（30%）	互评（30%）	师评（40%）	合计
2	专业能力（30分）	能够区分不同的电池	15				
		能够说出电池的容量、能量、功率等主要性能指标	15				
3	创新意识（20分）	具备创新性思维和行动	20				
合计			100				
综合得分							

知识扩展

课后提升

一、选择题

1. 铅酸电池分为（　　）。

A. 免维护铅酸电池　　B. 阀控密封式铅酸电池

C. 方形锂离子电池　　D. 圆柱形锂离子电池

2. 阀控密封式铅酸电池分为（　　）。

A. AGM（吸液式）　　B. GEL（胶体）　　C. PEM 电池

3. 下列属于铅酸电池特点的是（　　）。

A. 价格低廉　　B. 电能效率高达60%

C. 易于识别荷电状态　　D. 易于浮充使用，没有“记忆”效应

4. 镍镉电池的容量与（　　）有关。

A. 活性物质的数量　　B. 放电率　　C. 电解液

5. 下列属于锂离子电池特点的是（　　）。

A. 电压高　　B. 比能量高　　C. 充放电寿命长　　D. 无记忆效应

E. 无污染　　F. 快速充电　　G. 自放电率低　　H. 工作温度范围宽

I. 安全可靠

6. 质子交换膜燃料电池由（　　）组成。

A. 质子交换膜　　B. 电催化剂　　C. 电极　　D. 膜电极

E. 集流板和流场

二、判断题

1. 铅酸蓄电池作为纯电动汽车动力电池，在比能量、深放电循环寿命、快速充电等方面均比镍氢电池、锂离子电池差。（　）

2. 镍镉电池是一种碱性电池。（　）

3. 电解液中有害杂质越多，蓄电池的容量越小。（　）

4. 锂离子电池按照外形，分为方形锂离子电池和圆柱形锂离子电池。（　）

5. 质子交换膜燃料电池能量转化效率低，运行噪声大。（　）

阅读小资料

任务二　驱动电机探索

任务导入

电池与电动汽车关系密切，电池的性能直接影响汽车的性能。截至目前，电动汽车用电池经过了 3 代的发展，已取得了突破性进展。第 1 代是铅酸电池，第 2 代是碱性电池，第 3 代是以燃料电池为主的电池。燃料电池直接将燃料的化学能转变为电能，能量转变效率高，是普通内燃机热效率的 2 ~ 3 倍，比能量和比功率都高，并且可以控制反应过程，能量转化过程可以连续进行，因此是理想的汽车用电池，但目前还处于研制阶段。

任务目标

通过本任务的学习，我们可以了解电动汽车对蓄电池的影响及要求，在学习过程中，提高学生的安全意识、环保意识和成本意识。

知识目标	能力目标	素养目标
1. 了解电池与电动汽车的关系； 2. 掌握新能源驱动电机的性能要求	1. 能够认识电动汽车对蓄电池的要求； 2. 能够梳理电视与电动汽车的关系	1. 具有马克思主义辩证法思维； 2. 具有绿色发展意识； 3. 具有质量观念； 4. 具有成本意识

知识学习

一、课前预习

预习任务	预习内容	重点	难点
1. 掌握驱动电机的主要类型及应用； 2. 了解驱动电机的性能要求	1. 驱动电机的类型及应用； 2. 驱动电机的性能要求	驱动电机的应用	1. 驱动电机的应用； 2. 驱动电机的性能要求

基础认知

自我检测

一、选择题

1.（　　）三大类电动汽车都要用电机来驱动车轮行驶。

A. 电动汽车中的燃料电池汽车 FCV　　B. 混合动力汽车 HEV

C. 纯电动汽车 EV

2. 电机一般要求具有电动、发电两项功能，按类型可选用（　　）等几种电机。

A. 直流　　B. 交流　　C. 永磁无刷　　D. 开关磁阻

3. 下列属于永磁无刷电机优点的是（　　）。

A. 功率密度大　　B. 体积小　　C. 效率高　　D. 结构简单牢固

E. 易于维护等

二、判断题

1. 驱动电机系统是新能源车三大核心部件之一。（　　）

2. 驱动电机系统是新能源汽车车辆行驶中的主要执行结构，其驱动特性决定了汽车行驶的主要性能指标，它是电动汽车的重要部件。（　　）

3. 感应电机又称“异步电机”，即转子置于旋转磁场中，在旋转磁场的作用下，获得一个转动力矩，因而转子转动。（　　）

4. 电机是应用电磁感应原理运行的旋转电磁机械，用于实现电能向机械能的转换。（　　）

二、课堂学习

深入探究

1. 新能源汽车驱动电机系统概况

新能源汽车驱动电机系统面临的工况相对复杂：需要能够频繁起停、加减速，低速/爬坡时要求高转矩，高速行驶时要求低转矩，具有大变速范围；混合动力汽车还需要具备电机起动、电机发电、制动能量回馈等特殊功能。

此外，电机的能耗直接决定了固定电池容量情况下的续驶里程。因此，电动汽车驱动系统在负载要求、技术性能和工作环境上有特殊要求：第一，驱动电机要有更高的能量密度，实现轻量化、低成本，适应有限的车内空间，同时要具有能量回馈能力，降低整车能耗；第二，驱动电机同时具备高速宽调速和低速大转矩，以提供高起动速度、爬坡性能和高速加速性能；第三，电控系统要有高控制精度、高动态响应速率，并同时提供高安全性和可靠性。

驱动电机系统作为新能源汽车产业链的重要一环，其技术、制造水平直接影响整车的性能和成本。目前，国内在驱动电机系统领域的自主化程度仍远落后于电池，部分驱动电机系统核心组件如 IGBT 芯片等仍不具备完全自主生产能力，具备系统完整知识产权的整车企业和零部件企业仍是少数。随着国内驱动电机系统产业链的逐步完善，驱动电机系统的国产化率逐步提高，驱动电机系统市场的增速有望超过新能源汽车整车市场的增速。

2. 驱动电机的定义和组件

驱动电机是将电能转换成机械能为车辆行驶提供驱动力，或将机械能转化成电能的装置。它具有能做相对运动的部件，是一种依靠电磁感应而运行的电气装置，也称为电动发电机。有如此称呼是因为它既作为电动机工作（由新能源汽车的动力电池组供能），也作为发电机工作（产生电流，为汽车的电池组充电）。虽然电机的种类有很多，但是绝大多数混合动力汽车和纯电动汽车使用的是永磁电机，其效率高达 98%。有些混合动力汽车和纯电动汽车也使用异步电机。

一台典型电机的固定部件被称为定子，由定子绕组和定子铁芯组成。定子绕组由绝缘铜线绕制而成。每组铜线线圈组成定子绕组的一个相。定子绕组三个相的线圈都联结汇聚于一点，称作中性点。因为这种类型的接法看上去与字母 Y 相似，此连接方式被称作星形联结或 Y 形联结。每一相位的活动端口被称为相端。三相绕组的每一相端通常都会固定在绝缘的接线板上，并且通过电机电缆与汽车的变频器相连，这便是三相电缆。接线板负责支撑相端和电机电缆的连接。定子铁芯由薄钢板组装而成，用于支撑定子绕组。定子铁芯还能加强定子绕组和转子之间的磁场。线圈能穿过定子铁芯中的相应插槽。这部分用于定子绕组线圈中的插槽被称为定子齿。

一台典型电机的另一主要部分称为转子，是电机中转动的部分。它由轴承支承着，在定子中转动，与定子之间只有很小的气隙。定子齿与电机转子的距离比定子中任何其他部分与转子的距离都近。磁场通过定子齿形成，并穿过定子和转子。

转子的构造因发电机的类型不同（如永磁电机或感应电机）而不同。一台典型电机的结构如图 11.2.1 所示。

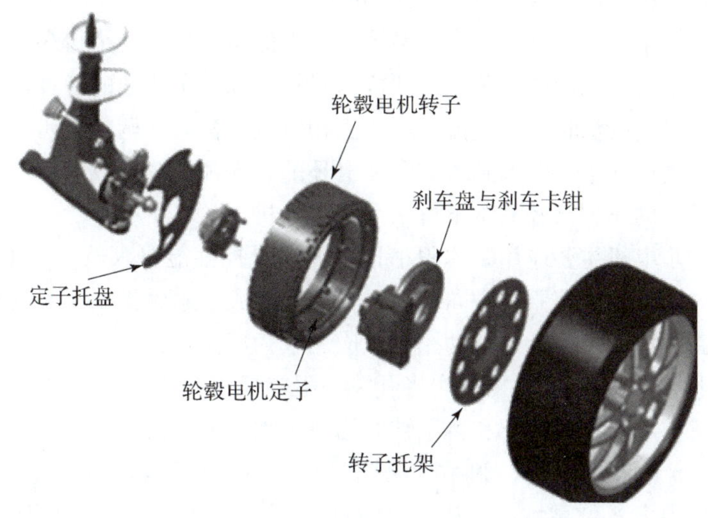

图 11.2.1　典型电机的结构

3. 驱动电机的分类

电机在工业中的应用非常广泛，功率覆盖范围宽，种类也很多。但新能源汽车在功率、转矩、体积、质量、散热等方面对驱动电机有更高的要求，因此，相比工业电机，新能源汽车驱动电机必须具备更优良的性能，如：体积小以适应车辆有限的内部空间；工作温度范围宽（$-40\sim105$ ℃），适应不稳定的工作环境；高可靠性以保证车辆和乘员的安全；高功率密度以提供良好的加速性能（$1.0\sim1.5$ kW · kg^{-1}）等。驱动电机的种类相对较少，功率覆盖也相对较窄，产品相对集中。

所有电机都由固定的定子和在定子内部旋转的转子组成。转子的旋转运动由转子和定子上的磁场（它们结合产生转矩）之间的交互作用产生。线圈集成在定子、转子或同时集成在两者内，具体取决于电机类型。例如在图 11.2.2 中，转子周围的磁场由永久磁铁产生，这使得整个系统的设计要简单许多。

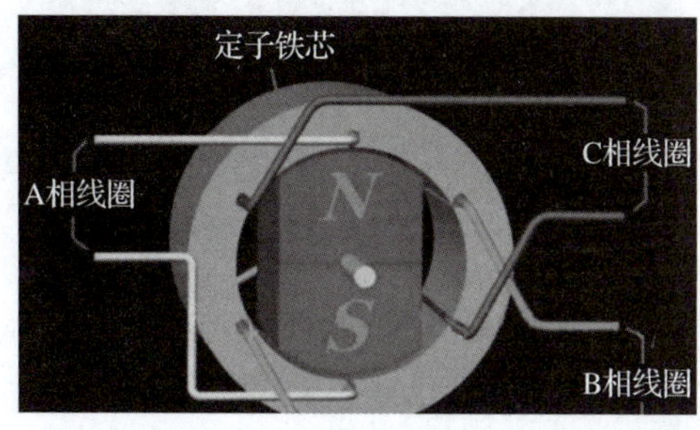

图 11.2.2　三相电机示意图

目前，应用于新能源汽车的驱动电机主要包括直流电机、交流电机和开关磁阻电机三类，其中乘用车、商用车领域应用较为广泛的电机包括直流（无刷）电机、交流感应（异步）电机、永磁同步电机、开关磁阻电机等。其他特殊类型的驱动电机包括轮毂/轮边电机、混合励磁电机、多相电机、双机械端口能量变换器（Dmp－EVT），目前市场化应用较少，是否能够大规模推广需要更长时间的车型验证。

直流电机多用于早期的电动汽车驱动系统，要求的实际设计复杂得多。例如，为了改变旋转方向或操作发电机，电源电子装置必须确保对转子和定子线圈的各种切换。即使车辆中高压蓄电池的直流电流无法转换为交流电流或三相电流，仍必须调整电压以获得不同的转速和转矩，而且在驾驶模式中还会遇到由电刷和滑环的磨损和摩擦造成的其他问题。正因为这些原因，目前新研制的车型已经基本不再采用直流电机。

目前，永磁同步电机主要应用于体积小且速度、操控性能要求较高的电动乘用车领域，部分中小型客车亦开始尝试使用永磁同步电机作为驱动源。永磁无刷直流电机则一般在日本和中国的小功率新能源汽车、低速电动车领域应用较为广泛。

1983 年，英国 TACSDrives 公司首次将开关磁阻电机推向市场。2012 年，菲亚特 500 型电动汽车采用这一技术。它的定子和转子铁芯均由硅钢片叠压而成，利用冲片上的齿槽构成双凸极结构，定子产生扭曲磁场，利用“磁阻最小原理”驱动转子运动。开关磁阻电机结构和控制简单，出力大，可靠性高，成本低，起动制动性能好，运行效率高，但电机噪声大，转矩脉动严重，非线性严重，用于电动汽车驱动有利有弊，目前在电动汽车中应用较少。

目前，新能源汽车所使用的电机以交流感应电机和永磁同步电机为主。其中，日韩车系多采用永磁电机，转速区间和效率相对都较高，但是需要使用昂贵的系统永磁材料钕铁硼；欧美车系则多采用交流感应电机，主要是出于稀土资源匮乏以及降低电机成本的考虑，其劣势则主要是转速区间小，效率低，需要性能更高的调速器以匹配性能。特斯拉公司在其本代车型 Model S 和 Model X 上采用的均是自行设计的交流异步电机，如图 11. 2. 3 所示。我国稀土资源丰富，因此电动乘用车多采用功率性能高、体积较小的永磁同步电机。

图 11. 2. 3　特斯拉使用的交流异步电机

4. 新能源汽车驱动电机性能要求

在电机运行期间，混合动力汽车或纯电动汽车的变频器往往通过使用脉宽调制（PWM）或其他调节方法产生三相交流电，并在电机的定子绕组中创造一个转动的电磁场。定子的电磁场会与电机转子中的磁场（若是永磁电机）或电磁场（若是感应电机）相互作用，使转子转动。学生和技术人员或许会对直流电机的运行方式比较熟悉，例如起动电机（直流有刷电机），它使用电刷进行整流以保证定子励磁线圈与旋转电枢如预期的一样相互作用。而交流电机内则没有电刷，通过变频器来进行整流，以校正定子绕组的电磁场与转子的位置。为了计算转子的相对位置，混合动力汽车和纯电动汽车需要使用绝对位置传感器提供的信息：这是一个不论转子位置或速度如何，都能测定转子位置的传感器。最常用的绝对位置传感器是旋转变压器。变频器还能随需求来停止、开启、保持或翻转旋转磁场。

当电机作为电动机运行（正转）时，它的转速由变频器供给的交流电频率所决定，电动机产生的转矩大小与带动形成转矩的电流大小成正比。

为产生电流发电，需有外部机械力使电机的转子转动。这一外力可来自混合动力汽车和纯电动汽车转动的车轮（如在再生制动的时候），或者来自混合动力汽车内部的内燃机，通常转动的转子能在电机定子绕组内形成感应电磁场，继而在定子绕组内产生感应交流电，为汽车的电池组充电，或驱动第二电动机（MG2）运转。

一些混合动力汽车和纯电动汽车变频器中使用的升压转换器，能将汽车动力电池包提供的电压提高 2~3 倍，以克服电机的反电动势并提高最大运转速度。还有另一种称为“磁场削弱的电机控制方式”，在电机高速运转时，以减少转矩输出为代价，使速度最大化，减弱反电动势。旋转变压器使用励磁绕组的磁场使正弦绕组以及余弦绕组产生不同的感应电压。正弦绕组的感应电压输出与余弦绕组的感应电压输出相互协调，用于判定转子位置和速度。

1）对动力驱动系统的要求

（1）起动力矩大和过载能力强，不仅要满足汽车带负载频繁起步要求，同时还希望在加速和上坡时，有一定的短时过载能力。

（2）限制电机过大的峰值电流，要使其小于蓄电池最大放电允许电流以免损坏。普通电动机启动电流较大，需设法改善电机的启动特性。

（3）调速范围宽，在高、低速各工况均能高效运行，需电机有较宽调速范围，并保持理想调速特性。通常电机在所设计额定功率及其转速附近运行时效率较高，而远离额定点效率必降低，为此将提出多级额定转速设计，以简化机械传动而减少其摩擦损耗和车载质量。

（4）电机能够正反转运行，使汽车倒车时不必切换齿轮来实现倒挡。

（5）方便、高效地实现发电回馈，使汽车降速制动和下坡滑行时经电机将更多动能转换为电能回馈给蓄电池来提高续驶里程。

（6）设法使电机同时具有电磁制动功能。因电磁制动的动态响应极快，可及时准确地对前、后、左、右车轮制动力适宜分配，提高汽车安全性。

（7）调速响应快。提高电机动态响应性可改善行驶中各项控制性能。

（8）运行平稳及可靠性高。利用其故障容错性等，确保电动汽车发生故障时仍能“跛脚回家”，以避免交通堵塞。

2）对驱动电机自身的要求

（1）高电压。主要优点是可以减小电机的尺寸、降低逆变器的成本以及提高能量转换效率等。以丰田 THS－Ⅱ混合动力系统为例，该系统电机采用的电压 THS 系统的 201.6 V 提高到的 650 V，在电机尺寸和质量变化不大的前提下，使电机的功率、转矩和转速范围扩大。

（2）高转速。在产品技术文件规定的负载下，电机应能达到产品技术文件规定的最高工作转速限值。现代电动汽车的电机转速可达 8 000 ~ 12 000 r/min，甚至更高。

（3）转矩密度和功率密度大、重量轻、体积小。转矩密度、功率密度分别是指最大转矩体积比和最大功率体积比。采用铝合金外壳可以降低电机的质量；各种控制装置和冷却系统的材料也应尽可能选用轻质材料。

（4）具有较大的起动转矩和较宽范围的调速性能。为满足起动、加速、行驶、减速、制动等所需的功率与转矩，应具有较大的起动转矩和较宽范围的调速性能；应具有自动调速功能，减轻操纵强度，提高舒适性，达到内燃机汽车同样的控制响应；电机的转矩特性是小于基速时为恒转矩，随着车速（电机转速）的升高转矩逐渐降低。

（5）较大的过载能力。电动汽车的驱动电机一般需要有 4 ~ 5 倍的过载，以满足短时加速行驶与最大爬坡度的要求。而工业驱动电机只要求有 2 倍的过载。

（6）高效率。在额定电压下，电机、控制器、电机系统的最高效率应符合产品技术文件规定。在额定电压下，电机、电机系统的高效工作区（效率不低于 80%）占总工作区的百分比应符合产品技术文件规定。

（7）可兼作发电机使用。新能源汽车结构的不同，有的混合动力汽车既有电动机，又有发电机，如丰田普锐斯。由于采用了混联式结构，电动机和发电机二者兼有，并且通过行星齿轮机构耦合在一起。

为减少汽车的自重和节省空间，绝大部分混合动力汽车的电动机均可兼作发电机使用，可回收汽车制动和减速时的能量。

任务实施

一、任务场景：校内实训室
二、任务要求： 1. 演练任务：学生进行归纳、总结、PPT 汇报，并撰写研究报告； 2. 演练目的：具备安全意识、具有环保意识、具有科学认知理念； 3. 演练内容：请同学们查阅资料，并阐述驱动电机的定义、组件；驱动电机的分类；新能源汽车驱动电机主要性能要求
三、任务分组：在这个任务中，采用分组实施方式进行，4 ~ 8 人为一组，以学生自荐或推荐的方式选出组长，负责本团队的组织协调工作，带头示范、督促、帮助其他组员完成相应工作
四、任务步骤： 1. 查阅资料，查找关于驱动电机的相关知识； 2. 阐述驱动电机的定义、组件；驱动电机的分类；新能源汽车驱动电机主要性能要求； 3. 制作 PPT，对驱动电机的组件、分类、主要性能进行 PPT 汇报； 4. 撰写关于驱动电机组件、分类及主要性能的研究报告

任务评价

序号	评价项目	评价指标	分值	自评（30%）	互评（30%）	师评（40%）	合计
1	职业素养（50分）	具备成本意识	10				
		具备团队协作、交流沟通能力	10				
		具备环保意识	10				
		具备分析能力	10				
		能够采用多手段收集信息、解决问题	10				
2	专业能力（30分）	能够认识电动汽车对蓄电池的要求	15				
		能够梳理电池与电动汽车的关系	15				
3	创新意识（20分）	具备创新性思维和行动	20				
合计			100				
综合得分							

知识扩展

课后提升

一、选择题

1. 目前新能源汽车的驱动电机主要包括（　　）。

A. 直流电机　　B. 交流电机

C. 开关磁阻电机　　D. 永磁同步电机

2. 以下是感应电机的优点的是（　　）。

A. 结构简单　　B. 定子和转子无直接接触

C. 运行可靠性强　　D. 转速高

E. 维护成本低

3. 下列属于永磁电机缺点的是（　　）。

A. 高速运行时控制复杂　　B. 电机造价高

C. 永磁体退磁　　D. 励磁损耗

二、判断题

1. 一台典型电机的另一主要部分为转子，是电机中转动的部分。（　　）

2. 良好的起动和控制特性是直流电机的典型特征。（　　）

3. 直流电机控制器一般采用晶闸管脉宽调制方式（PWM），控制性能好，调速平滑度高，控制简单，技术成熟，并且成本低。（　　）

4. 转子没有磁体，也不使用电刷或者滑环将电流从外部源传输至转子。（　　）

阅读小资料

任务三　整车控制系统探索

任务导入

我们知道，事物之间是相互影响又相互依存的，传感器采集信息并转换成电信号发送给控制器，控制器根据传感器的信息进行运算、处理和决策，并向执行元件发送控制指令以完成某项控制功能，如果哪个环节出现了问题，那么控制系统整体就会无法正常运转。在本任务中，我们一起学习一下电动汽车整车控制系统。

任务目标

知识目标	能力目标	素养目标
1. 了解驱动电机的应用； 2. 了解整车控制系统主要部件的安装	1. 能够区分驱动电机的类型及应用； 2. 能够说出整车控制系统的主要部件	1. 具有安全意识； 2. 具有科学认知理念； 3. 具有绿色发展意识； 4. 具有马克思主义哲学思维

知识学习

一、课前预习

预习任务	预习内容	重点	难点
1. 掌握控制系统的基本概念； 2. 了解新能源汽车整车控制系统的作用； 3. 了解整车控制系统主要部件的安装位置	1. 控制系统一般包括的元件； 2. 整车控制采用分层控制方式； 3. 整车控制器的作用； 4. 整车控制系统主要部件的安装位置	整车控制系统作用和主要部件的安装位置	整车控制系统主要部件的安装位置

基础认知

自我检测

一、选择题

1. 控制系统一般包括（　　）。

A. 传感器　　B. 控制器

C. 执行元件　　D. 整车控制器

2. 新能源汽车整车控制系统是基于CAN总线的多个控制系统的集成系统，以整车控制器为管理核心，实现（　　）。

A. 电池管理控制　　B. 电机控制

C. 空调控制　　D. 电动助力转向控制

E. 制动控制

3. 下列属于整车控制器功能的是（　　）。

A. 接收、处理驾驶人的驾驶操作命令，并向各个部件控制器发送控制指令，使车辆按驾驶期望行驶

B. 与电机、DC/DC变换器、蓄电池组等进行可靠通信，通过CAN总线（以及关键信息的模拟量）进行状态的采集输入及控制指令的输出

C. 接收处理各个零部件信息，接收动力电池管理系统提供的当前动力电池的状态信息

D. 对系统故障进行判断和存储，动态检测系统信息，记录出现的故障

E. 对整车具有保护功能，视故障的类别对整车进行分级保护，紧急情况下可以关掉电机并切断母线高压系统

F. 协调管理车上其他电器设备

二、判断题

1. 在传统汽车控制系统中，各控制系统是对等的，没有主次之分。 （ ）

2. 在新能源汽车控制系统中，一般会有一个控制器如整车控制器，除了完成自身一些控制功能外，还肩负着整车控制系统的管理和协调功能。 （ ）

3. 整车控制采用分层控制方式：整车控制器作为第一层，其他各控制器为第二层。各控制器之间通过 CAN 网络进行信息交互，共同实现整车的功能控制。 （ ）

二、课堂学习

深入探究

1. 北汽 EV160 纯电动汽车整车控制系统的组成

北汽 EV160 纯电动汽车的整车控制系统结构如图 11. 3. 1 所示，按照各部件的功能，可以将整车控制系统分为动力电池系统、充电系统、驱动电机系统、传动系统、电动助力转向系统、制动系统等。该车的主要高压部件都集中在了汽车前机舱内，如电机控制器、高压控制盒、DC/DC 变换器、车载充电机、驱动电机等。

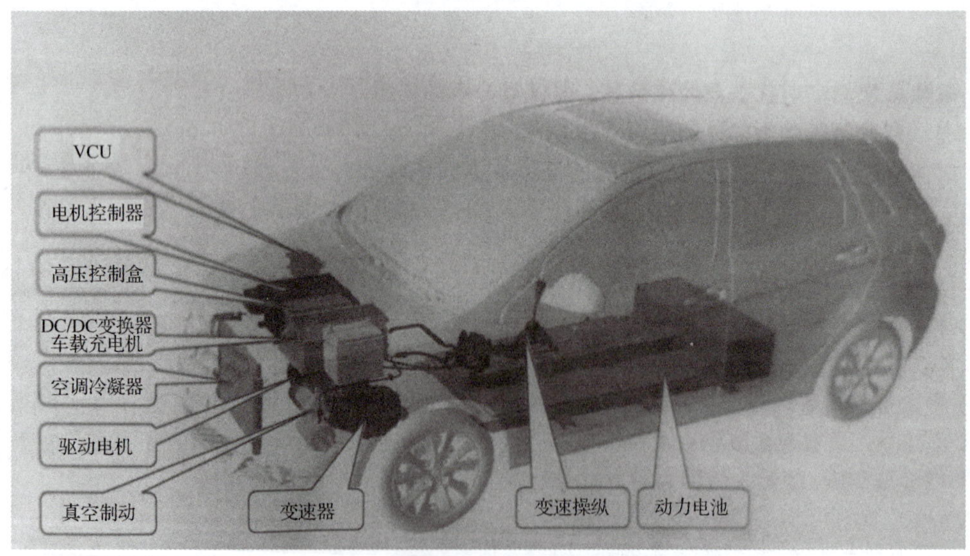

图 11. 3. 1　北汽 EV160 纯电动汽车整车控制系统结构

1）动力电池系统

动力电池系统如图 11. 3. 2 所示，主要由动力电池模组、动力电池箱、电池管理系统及其他相应的辅助元器件组成。

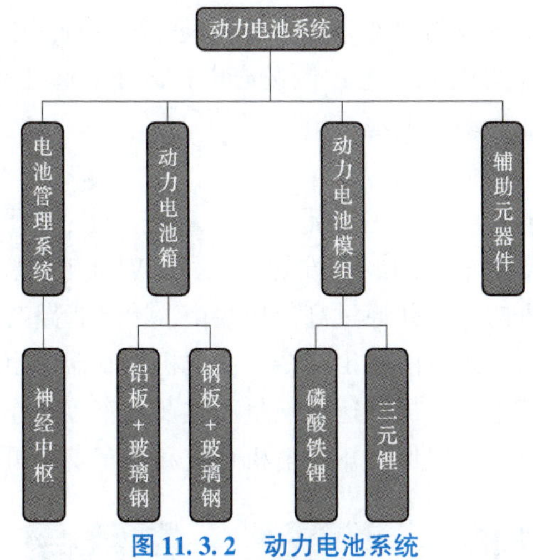

图 11.3.2　动力电池系统

（1）动力电池模组。动力电池模组一般是由多个电池模块串联组成的组合体。电池模块是由电池单体并联组成。电池模块的额定电压与电池单体的额定电压相等，是电池单体在物理结构和电路上连接起来的最小分组，当出现故障时，可以作为一个单元进行替换。动力电池箱用来封装动力电池模组。

（2）电池管理系统（BMS）。BMS 是动力电池模组与整车控制器进行信息交换与控制交互的桥梁，它通过控制接触器来控制动力电池组的充放电，同时向整车控制器上报动力电池系统的实时状态及故障信息，保证动力电池安全可靠地工作，并充分发挥动力电池的能力，有效延长动力电池的使用寿命。

（3）辅助元器件。动力电池系统的辅助元器件主要包括系统内部的电子元器件，如熔断器、继电器、分流器、接插件、烟雾传感器以及维修开关、密封条和绝缘材料等。

2）充电系统

北汽 EV160 纯电动汽车的充电系统分为快充系统和慢充系统两部分，其系统简图如图 11.3.3 和图 11.3.4 所示。由图可以看出，充电系统的关键部件主要包含高压控制盒、DC/DC 变换器及车载充电机。高压控制盒的主要作用是完成动力电池电能的输出及分配，并实现对支路用电设备的保护；DC/DC 变换器的主要作用是将动力电池的高压直流电转换为 12 V 直流电，为整车低压用电系统供电，并在低压蓄电池亏电时为其充电；车载充电机的主要作用是将 220 V 交流电转换为动力电池的直流电，实现电池电量的补给。

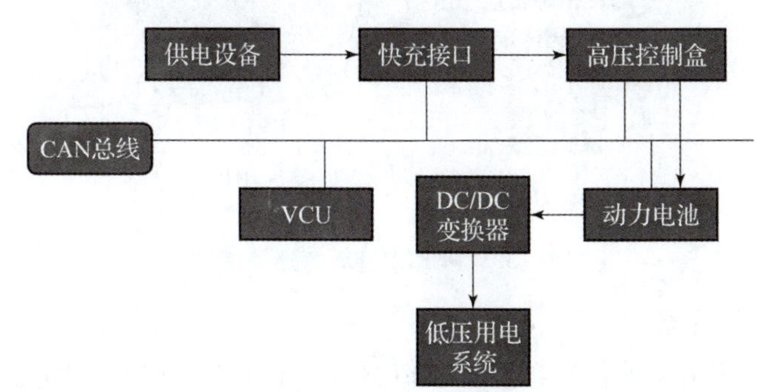

图 11.3.3　快充系统简图

快速充电模式下，供电设备为快速充电柱，提供的高压直流电通过快充接口，经高压控制盒进行高压配电后，为动力电池充电；慢速充电模式下，供电设备一般为适配充电器供电，再经过高压配电后才能为动力电池充电。

3）驱动电机系统

驱动电机系统作为纯电动汽车的主要部件之一，是车辆的主要驱动机构，其特性决定了车辆的动力性能，并直接影响车辆的经济性能。北汽 EV160 纯电动汽车的驱动电机系统主要由电机控制器和驱动电机构成，并通过高低压线束、冷却管路与整车其他系统做电气和散热连接。整车控制器根据驾驶人意图发出指令，由电机控制器做出响应并反馈，实时调整驱动电机的输出，以实现整车怠速、加减速、能量回收及倒车等工作状态。电机控制器还能够实时进行电机状态和故障检测，以保护驱动电机系统和整车安全可靠运行。

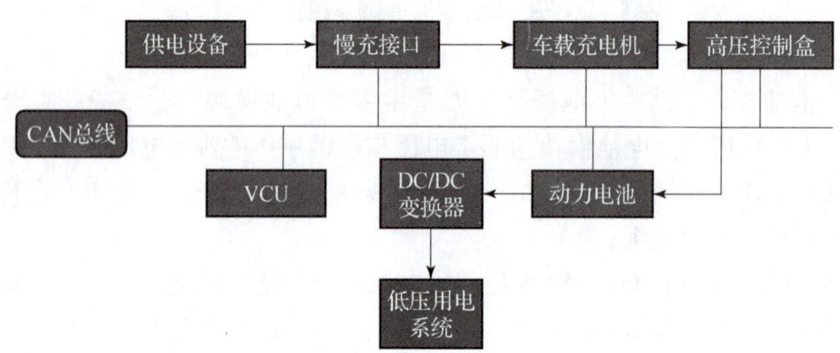

图 11.3.4　慢充系统简图

4）传动系统

北汽 EV160 纯电动汽车的传动系统主要指其搭载的前置前驱减速器：EF126B02 减速器，如图 11.3.5 所示。该部件的主要功能是匹配驱动电机转速、提高转矩，以满足整车驱动需求。EF126B02 减速器采用左右分箱、两级传动的结构设计，结构紧凑，体积较小。同时采用了前进挡和倒挡共用的结构设计，整车的倒车行驶通过电机反转实现。

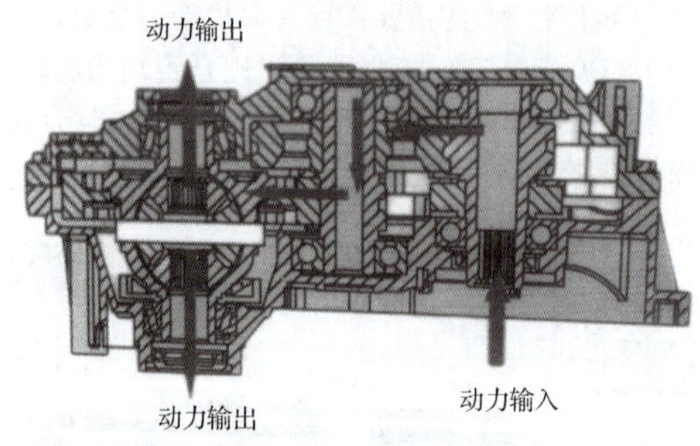

图 11.3.5　EF126B02 减速器结构

5）电动助力转向系统

电动助力转向系统由车速传感器、转矩传感器、电子控制单元及助力电机等组成。

在电动助力转向系统中，电子控制单元根据转矩传感器和车速传感器的信号计算所需的转向助力，控制助力电机的转动，电机输出的动力经过减速机构减速增矩后驱动齿轮齿条转向器产生相应的转向助力。目前，电动助力转向系统按照助力作用位置的不同，可以分为管柱助力式、齿轮助力式和齿条助力式。助力电机的电源为 12 V，由 DC/DC 变换器提供。

6）制动系统

制动系统的作用主要有三个：使行驶中的汽车按照驾驶人的要求进行强制减速甚至停车；使已停止的汽车在各种道路条件下稳定驻车；使下坡行驶的汽车速度保持稳定。控制器会自动进行真空压力检测，若真空罐中的真空度小于设定值，则真空压力传感器输出相应信号至整车控制器，整车控制器控制电动真空泵开始工作，当真空度达到设定值后，整车控制器控制真空泵停止工作。当真空罐的真空度由于制动而有所消耗时，同样由整车控制器控制真空泵工作。

此外，当汽车运行时，动力系统能够回收部分制动能量，并通过车辆对驱动电机反拖将动能转换为电能为动力电池充电。相比传统汽车的制动能量全部转化为热能消散，纯电动汽车的制动能量回收功能能够有效地提高整车能量利用效率，并增加车辆续驶里程。

2. 电动汽车整车控制

纯电动汽车动力系统中主要有电机驱动装置、传动系统和动力电池等。当汽车动力系统结构和各部件配置确定之后，就需要有一个性能优越、安全可靠的整车控制策略来保证汽车的正常运行。所谓整车控制，就是由控制器通过汽车运行过程中各部件的运行状态，合理控制车辆的能量分配，协调各部件工作，以充分发挥各部件的性能，在保证汽车正常运行的前提下，实现汽车的最佳运行状态。整车控制策略，需要控制车辆在满足驾驶人意图、汽车的动力性、平顺性和其他基本技术性能以及成本控制等要求的前提下，针对各部件的特性及汽车的运行工况，实现能量在电机、动力电池之间的合理有效分配，从而使整车系统效率达到最高，获得整车最大的经济性以及平稳的驾驶性能。一般整车控制策略包括了以下几个方面：

1）汽车驱动控制

根据驾驶人的驾驶要求、车辆状态、道路及环境状况等信息，分析车辆的动力需求，由整车控制器向电机控制器发送转矩控制指令，电机控制器控制主驱动电机输出合适的动力来驱动车辆。

2）制动能量回馈控制

当汽车减速制动时，整车控制器根据制动踏板和加速踏板信息、车辆行驶状态信息、蓄电池状态信息，计算再生制动力矩，向电机控制器发出指令，完成制动能量回收。

3）整车能量优化管理

通过对车载能源动力系统的管理，提高整车能量利用效率，延长纯电动车的续驶里程。

4）车辆状态显示

对车辆实时速度、动力电池状态等信息进行采集和转换，由主控制器通过汽车仪表进行显示。

任务实施

一、任务场景：校内实训室
二、任务要求： 1. 演练任务：学生进行归纳、总结、PPT 汇报，并撰写研究报告； 2. 演练目的：具备分析能力、具有环保意识和科学认知理念； 3. 演练内容：请同学们查阅资料，总结归纳纯电动汽车整车控制系统的作用、北汽 EV160 纯电动汽车整车控制系统的组成、整车控制策略包括哪些方面
三、任务分组：在这个任务中，采用分组实施方式进行，4～8 人为一组，以学生自荐或推荐的方式选出组长，负责本团队的组织协调工作，带头示范、督促、帮助其他组员完成相应工作
四、任务步骤： 1. 查阅资料，查找关于整车控制系统的相关知识； 2. 归纳、总结汽车整车控制系统的作用、北汽 EV160 纯电动汽车整车控制系统的组成、整车控制策略包括哪些方面； 3. 制作 PPT 对整车控制系统的作用、组成进行 PPT 汇报； 4. 撰写关于北汽 EV160 纯电动汽车整车控制系统的组成及性能的研究报告

任务评价

序号	评价项目	评价指标	分值	自评（30%）	互评（30%）	师评（40%）	合计
1	职业素养（50 分）	具备科学认知理念	10				
		具备团队协作、交流沟通能力	10				
		具备环保意识	10				
		具备安全意识	10				
		能够采用多手段收集信息、解决问题	10				
2	专业能力（30 分）	能够区分驱动电机的类型及应用	15				
		能够说出整车控制系统的主要部件	15				
3	创新意识（20 分）	具备创新性思维和行动	20				
合计			100				
综合得分							

知识扩展

课后提升

一、选择题

1. 北汽 EV160 纯电动汽车的传动系统，主要指其搭载的前置前驱减速器，该部件的主要功能是（　　）

A. 匹配驱动电机转速　B. 提高转矩　C. 前进　D. 倒挡

2. 电动助力转向系统（EPS）由（　　）组成。

A. 车速传感器　B. 转矩传感器　C. 电子控制器　D. 助力电机

二、判断题

1. 驱动电机系统作为纯电动汽车的主要部件之一，是车辆的主要驱动机构，其特性决定了车辆的动力性能，并直接影响车辆的经济性能。（　　）

2. 良好的起动和控制特性是直流电机的典型特征。（　　）

3. 纯电动汽车动力系统中主要有电机驱动装置、传动系统和动力电池等。（　　）

阅读小资料

模块十二

混合动力汽车关键技术

模块简介

混合动力汽车以先进的控制技术为纽带，是传统燃油汽车与纯电动汽车的一种过渡性车型，其关键技术涵盖机电工程、电力电子、电化学、控制工程、汽车电子和车辆工程等多学科。混合动力汽车的关键技术包括驱动电机及其控制技术、动力电池及其管理系统、整车能量管理控制系统、动力传动系统匹配、再生制动能量回收系统、先进车辆控制技术等。

世界各国环境保护的措施越来越严格，混合动力汽车由于其节能、低排放等特点成为汽车研究与开发的一个重点并已经开始商业化。混合动力汽车驱动系统由两个或多个能同时运转的单个驱动系统联合组成，车辆的行驶功率依据实际的车辆行驶状态由单个驱动系统单独或多个驱动系统共同提供。混合动力汽车因各个组成部件、布置方式和控制策略的不同，形成了多种分类形式。

究竟什么是混合动力汽车？混合动力汽车都包括哪些类型？它们的结构如何？又是如何工作的呢？带着这些问题让我们一起进入本模块的学习吧。

任务一　混合动力汽车查究

任务导入

混合动力汽车是指拥有至少两种动力源，使用其中一种或多种动力源提供部分或者全部动力的车辆，可以通俗地理解为双人自行车，两人既可以同时出力，也可以各自出力（图 12.1.1）。实际中，混合动力汽车多半是指采用燃油发动机和电动机作为动力源，通过混合使用热能和电能两套动力系统驱动汽车。

图 12.1.1　双人自行车

任务目标

知识目标	能力目标	素养目标
1. 掌握混合动力汽车概念和分类； 2. 了解混合动力汽车传动系统组成； 3. 了解混合动力汽车的基本结构	1. 能够说出混合动力汽车的概念和分类； 2. 能够指出混合动力汽车传动系统的基本结构名称	1. 具有科学认知理念； 2. 具有工程质量观念； 3. 具有责任意识； 4. 具有马克思主义哲学思维

知识学习

一、课前预习

预习任务	预习内容	重点	难点
1. 掌握混合动力汽车的分类； 2. 了解混合动力汽车传动系统的组成； 3. 了解混合动力汽车的基本结构	1. 混合动力汽车分类； 2. 混合动力汽车传动系统组成； 3. 混合动力汽车的基本结构	混合动力汽车传动系统组成	混合动力汽车传动系统组成

基础认知

自我检测

一、问答题

1. 什么是混合动力汽车？

2. 试着想一想混合动力汽车和其他汽车的区别是什么。

二、选择题

1. 混合动力汽车按混合程度不同可分为（　　）。

A. 微混合型动力汽车　　　　B. 轻混合型动力汽车

C. 中混合型动力汽车　　　　D. 全混合型动力汽车

E. 插电式动力汽车

2. 混合动力汽车按发动机和电动机的耦合方式分为（　　）。

A. 串联式混合动力汽车　　　　B. 并联式混合动力汽车

C. 混联式混合动力汽车

二、课堂学习

深入探究

混合动力汽车并不是一个新概念。自1881年首辆纯电动汽车问世、1886年内燃机汽车诞生以来，伴随着人们对汽车综合性能提高的不断追求，在1894年就出现了第一辆混合动力汽车。混合动力汽车出现的原因是当初单一的纯电动汽车（续驶里程短和动力蓄电池性能差）和单一的内燃机汽车（内燃机功率小、使用不方便）均存在技术弱点，正所谓矛盾是推动事物前进的力量，正是单一的纯电动汽车存在技术弱点，不能满足社会发展的需要的矛盾，才推动混合动力汽车的出现。不过，随着内燃机技术的进步和汽车的流水线批量生产，混合动力汽车遭遇了与纯电动汽车相同的命运，逐渐没落，直至20世纪90年代因为解决环境和能源问题的需要才重新被重视起来，并取得了明显的技术进步。

1. 混合动力汽车动力传动系统组成

混合动力汽车类型很多，由于动力传动系统组成不同，存在多种结构。动力传动系统是汽车上用于储存、转换和传递能量并使汽车获得运动能力的所有部件的总称，具体包括车载能量源、动力装置、传动系统和辅助系统四部分。

在详细分析各种结构的定义、特点和工作原理之前，给出几个基本概念：

（1）车载能量源。车载能量源是用于能量储存或进行能量的初始转换以向动力装置直接供能的所有部件的总称，它由能量直接储存装置或能量储存、调节和转换装置组成。例如，对于传统内燃机汽车，车载能量源为燃油箱（能量直接储存）；对于燃料电池电动汽车，车载能量源由氢气罐或储氢金属（能量储存）和燃料电池堆（能量转换）两部分组成。

（2）动力装置。动力装置是用于把其他形式的能量转化为机械能（旋转动能）的装置，并直接作为传动系统的输入，如常规汽车上的内燃机、纯电动汽车上的电机等。

（3）传动系统。传动系统是用于调节和传递动力装置输出的动力，使之与汽车行驶时驱动轮处要求的理想动力达到较好匹配的所有部件的总称，它具有减速、变速、倒车、中断动力、轮间差速和轴间差速等功能。传动系统与动力装置配合工作，能保证汽车在各种工况条件下正常行驶，并具有良好的动力性和经济性。传动系统一般由离合器、变速器、万向传动装置、主减速器、差速器和半轴等组成。

（4）辅助系统。辅助系统是用于从动力装置中获取动力，区别于直接驱动车辆，主要用于维持汽车良好的操控特性、舒适性等的所有部件的总称，如转向助力系统、制动助力系统、空调系统（动力装置直接拖动）、辅助电气系统（12 V/24 V发电机系统）等。

基于上述给出的基本概念，汽车动力传动系统可抽象为图12.1.2和图12.1.3所示的简化模型。

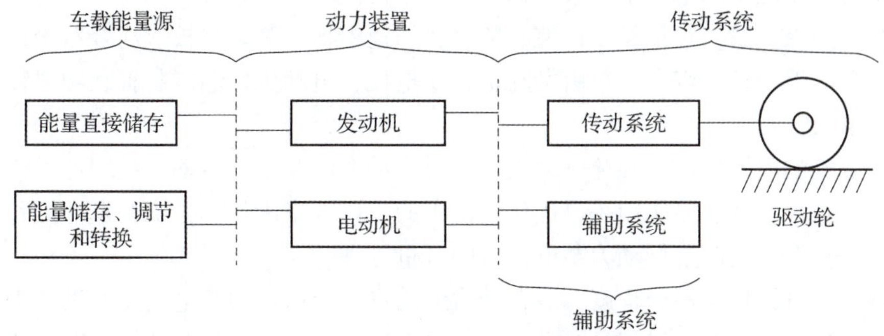

图 12.1.2 汽车动力传动系统的简化模型

具体到常规汽车和纯电动汽车，汽车动力传动系统的基本组成见表 12.1.1。

表 12.1.1 汽车动力传动系统的基本组成

组成要素	纯电动汽车	常规汽车
能量补给方式	从电网充电	从加油站加油
车载能量源	动力蓄电池组	汽（柴）油箱
动力装置	电动机	发动机
传动系统	变速器等	离合器、变速器、传动轴、差速器等
辅助系统	车身电气、低压供电、整车控制、制动/空调/转向等	车身电气、低压供电、整车控制、制动/空调/转向等

2. 混合动力汽车基本结构

基于图 12.1.2 建立的汽车动力传动系统的简化模型，对混合动力汽车的概念重新定义如下：混合动力汽车是指汽车动力传动系统由两个或多个能同时运转的单个动力传动系统联合组成的汽车。汽车的行驶功率依据实际的汽车行驶状态由单个动力传动系统单独或多个动力系统共同提供，如图 12.1.3 所示。

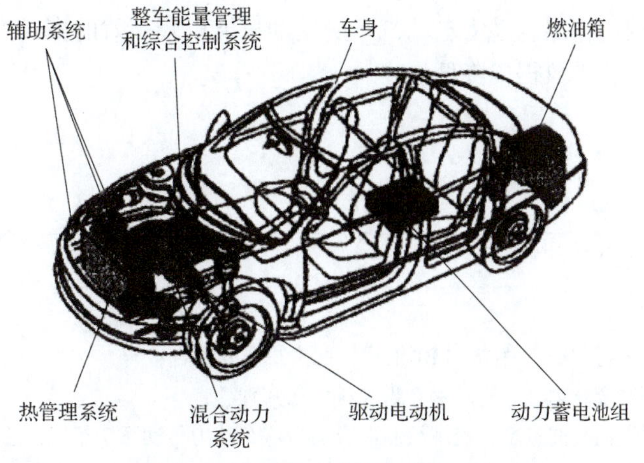

图 12.1.3 混合动力汽车传动系统

混合动力汽车继承和沿用了很大一部分的内燃机汽车传动系统，保留了人们已经习惯的内燃机汽车的操纵装置，包括发动机控制装置、加速踏板、制动踏板、离合器踏板、变速器的操纵装置等。混合动力汽车一般由发动机、发电机、电动机、储能装置、功率转换装置和控制装置等组成。

相比于常规的内燃机汽车和纯电动汽车，混合动力汽车动力传动系统增加了整车能量管理和综合控制系统，其主要作用是以优化发动机的工作效率为目标，协调发动机和驱动电动机之间的动力分配，同时进行动力蓄电池组的电量管理。

在车辆行驶时，根据混合程度，混合动力电动汽车会由动力蓄电池先通过电机输出动力来驱动汽车，当电池储存电能不足时发动机再自动启动参与车辆的驱动。也有部分混合动力电动汽车发动机是全程启动的，动力电池输出的动力仅仅用于辅助发动机平滑运作。混合动力电动汽车基本结构如图 12.1.4 所示。

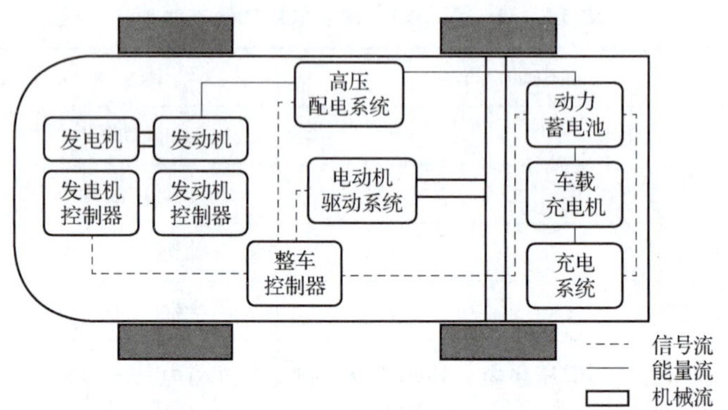

图 12.1.4　混合动力汽车基本结构

混合动力电动汽车的燃油经济性能高，而且行驶性能优越，混合动力电动汽车的发动机要使用燃油，而在起步、加速时，由于有电机的辅助，所以可以降低油耗。简单地说，就是与同样大小的汽车相比，燃油费用更低。而且，辅助发动机的电机可以在启动的瞬间产生强大的动力，因此，车主在享受更强劲的起步、加速的同时，还能实现较高水平的燃油经济性。混合动力电动汽车综合了传统汽车和纯电动汽车的优点，并最大限度地克服了它们的缺点。与纯电动汽车相比，混合动力电动汽车的续驶里程延长了 2~4 倍，能快速添加汽油或柴油。和传统汽车相比，混合动力电动汽车的发动机能以较高效的模式工作，在相同行驶里程条件下，燃油消耗和排放得以降低。

任务实施

一、任务场景：校内实训室
二、任务要求： 1. 演练任务：学生进行归纳、总结、PPT 汇报，并撰写研究报告； 2. 演练目的：具备安全意识、具有环保意识和科学认知理念； 3. 演练内容：请同学们查阅资料，梳理绘制混合动力汽车动力传动系统组成；总结、归纳混合动力汽车和传统燃油车的异同点；找出混合动力汽车传动系统各部分在整车上的位置并拍照上传

续表

三、任务分组：在这个任务中，采用分组实施方式进行，4～8 人为一组，以学生自荐或推荐的方式选出组长，负责本团队的组织协调工作，带头示范、督促、帮助其他组员完成相应工作
四、任务步骤： 1. 查阅资料，查找关于混合动力汽车的相关知识； 2. 梳理绘制混合动力汽车动力传动系统组成； 3. 制作 PPT，总结、归纳混合动力汽车和传统燃油车的异同点，并进行 PPT 汇报； 4. 找出混合动力汽车传动系统各部分在整车上的位置并拍照上传

任务评价

序号	评价项目	评价指标	分值	自评（30%）	互评（30%）	师评（40%）	合计
1	职业素养（50 分）	具备责任意识	10				
		具备团队协作、交流沟通能力	10				
		具备科学意识	10				
		具备工程质量观念	10				
		能够采用多手段收集信息、解决问题	10				
2	专业能力（30 分）	能够说出混合动力汽车的概念和分类	15				
		能够指出传动系统的基本结构名称	15				
3	创新意识（20 分）	具备创新性思维和行动	20				
合计			100				
综合得分							

知识扩展

课后提升

一、选择题

1. 混合动力汽车由（　　）组成。

A. 传动系统　　B. 车载能量源　　C. 动力装置　　D. 辅助系统

2. 辅助系统是用于从动力装置中获取动力，区别于直接驱动车辆，主要用于维持汽车良好的操控特性、舒适性等的所有部件的总称，如（　　）。

A. 转向助力系统　　B. 制动助力系统　　C. 空调系统　　D. 辅助电气系统

3. 传动系统一般由（　　）和半轴等组成。

A. 离合器　　B. 变速器　　C. 万向传动装置　　D. 主减速器

4. 混合动力电动汽车是将（　　）等组合在一起，它们之间的良好匹配和优化控制，可充分发挥内燃机汽车和电动汽车的优点。

A. 发动机　　B. 电动机　　C. 能量存储装置　　D. 起动机

二、判断题

1. 与纯电动汽车相比，混合动力电动汽车的续驶里程延长了 2～4 倍，能快速添加汽油或柴油。（　　）

2. 和传统汽车相比，混合动力电动汽车的发动机能以较高效的模式工作，在相同行驶里程条件下，燃油消耗和排放得以降低。（　　）

3. 混合动力电动汽车的燃油经济性能高，而且行驶性能优越，混合动力电动汽车的发动机要使用燃油，而在起步、加速时，由于有电机的辅助，所以可以降低油耗。（　　）

4. 动力装置是用于把其他形式的能量转化为机械能（旋转动能）的装置，并直接作为传动系统的输入，如常规汽车上的内燃机、纯电动汽车上的电机等。（　　）

阅读小资料

任务二　串联混合动力汽车查究

任务导入

串联混合动力汽车是混合动力汽车的一种基本结构，其单个动力传动系统间的联合是车载能量源环节的联合，即非直接用于驱动汽车的能量的联合，并同时向动力装置供能。

任务目标

知识目标	能力目标	素养目标
了解串联混合动力汽车的定义、组成、特点、结构原理及工作模式	能够掌握串联混合动力汽车的定义、组成、特点、结构原理及工作模式	1. 具有科学认知理念； 2. 具有安全意识； 3. 具有责任意识； 4. 具有马克思主义哲学思维

知识学习

一、课前预习

预习任务	预习内容	重点	难点
串联混合动力汽车相关知识	1. 串联混合动力汽车的定义； 2. 串联混合动力汽车的组成； 3. 串联混合动力汽车的特点； 4. 串联混合动力汽车的结构原理； 5. 串联混合动力汽车的工作模式	掌握串联混合动力汽车的结构原理	掌握串联混合动力汽车的结构原理及工作模式

基础认知

自我检测

一、问答题

1. 什么是串联混合动力汽车？

2. 试着总结一下串联混合动力汽车的特点。

二、填空题

1. 在串联式设计中，车辆的驱动由（　　　　）单独完成，车辆动力蓄电池的电能来自（　　　　）。

2. 小负荷时由电池驱动电机驱动（　　　），大负荷时由发动机带动发电机发电驱动（　　　）。

3. 串联混合动力汽车车载能量源由（　　）组成。

A. 燃油箱　　B. 发动机
C. 发电机　　D. 动力蓄电池

二、课堂学习

深入探究

1. 串联混合汽车的结构原理

串联混合动力汽车的结构简图如图 12. 2. 1 所示，汽车由电动机 – 发电机驱动行驶，电机控制器的供电来自发动机 – 发电机。发电机控制器（以下简称发动机 – 发电机组）与动力蓄电池组组成串联式结构。整车综合控制器、电机控制器、发动机控制器、发电机控制器、蓄电池管理系统等通过通信线缆连接组成整车控制系统，依据控制系统的状态信息以及驾驶员操控指令、车速等整车反馈信息，由整车控制器实施预定的控制策略，并输出指令到电机控制器，实施电动机 – 发电机的电动（驱动汽车行驶）、发电（再生制动能量回收）控制；输出指令到发动机控制器、发电机控制器，实施发动机 – 发电机组的开关控制以及输出功率控制；输出指令到蓄电池管理系统，实施动力蓄电池组的充、放电能量管理。

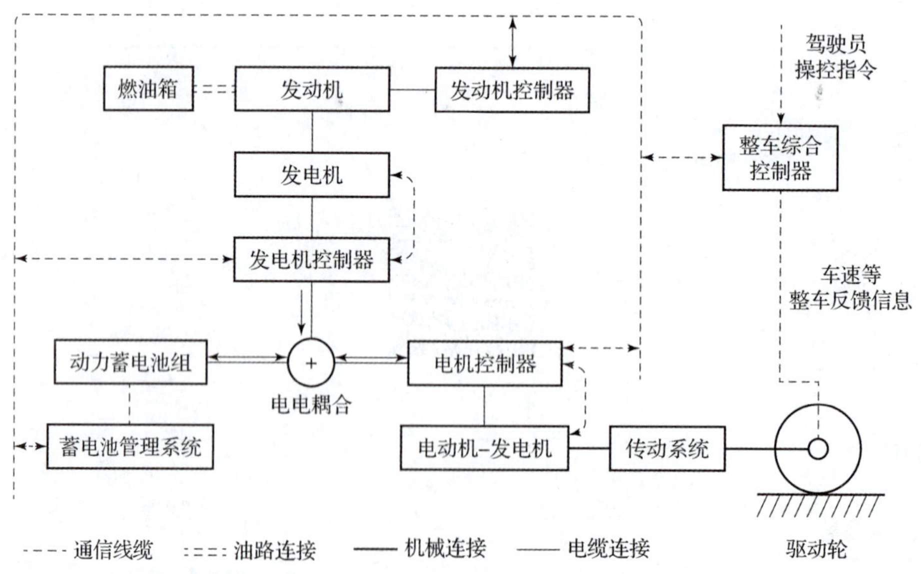

图 12. 2. 1　典型串联混合动力汽车的结构简图

2. 串联混合汽车的工作模式

依据发动机 – 发电机组的工作状态以及动力蓄电池组的充、放电状态，串联混合动力汽车具有 7 种工作模式，见表 12. 2. 1。

表 12.2.1 串联混合动力汽车的 7 种工作模式

工作模式	发动机 – 发电机组	动力蓄电池组	电动机 – 发电机	整车状态
纯蓄电池组驱动	关机	放电	电动	驱动
再生制动充电	关机	充电	发电	制动
混合动力驱动	发电	放电	电动	驱动
强制补充充电	发电	充电	电动	驱动
混合补充充电	发电	充电	发电	制动
纯发动机驱动	发电	既不充电也不放电	电动	驱动
停车补充充电	发电	充电	关机	停车

各种工作模式的具体说明如下：

（1）当动力蓄电池组具有较高的电量且动力蓄电池组输出功率满足整车行驶功率需求时，串联混合动力汽车以纯蓄电池组驱动模式工作，此时发动机 – 发电机组处于关机状态。

（2）当汽车以纯蓄电池组驱动行驶时，若汽车减速制动，则电动机 – 发电机工作于再生制动状态，汽车制动能量通过再生发电回收到动力蓄电池组中，即工作于再生制动充电模式。

（3）当汽车加速或爬坡需要更大的功率输出且超出了动力蓄电池组的输出功率限制时，发动机 – 发电机组起动发电，并同动力蓄电池组一起输出电功率，实施混合动力驱动工作模式。

（4）当动力蓄电池组的电量不足且发动机 – 发电机组输出功率在驱动车辆的同时有剩余时，实施动力蓄电池组强制补充充电工作模式。

（5）当动力蓄电池组的电量不足且发动机 – 发电机组处于发电状态时，若汽车减速制动，则电动机 – 发电机工作于再生制动状态，汽车制动能量通过再生发电与发动机 – 发电机组输出功率一起为动力蓄电池组充电。实施动力蓄电池组的混合补充充电。

（6）当动力蓄电池组的电量在目标范围内，一旦发动机 – 发电机组输出功率满足汽车行驶功率需求时，为提高串联混合动力系统的能量利用效率，采用纯发动机驱动工作模式，此时发动机 – 发电机组输出功率与汽车行驶功率需求相等。

（7）若动力蓄电池组的电量过低，为保证整车行驶的综合性能，需要对动力蓄电池组进行停车补充充电，此时发动机 – 发电机组输出的功率全部用于为动力蓄电池进行补充充电。

任务实施

一、任务场景：校内实训室
二、任务要求： 1. 演练任务：学生进行归纳、总结、PPT 汇报，并撰写研究报告； 2. 演练目的：具备分析能力、具有环保意识和科学认知理念； 3. 演练内容：请同学们查阅资料，总结归纳串联混合动力汽车定义组成及特点，串联混合汽车的结构原理，串联混合汽车的几种工作模式

续表

三、任务分组：在这个任务中，采用分组实施方式进行，4~8 人为一组，以学生自荐或推荐的方式选出组长，负责本团队的组织协调工作，带头示范、督促、帮助其他组员完成相应工作
四、任务步骤： 1. 查阅资料，查找关于串联混合动力汽车的相关知识； 2. 归纳、总结串联混合动力汽车定义组成及特点； 3. 制作 PPT，对串联混合汽车的结构原理进行 PPT 汇报； 4. 撰写关于串联混合汽车的几种工作模式的研究报告

 任务评价

序号	评价项目	评价指标	分值	自评（30%）	互评（30%）	师评（40%）	合计
1	职业素养（50 分）	具备责任意识	10				
		具备团队协作、交流沟通能力	10				
		具备科学意识	10				
		具备安全意识	10				
		能够采用多手段收集信息、解决问题	10				
2	专业能力（30 分）	能够掌握串联混合动力汽车的定义、组成、特点	15				
		能够掌握串联混合动力汽车的结构原理及工作模式	15				
3	创新意识（20 分）	具备创新性思维和行动	20				
合计			100				
综合得分							

知识扩展

课后提升

一、选择题

1. 串联混合动力汽车的（　　）和蓄电池管理系统等通过通信线缆连接组成整车控制系统。

A. 整车综合控制器　　B. 电机控制器　　C. 发动机控制器　　D. 发电机控制器

2. 整车控制系统依据（　　）等整车反馈信息，由整车控制器实施预定的控制策略，并输出指令到电机控制器，实施电动机－发电机的电动（驱动汽车行驶）、发电（再生制动能量回收）控制。

A. 车速　　B. 驾驶员操控指令　　C. 控制系统的状态信息

二、判断题

1. 串联混合动力汽车汽车由电动机－发电机驱动行驶，电机控制器的供电来自发动机－发电机。（　　）

2. 依据发动机－发电机组的工作状态以及动力蓄电池组的充、放电状态，串联混合动力汽车具有 7 种工作模式。（　　）

3. 当动力蓄电池组具有较高的电量且动力蓄电池组输出功率满足整车行驶功率需求时，串联混合动力汽车以纯蓄电池组驱动模式工作，此时发动机－发电机组处于关机状态。（　　）

4. 当汽车以纯蓄电池组驱动行驶时，若汽车减速制动，则电动机－发电机工作于再生制动状态，汽车制动能量通过再生发电回收到动力蓄电池组中，即工作于再生制动充电模式。（　　）

5. 当汽车加速或爬坡需要更大的功率输出且超出了动力蓄电池组的输出功率限制时，发动机－发电机组起动发电，并同动力蓄电池组一起输出电功率，实施混合动力驱动工作模式。（　　）

阅读小资料

任务三　并联混合动力汽车查究

任务导入

并联混合动力汽车是混合动力汽车的一种基本结构，其单个动力传动系统间的联合是汽车动力或传动系统环节的联合，通过对不同动力装置输出的驱动动能的联合或耦合，并经过相应的传动系统输出到驱动轮，满足汽车的行驶要求。

任务目标

知识目标	能力目标	素养目标
1. 了解并联混合动力汽车的定义、类型； 2. 掌握并联混合动力汽车的结构原理； 3. 掌握并联混合动力汽车的工作模式	1. 能够说出并联混合动力汽车的定义和类型； 2. 能够说出并联混合动力汽车结构原理和工作模式	1. 具有科学认知理念； 2. 具有安全意识； 3. 具有创新发展意识； 4. 具有马克思主义哲学思维

知识学习

一、课前预习

预习任务	预习内容	重点	难点
并联混合动力汽车相关知识	1. 并联混合动力汽车的定义； 2. 并联混合动力汽车的组成； 3. 并联混合动力汽车的类型； 4. 并联混合动力汽车结构原理； 5. 并联混合动力汽车工作模式	掌握并联混合动力汽车的结构原理	掌握并联混合动力汽车的结构原理及工作模式

自我检测

一、问答题

1. 什么是并联混合动力汽车?

2. 试着总结一下并联混合动力汽车的特点。

二、填空题

1. 并联混合动力汽车是混合动力汽车的一种基本结构，其单个动力传动系统间的联合是汽车动力或（　　）环节的联合。

2. 在并联式设计中，车辆的驱动是由发动机和（　　）组合完成的，系统能仅靠其中一种能量驱动车辆，也能支持发动机和（　　）同时驱动车辆。

3. 发动机和发电机可以通过混合动力系统驱动，可以采用（　　）单独驱动、（　　）单独驱动或者（　　）混合驱动三种工作模式。

二、课堂学习

深入探究

1. 并联混合动力汽车的类型

依据动力耦合方式的不同，并联混合动力汽车具有单轴联合式、双轴联合式和驱动力联合式三种布置方案，具体如图 12. 3. 1 所示。

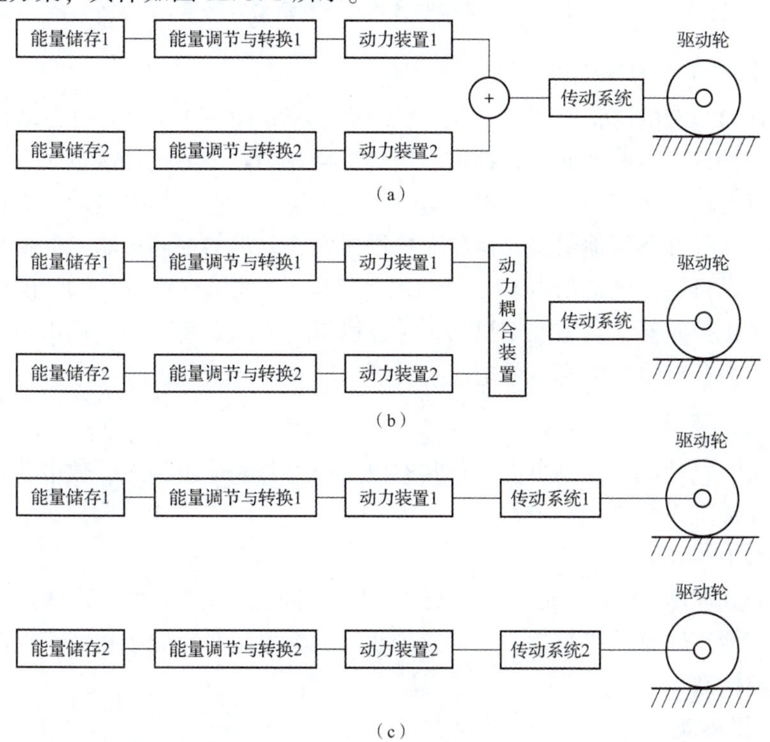

图 12. 3. 1　并联混合动力汽车动力传动系统的三种基本类型

(a) 单轴联合式；(b) 双轴联合式；(c) 驱动力联合式

单轴联合式机械动力的耦合是在动力装置输出轴处完成的，传动系统的输入为单轴。其结构示意如图 12.3.1（a）所示，实际应用如图 12.3.2 所示。发动机的输出轴通过离合器与电动机的转子轴直接相连，而动力蓄电池组通过控制器的调节作用于电动机定子，实现了发动机与电动机输出转矩的叠加。单轴联合式实现了把不同动力装置的机械动力输出一体化，结构紧凑，但电动机要经过特殊设计。

双轴联合式机械动力的耦合是在传动系统的某个环节中完成的，通常称位于传动系统中的这种耦合部件为动力耦合装置。它具有两个或多个输入轴，而输出轴仅有一根并直接与驱动轴相连，其结构如图 12.3.1（b）所示。双轴联合式只是把不同的动力装置的输出进行动力合成，因此系统元件可选用已有的现成产品，开发成本较低。

驱动力联合式机械动力的混合是在汽车驱动轮处通过路面实现的，其结构如图 12.3.1（c）所示。由于具有两套独立的动力传动系统直接驱动汽车，因此在充分利用地面附着力方面驱动力联合式具有优势，通过合理控制，可大大改善汽车的动力性能，但系统组成比较庞大，控制复杂。

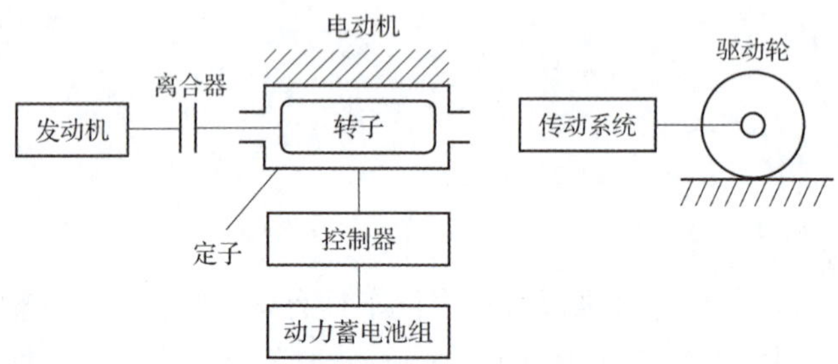

图 12.3.2　单轴联合式并联混合动力汽车

2. 并联混合动力汽车的结构原理

并联混合动力汽车的结构简图如图 12.3.3 所示。汽车的行驶动力由发动机、电动机－发电机通过机电耦合装置单独或联合提供。整车综合控制器、电机控制器、发动机控制器和蓄电池管理系统等通过通信线缆连接组成整车控制系统，依据控制系统的状态信息以及驾驶员操控指令、车速等整车反馈信息，由整车控制器实施既定的控制策略，并输出指令到电机控制器，实施电动机－发电机的电动（驱动汽车行驶）、发电（再生制动能量回收）控制；输出指令到发动机控制器，实施发动机的开关控制以及输出功率控制；输出指令到蓄电池管理系统，实施动力蓄电池组的充、放电能量管理。

3. 并联混合汽车的工作模式

依据发动机、电动机－发电机的工作状态以及动力蓄电池组的充、放电状态，并联混合动力汽车具有 6 种工作模式。

1）纯电驱动

纯电驱动模式如图 12.3.4 所示，并联结构由于增加了一套电驱动系统，因此在电池电量充足的情况下使用纯电动机起动和车辆起步驱动。纯电起步克服了传统车辆起步时发动机效率低、排放差的缺点。

2）纯发动机驱动

纯发动机驱动模式如图 12.3.5 所示，当车辆匀速行驶，满足发动机高效工作区域时，使用纯发动机驱动可以获得较高的效率。

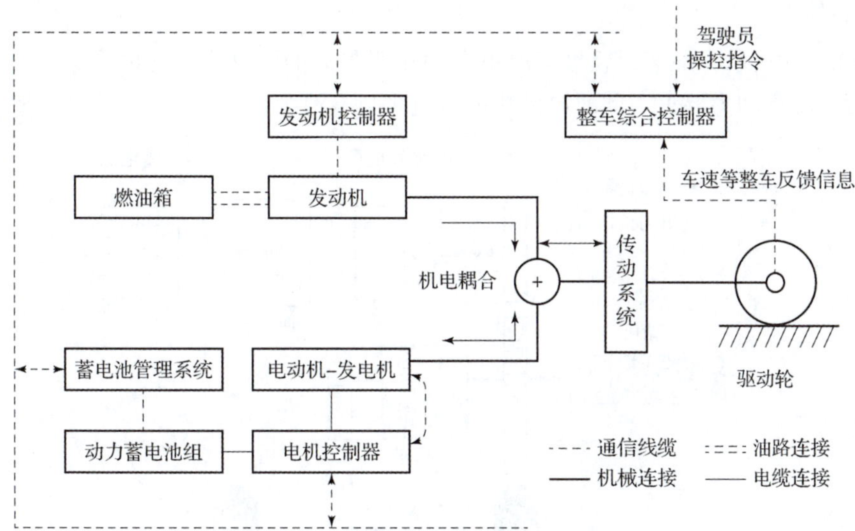

图 12.3.3　并联混合动力汽车的结构简图

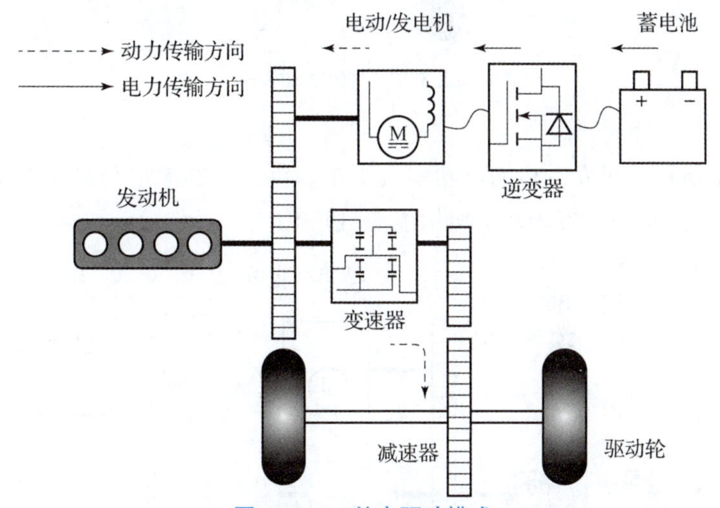

图 12.3.4　纯电驱动模式

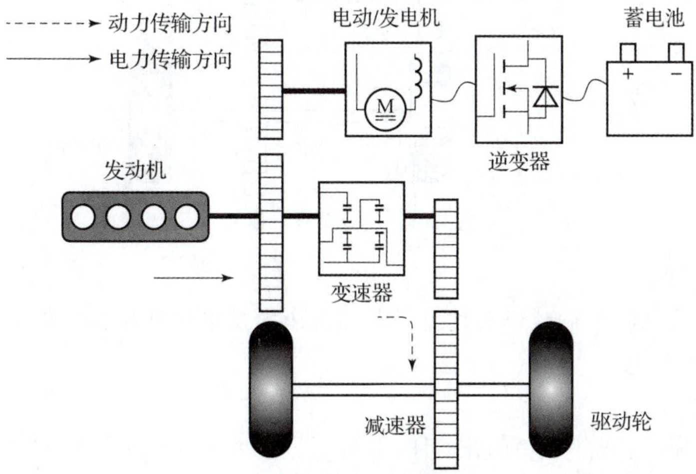

图 12.3.5　纯发动机驱动模式

3）混合驱动

如图 12. 3. 6 所示，加速或爬坡工况下车辆需要更大的驱动力，这时两条动力线同时输出动力，可满足高动力要求。此时电动机的能量来自电池组。

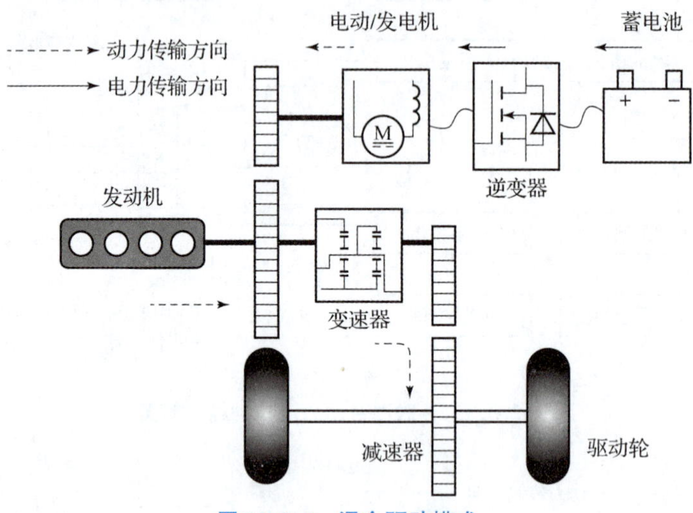

图 12. 3. 6　混合驱动模式

4）行车充电

如图 12. 3. 7 所示，当发动机输出功率大于车辆负荷、电池组荷电状态未达到最高限值时，发动机的多余能量用来带动发电机给电池组充电。

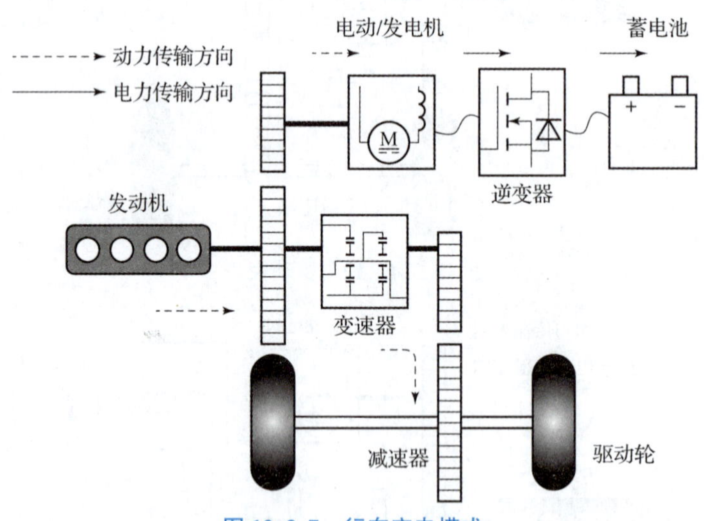

图 12. 3. 7　行车充电模式

5）制动能量回收

如图 12. 3. 8 所示，车辆减速制动时，电动机作为发电机使用，提供电制动力矩，同时回收电能给电池组充电。

6）停车充电

如图 12. 3. 9 所示，若停车前电池组的电量不足，为了保证下一次起动时可以使用纯电驱动，增加纯电驱动续驶里程，可以在停车时利用发动机给电池组充电。

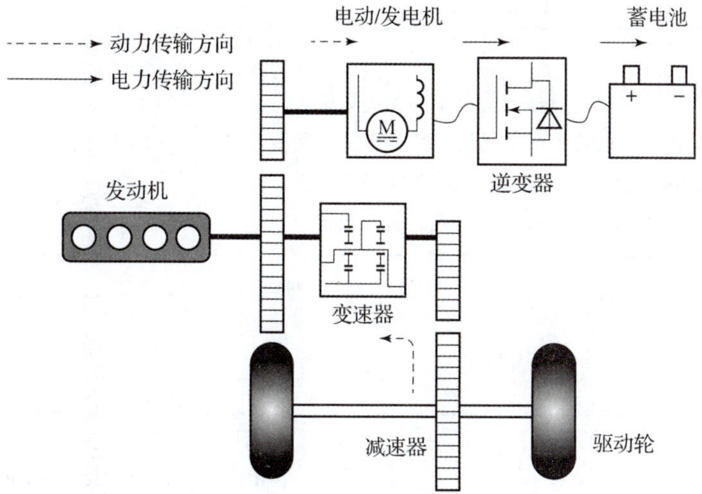

图 12.3.8　制动能量回收模式

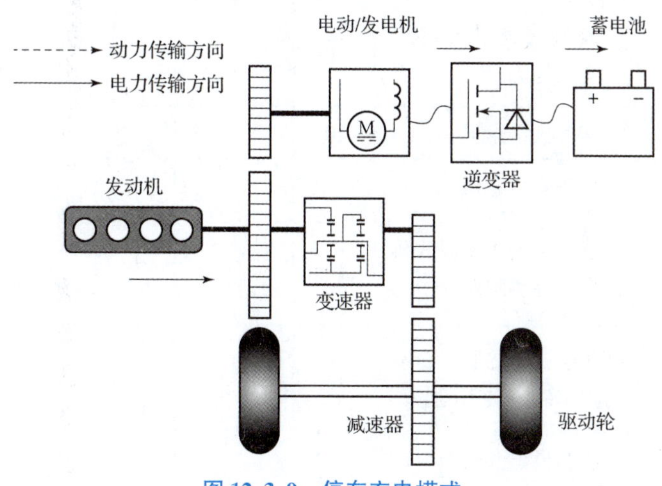

图 12.3.9　停车充电模式

任务实施

<table>
<tr><td>一、任务场景：校内实训室</td></tr>
<tr><td>二、任务要求：
1. 演练任务：学生进行归纳、总结、PPT 汇报，并撰写研究报告；
2. 演练目的：具备分析能力、具有环保意识和科学认知理念；
3. 演练内容：请同学们查阅资料，总结归纳并联混合动力汽车定义组成及特点，并联混合汽车的结构原理，并联混合动力汽车的工作模式</td></tr>
<tr><td>三、任务分组：在这个任务中，采用分组实施方式进行，4~8 人为一组，以学生自荐或推荐的方式选出组长，负责本团队的组织协调工作，带头示范、督促、帮助其他组员完成相应工作</td></tr>
</table>

续表

四、任务步骤：

1. 查阅资料，查找关于并联混合动力汽车的相关知识；
2. 归纳、总结并联混合动力汽车定义组成及特点，并联混合动力汽车的工作模式；
3. 制作 PPT，对并联混合汽车的结构原理进行 PPT 汇报；
4. 撰写关于并联混合动力汽车的工作模式的研究报告

任务评价

序号	评价项目	评价指标	分值	自评（30%）	互评（30%）	师评（40%）	合计
1	职业素养（50 分）	具备责任意识	10				
		具备团队协作、交流沟通能力	10				
		具备科学意识	10				
		具备安全意识	10				
		能够采用多手段收集信息、解决问题	10				
2	专业能力（30 分）	能够说出并联混合动力汽车的定义和类型	15				
		能够说出并联混合动力汽车结构原理和工作模式	15				
3	创新意识（20 分）	具备创新性思维和行动	20				
合计			100				
综合得分							

知识扩展

课后提升

一、选择题

1. 依据动力耦合方式的不同，并联混合动力汽车具有（　　）三种布置方案。

A. 单轴联合式　　B. 双轴联合式　　C. 驱动力联合式　　D. 多轴联合式

2.（　　）模式，并联结构由于增加了一套电驱动系统，因此在电池电量充足的情况下使用纯电动机起动和车辆起步驱动。该模式起步克服了传统车辆起步时发动机效率低、排放差的缺点。

A. 纯电驱动　　B. 纯发动机驱动　　C. 混合驱动　　D. 制动能量回收

E. 停车充电

3. 当发动机输出功率大于车辆负荷、电池组荷电状态未达到最高限值时，发动机的多余能量用来带动发电机给电池组充电，该模式为（　　）。

A. 纯电驱动　　B. 纯发动机驱动　　C. 混合驱动　　D. 制动能量回收

E. 停车充电

4. 若停车前电池组的电量不足，为了保证下一次起动时可以使用纯电驱动，增加纯电驱动续驶里程，可以在停车时利用发动机给电池组充电，该模式为（　　）。

A. 纯电驱动　　B. 纯发动机驱动　　C. 混合驱动　　D. 制动能量回收

E. 停车充电

二、判断题

1. 单轴联合式机械动力的耦合是在动力装置输出轴处完成的，传动系统的输入为单轴。（　　）

2. 单轴联合式实现了把不同动力装置的机械动力输出一体化，结构紧凑，但电动机要经过特殊设计。（　　）

3. 双轴联合式机械动力的耦合是在传动系统的某个环节中完成的，通常称位于传动系统中的这种耦合部件为动力耦合装置。它具有两个或多个输入轴，而输出轴有两根并直接与驱动轴相连。（　　）

4. 车辆减速制动时，电动机提供电制动力矩，同时回收电能给电池组充电。（　　）

阅读小资料

任务四　混联混合动力汽车查究

任务导入

混联混合动力汽车包含了串联式和并联式的特点。动力系统包括发动机、发电机和电动机，根据助力装置不同，它仅分为发动机为主和电机为主两种动力形式。这两种动力单元既可以单独驱动车辆，也可以共同协作。同时混联系统由于具有单独的发电机，不再像并联系统那样使用电动机作为发电机，因此发动机还可以与电动机共同工作对电池组进行充电。混联系统的内燃机系统和电机驱动系统各有一套机械变速机构，通过齿轮系或采用行星轮式结构结合在一起，从而综合调节内燃机与电动机之间的转速关系。

任务目标

知识目标	能力目标	素养目标
了解混联混合动力汽车的定义、组成、结构原理、工作模式	能够掌握混联混合动力汽车的定义、组成、结构原理、工作模式	1. 具有科学认知理念； 2. 具有安全意识； 3. 具有马克思主义哲学思维； 4. 具有绿色发展意识

知识学习

一、课前预习

预习任务	预习内容	重点	难点
混联混合动力汽车相关知识	1. 混联混合动力汽车的定义； 2. 混联混合动力汽车的组成； 3. 混联混合动力汽车结构原理； 4. 混联混合动力汽车工作模式	掌握混联混合动力汽车的结构原理	掌握混联混合动力汽车的结构原理及工作模式

基础认知

自我检测

一、问答题

什么是混联混合动力汽车？

二、填空题

1. 混联混合动力汽车动力传动系统具有两个电机系统，即（　　　　）和（　　　　）驱动系统。

2. 混联混合动力汽车在实际应用中主要有两种方案，即（　　　　）和（　　　　）。

3. 开关式混联混合动力汽车，（　　　　）起到了串联结构和并联结构的切换作用，若离合器打开，则该混合动力传动系统即为简单的串联式结构。

4. 功率分流式混联混合动力汽车，在正常工作时，发动机的输出动力自动分流为两部分：一部分直接输出到（　　　　），与电动机驱动系统输出的动力联合组成并联式结构；一部分输出到（　　　　），发电机发出的电能与动力蓄电池组组成串联式结构。

二、课堂学习

深入探究

1. 混联混合动力汽车的结构原理

以功率分流式混联混合动力汽车为例，其结构简图如图 12. 4. 1 所示。

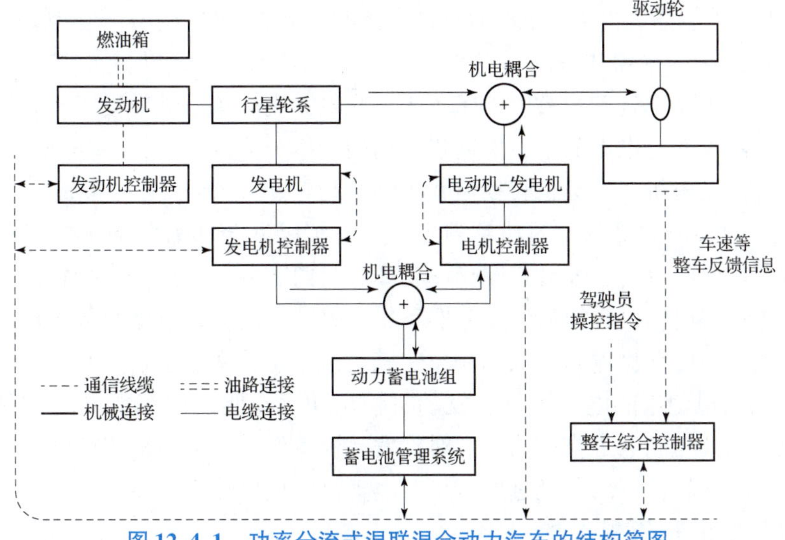

图 12. 4. 1　功率分流式混联混合动力汽车的结构简图

混联混合动力汽车同时具备了并联混合动力汽车机电耦合以及串联混合动力汽车电电耦合的特点。汽车的行驶动力由发动机、电动机－发电机通过机电耦合装置单独或联合提供。电机控制器的供电来自发动机－发电机组与动力蓄电池组组成的串联式结构。整车综合控制器、电机控制器、发动机控制器、发电机控制器和蓄电池管理系统等通过通信线缆连接组成整车控制系统，依据控制系统的状态信息以及驾驶员操控指令、车速等整车反馈信息，由整车控制器实施既定的控制策略，并输出指令到电机控制器，实施电动机－发电机的电动（驱动汽车行驶）、发电（再生制动能量回收）控制；输出指令到发动机控制器，实施发动机的开关控制以及输出功率控制；输出指令到发电机控制器，实施发电机的工作状态控制（工作转速或发电功率）；输出指令到蓄电池管理系统，实施动力蓄电池组的充、放电能量管理。

2. 混联混合动力汽车的工作模式

依据发动机、发电机、电动机－发电机的工作状态以及动力蓄电池组的充、放电状态，混联混合动力汽车具有5种工作模式，见表12.4.1。

表12.4.1 混联混合动力汽车的工作模式

工作模式	发动机	发电机	动力蓄电池组	电动机－发电机	整车状态
纯电动机驱动	关机	关机	放电	电动	驱动
再生制动充电	关机	关机	充电	发电	制动
纯发动机驱动	起动	发电	既不充电也不放电	电动	驱动
混合动力驱动	起动	发电	放电	电动	驱动
强制补充充电	起动	发电	充电	电动	驱动

各种工作模式的具体说明如下：

（1）当动力蓄电池组具有较高的电量且动力蓄电池组输出功率满足整车行驶功率需求或整车需求功率较小时，为避免发动机工作于低负荷和低效率区，混联混合动力汽车以纯电动机驱动模式工作，此时发动机处于关机状态。

（2）当汽车以纯电动机驱动行驶时，若汽车减速制动，则电动机－发电机工作于再生制动状态，汽车制动能量通过再生发电回收到动力蓄电池组中，即工作于再生制动充电模式。

（3）当汽车需求功率增加或动力蓄电池组电量偏低时，发动机起动工作，若发动机输出功率满足汽车行驶功率且动力蓄电池组不需要充电，则整车以纯发动机驱动模式工作，此时动力蓄电池组既不充电也不放电，发动机输出的功率分为两部分，一部分直接输出到驱动轮，另一部分经过发电机、电动机转换后输出到驱动轮。

（4）当汽车急加速需要更大的功率输出时，整车以混合动力驱动模式工作，此时发动机工作，动力蓄电池组放电，发动机输出的功率分为两部分，一部分直接输出到驱动轮，另一部分经过发电机、电动机转换后输出到驱动轮。另外，动力蓄电池组放电输出额外的电功率到电机控制器，使电动机输出更大的功率，满足汽车总功率需求。

（5）当动力蓄电池组的电量不足且发动机输出功率在驱动汽车的同时有剩余时，实施动力蓄电池组强制补充充电工作模式。此时，发动机工作，发动机输出的功率分三部分，一部分直接输出到驱动轮，一部分经过发电机、电动机转换后输出到驱动轮，另一部分经发电机后为动力蓄电池组进行充电。

3. 丰田普锐斯混联混合动力汽车几种典型的工作模式

图12.4.2所示为丰田普锐斯混联混合动力汽车几种典型的工作模式。

对于丰田普锐斯混联混合动力汽车，汽车以纯发动机驱动模式起步，当汽车需求功率达到发动机起动门限时，发动机起动，汽车进入正常工作模式，如图12.4.2（a）所示。发动机输出动力经过行星轮系分成两条路径：一条为驱动发电机发电，产生的电功率直接输出到电动机发电机，电动机发电机电动运转并驱动车轮；另一条直接驱动车轮。整车综合控制器自动对两条路径的动力进行最佳分配，以最大限度地优化系统效率。当汽车高速行驶需要较高动力输出时，动力蓄电池组进行放电，额外增大了电动机-发电机的输出功率，整车获得的功率为发动机输出功率与动力蓄电池组放电功率之和，如图 12.4.2（b）所示。当汽车减速制动时，混合动力系统自动实施再生制动能量回收，如图 12.4.2（c）所示。当汽车遇到红灯停车时，发动机自动熄火，避免了发动机怠速运转引起的不必要的油耗和污染物排放。

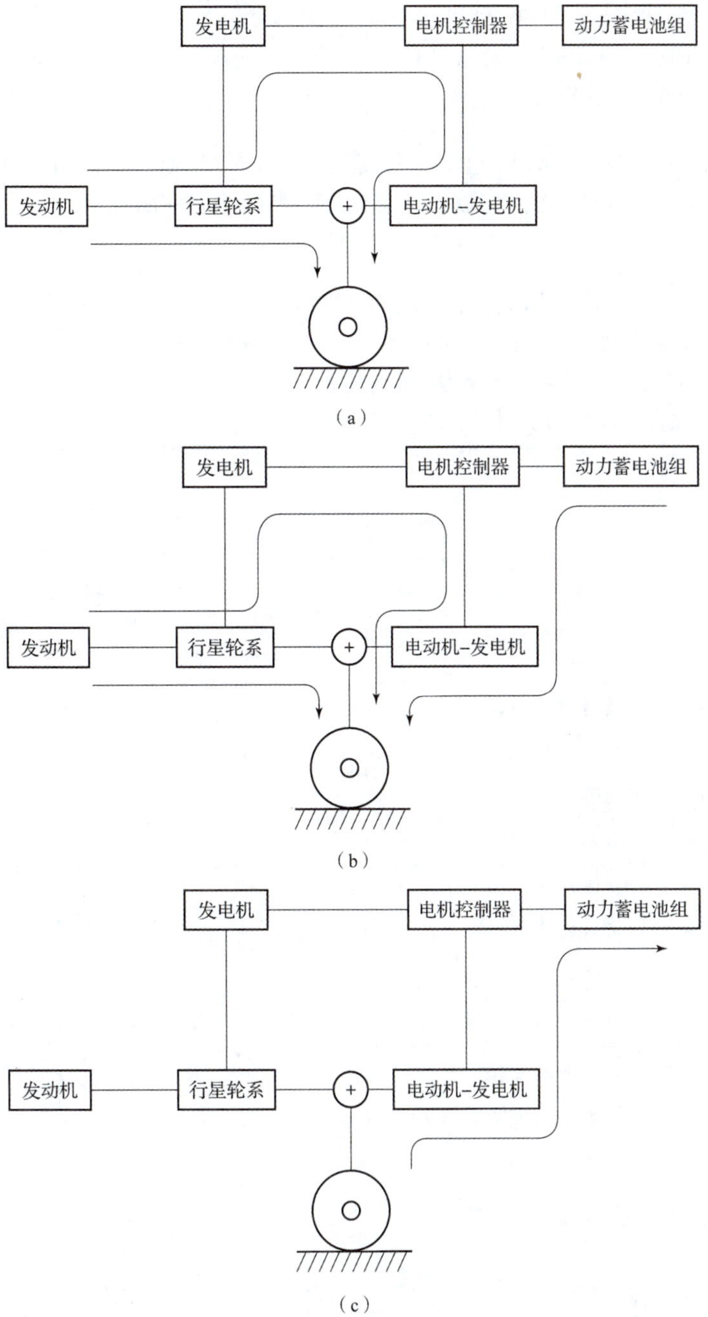

（a）

（b）

（c）

图 12.4.2　丰田普锐斯混联混合动力汽车几种典型的工作模式

（a）纯发动机驱动模式；（b）混合动力驱动模式；（c）再生制动充电模式

任务实施

一、任务场景：校内实训室
二、任务要求： 1. 演练任务：学生进行归纳、总结、PPT 汇报，并撰写研究报告； 2. 演练目的：具备分析能力、具有环保意识和科学认知理念； 3. 演练内容：请同学们查阅资料，总结归纳混联混合动力汽车定义、组成，混联混合汽车的结构原理，混联混合动力汽车的工作模式
三、任务分组：在这个任务中，采用分组实施方式进行，4～8 人为一组，以学生自荐或推荐的方式选出组长，负责本团队的组织协调工作，带头示范、督促、帮助其他组员完成相应工作
四、任务步骤： 1. 查阅资料，查找关于混联混合动力汽车的相关知识； 2. 归纳、总结混联混合动力汽车定义、组成； 3. 制作 PPT，对混联混合动力汽车的结构原理进行 PPT 汇报； 4. 撰写关于混联混合动力汽车的工作模式的研究报告

任务评价

序号	评价项目	评价指标	分值	自评（30%）	互评（30%）	师评（40%）	合计
1	职业素养（50 分）	具备责任意识	10				
		具备团队协作、交流沟通能力	10				
		具备科学意识	10				
		具备环保意识	10				
		具备安全意识	10				
2	专业能力（30 分）	能够掌握混联混合动力汽车的定义、组成	15				
		能够掌握混联混合动力汽车的结构原理、工作模式	15				
3	创新意识（20 分）	具备创新性思维和行动	20				
合计			100				
综合得分							

知识扩展

课后提升

一、选择题

1. 汽车的行驶动力由（　　）、电动机－发电机通过机电耦合装置单独或联合提供。

A. 发动机　　B. 电动机　　C. 起动机

2. 混联混合汽车的工作模式主要包括（　　）。

A. 纯电驱动　　B. 纯发动机驱动
C. 混合动力驱动　　D. 强制再生补充充电
E. 再生制动充电

3. 当汽车以纯电动机驱动行驶时，若汽车减速制动，则电动机－发电机工作于再生制动状态，汽车制动能量通过再生发电回收到动力蓄电池组中，即工作于（　　）模式。

A. 纯电驱动　　B. 纯发动机驱动
C. 混合动力驱动　　D. 强制再生补充充电
E. 再生制动充电

4. 当动力蓄电池组的电量不足且发动机输出功率在驱动汽车的同时有剩余时，实施动力蓄电池组（　　）模式。

A. 纯电驱动　　B. 纯发动机驱动
C. 混合动力驱动　　D. 强制再生补充充电
E. 再生制动充电

二、判断题

1. 依据发动机、发电机、电动机－发电机的工作状态以及动力蓄电池组的充、放电状态，混联混合动力汽车具有 5 种工作模式。（　　）

2. 当动力蓄电池组具有较高的电量且动力蓄电池组输出功率满足整车行驶功率需求或整车需求功率较小时，为避免发动机工作于低负荷和低效率区，混联混合动力汽车以纯电动机驱动模式工作，此时发动机处于关机状态。（　　）

3. 当汽车需求功率增加或动力蓄电池组电量偏低时，发动机起动工作，若发动机输出功率满足汽车行驶功率且动力蓄电池组不需要充电，则整车以纯发动机驱动模式工作。（　　）

4. 当汽车急加速需要更大的功率输出时，整车以混合动力驱动模式工作。（　　）

模块十三

其他新能源汽车

模块简介

随着经济的迅速发展和汽车保有量的高速增长，我们正面临着汽车能源需求与环境保护的双重巨大压力。我国石油保有储存量仅占世界的2.4%，供应严重不足，所以我国成为纯石油进口国。另外，我国的汽车排放尾气已成为污染环境的主要污染源之一。针对我国自然条件和能源资源特色，逐步改变汽车能源结构，发展汽车清洁代用燃料，确保这些燃料在发动机上实现高效、低污染的燃烧，才能控制汽车发动机有害污染物排放对我国空气质量带来的日趋严重的影响。

前面主要针对目前主流的新能源汽车进行了介绍，但是在新能源汽车技术不断改进完善的过程中，一些替代燃料既可以降低汽车的使用成本又可以降低污染物的排放量，从而得到了一定的推广应用，发展出了一些其他新能源汽车。那么其他新能源汽车都有哪些类型？它们如何工作？有哪些优缺点呢？为了解答这些问题。让我们一起开启本模块的学习吧。

任务一　发现气体燃料汽车

任务导入

气体燃料汽车是指利用可燃气体做能源驱动的汽车。汽车的气体代用燃料种类有很多，常见的有天然气和液化石油气。下面就让我们来认识一下气体燃料汽车吧。

任务目标

知识目标	能力目标	素养目标
1. 了解气体燃料汽车的定义； 2. 理解气体燃料汽车分类、优缺点、工作原理	1. 能够比较不同类型气体燃料汽车的优势劣势； 2. 能够分析各车型使用的气体燃料	1. 具有科学认知理念； 2. 具有绿色发展意识； 3. 具有创新意识； 4. 具有马克思主义哲学思维

知识学习

一、课前预习

预习任务	预习内容	重点	难点
气体燃料汽车相关知识	1. 了解气体燃料有哪些； 2. 了解天然气汽车优点分类； 3. 掌握天然气汽车工作原理； 4. 了解液化石油气汽车优缺点； 5. 掌握液化石油气汽车的工作原理	1. 掌握天然气汽车的工作原理； 2. 掌握液化石油气汽车的工作原理	1. 掌握天然气汽车的工作原理； 2. 掌握液化石油气汽车的工作原理

基础认知

自我检测

一、问答题

新能源汽车上的气体燃料都有哪些？

二、选择题

天然气是一种以（　　）为主要成分的矿物燃料。

A. 甲烷　　B. 乙烷　　C. 氢气　　D. 二氧化碳

三、填空题

1. 天然气以液态形式存储是指在 -162 ℃时，作为（　　　　）存储。

2. 在两用燃料发动机上，如在汽油和天然气组合使用的发动机上，由于压缩比必须按照（　　　　）来调整。

3. CNG 缸内直接喷射技术综合了柴油机和汽油机的优势，从根本上解决了预混合方式中，天然气燃料挤占进气空气体积，造成（　　　　）效率下降的问题，实现了 CNG 非均质混合气扩散燃烧，燃烧效率高，能有效提高天然气发动机的（　　　　）。

二、课堂学习

深入探究

1. 天然气汽车

1）天然气汽车的优点

天然气是一种不需要提炼的天然气种，无色、无味（输送中加入特殊臭味以便泄漏时可及时察觉)、无毒且无腐蚀性，主要成分为甲烷（CH_4）。天然气比空气轻，泄漏时会飘浮于空中，比液化石油气容易扩散，安全性比其他燃气更好。天然气作为汽车的代用燃料，其主要优点有以下几个方面：

（1）辛烷值高（可达120以上），抗爆性好，可通过提高发动机的压缩比的办法，提高发动机的热效率。

（2）天然气本身是气态，与空气混合均匀，燃烧完全，不积炭，可提高热效率10%以上。

（3）对环境污染小。汽车使用天然气与使用汽油相比，排放一氧化碳（CO）减少97%，碳氢化物（HC）减少72%，氮氧化物（NO_x）减少39%，二氧化碳（CO_2）减少24%，二氧化硫（SO_2）减少90%，苯、铅等粉尘减少100%，噪声降低40%。

（4）天然气进入发动机气缸内时是气态，对润滑油无冲刷稀释作用，有利于延长机油的使用寿命和减少机油的消耗量，发动机磨损也相应减少。

（5）用天然气作发动机燃料，其燃料费用是汽油车的2/3（尽管天然气热值较汽油略低，但其价格低），且燃料燃烧完全，无积炭，无爆震，汽车使用寿命大大延长，维修费用仅为汽油车的70%。

（6）安全性好，天然气相对密度较空气小，为0.58，一旦发生泄漏，会很快在空气中消失。而汽油不易扩散，一遇火星易着火。

天然气的热值较汽油低，使用天然气时，如不改变发动机的结构参数，发动机的功率要下降10%～18%。但天然气的辛烷值高，可通过提高发动机的压缩比的方法来提高发动机的功率，从而弥补由于热值低带来的功率下降。天然气的着火极限较汽油宽，它可在 $x=0.58\sim1.80$ 的范围内着火燃烧，这样有利于燃烧稀混合气，提高使用天然气汽车的燃料经济性。按国家《燃气汽车改装技术要求》标准，燃油车可改装为燃气汽车，发动机额定功率不低于原车的85%，发动机最大扭矩不低于原车的90%，汽车最高车速不低于原车的90%，汽车加速性能不低于原车的85%，直接挡最低稳定车速不高于原车的5%，天然气额定充气压力20 MPa。

2）天然气汽车分类

以天然气作为汽车燃料，按照所使用状态的不同可将汽车分为压缩天然气（CNG）汽车和液化天然气（LNG）汽车。

（1）压缩天然气汽车。压缩天然气是将天然气用压缩机加压到20 MPa储存在车载高压气瓶中，经减压后供发动机使用。当今世界上的压缩天然气汽车绝大多数是用原来的汽油汽车改装的。汽油车的改装从理论到实践基本成熟，而用柴油车改装压缩天然气汽车正处在试验研究阶段。用汽油车改装的压缩天然气汽车称为压缩天然气/汽油两用燃料汽车，简称压缩天然气汽车，如图13.1.1所示。

图13.1.1 压缩天然气汽车

（2）液化天然气汽车。液化天然气是指常压下，温度为 -162 ℃的液体天然气。储存于车载绝热气瓶中，使用时要先经过蒸发调压器汽化后，再提供给发动机。液化天然气汽车如图 13.1.2 所示。

图 13.1.2　液化天然气汽车

3）压缩天然气汽车的结构与原理

（1）压缩天然气汽车结构。通常压缩天然气汽车采用定型汽油车改装，在保留原车供油系统的情况下，增加一套“压缩天然气型车用压缩天然气装置”。部分压缩天然气车型以天然气为主，仅保留应急汽油箱，确保车辆正常行驶。大众途安、开迪天然气汽车组成如图 13.1.3 所示。

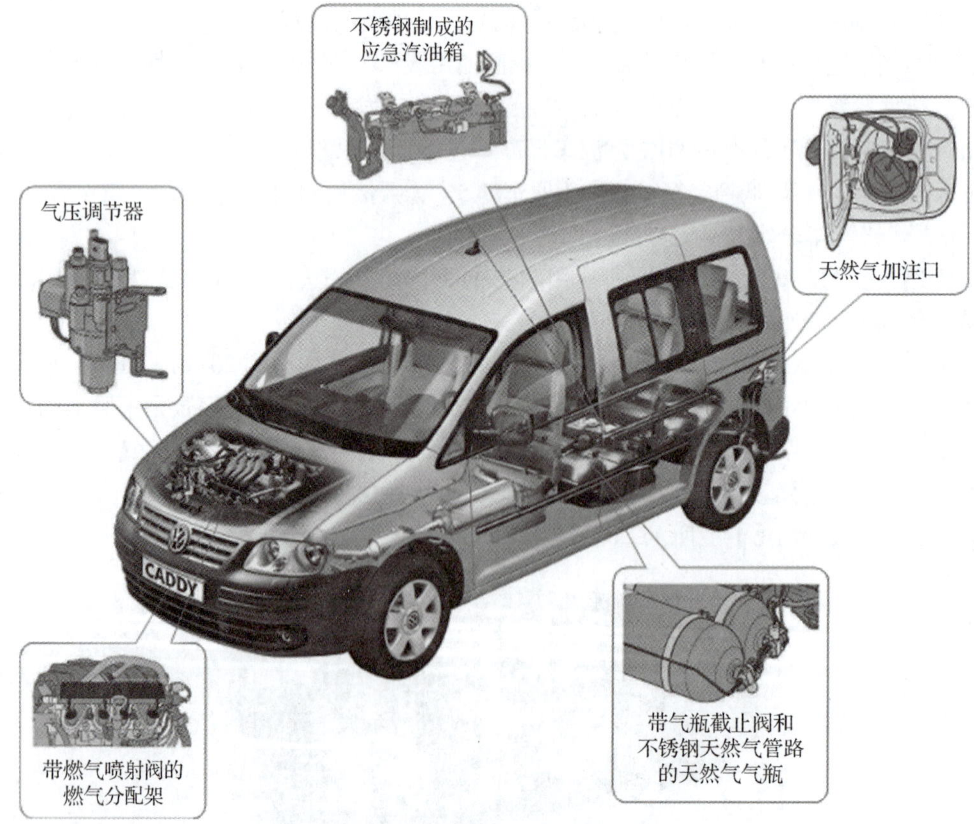

图 13.1.3　大众途安，开迪天然气汽车组成

压缩天然气汽车的天然气存储与供给系统由天然气气瓶（带气瓶截止阀和不锈钢高压天然气管路）、气压调节器、燃气分配器、压力传感器等组成。

①天然气气瓶。大众途安天然气汽车上安装有 4 个总容积约为 115 L 的天然气气瓶。为了充分利用底板总成下方的可用空间，这 4 个天然气气瓶的大小各不相同，如图 13. 1. 4、图 13. 1. 5 所示。

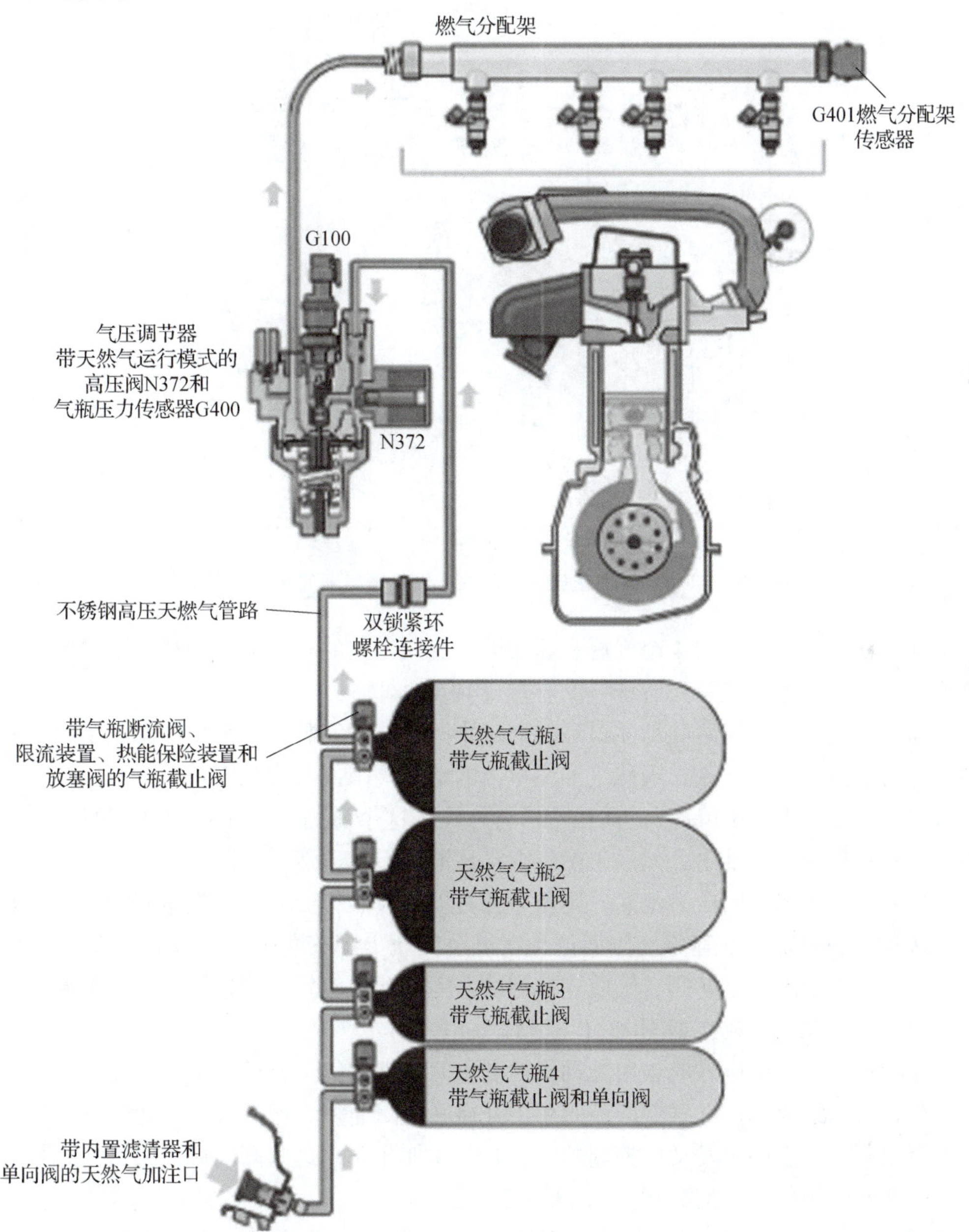

图 13. 1. 4　天然气汽车的天然气存储与供给系统

4 个天然气气瓶安装在 2 个燃料储存装置固定架上。前固定架位于后桥前面与底板总成拧在一起。在该固定架上面装有 2 个较大的天然气气瓶和 1 个应急汽油箱。应急汽油箱的容量约为 13 L。而在后桥后面的燃料储存装置固定架上装了 2 个较小的天然气气瓶。

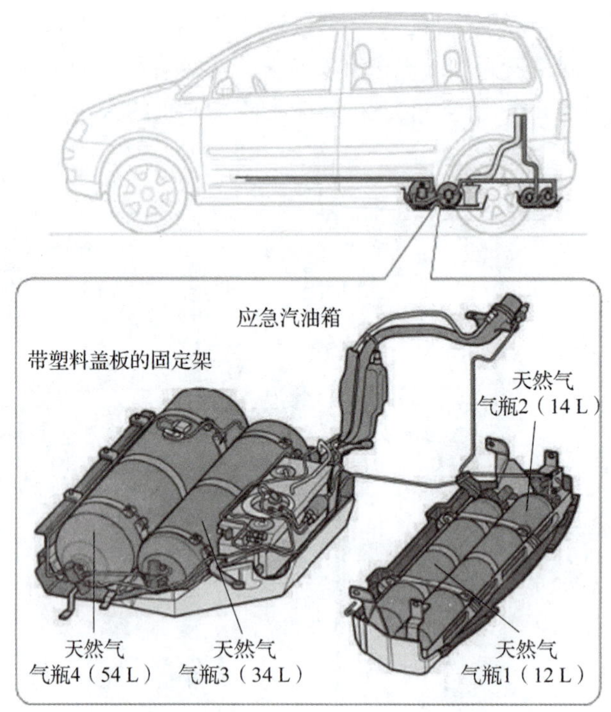

图 13.1.5　大众途安天然气汽车天然气气瓶布置与规格

大众开迪天然气汽车的 4 个气瓶和途安天然气汽车上的布置形式一样。不同的是开迪天然气汽车上 4 个天然气气瓶具有统一的容量（40 L）。

压缩天然气汽车在天然气加注口和气瓶截止阀内分别安装了一个单向阀。单向阀的作用是在天然气加注时防止回流，天然气加注口内的单向阀工作过程如下：

天然气气瓶在大约 20 MPa 的高压下进行加注。这个压力克服了压力弹簧的弹簧力，并将密封球阀从密封座内推出，然后天然气会穿过滤网流入天然气气瓶。

如果阀门进气侧上的压力消除，则压力弹簧以及天然气气瓶内已经达到的充气压力会将球阀再次压回密封座，以避免气体回流，在每个气瓶上都安装了一个结构复杂的气瓶截止阀。气瓶截止阀由手动旋塞阀、气瓶连接螺纹、不锈钢天然气管路连接螺纹、限流装置、热敏保护装置、单向阀组成，如图 13.1.6 所示。

气瓶断流阀是一个电磁阀，由发动机控制单元在天然气运行模式下进行控制。这些阀是各气瓶截止阀的组成部件。气瓶断流阀用于开启和关闭通往天然气气瓶的通道。在汽车的天然气运行模式下，它们由发动机控制单元打开。在加注时，这些阀门通过天然气的充气压力打开。气瓶断流阀外观和剖面图如图 13.1.7 所示。

加注天然气时气瓶断流阀的工作原理如下：如图 13.1.8 所示，在加注时，气瓶断流阀不通电。由于加注时的压力较高，因此阀门会克服弹簧力向上顶，从而打开通往天然气气瓶的通道。当加注过程结束时，阀门在弹簧力的作用下被往下压，从而关闭通往天然气气瓶的通道。

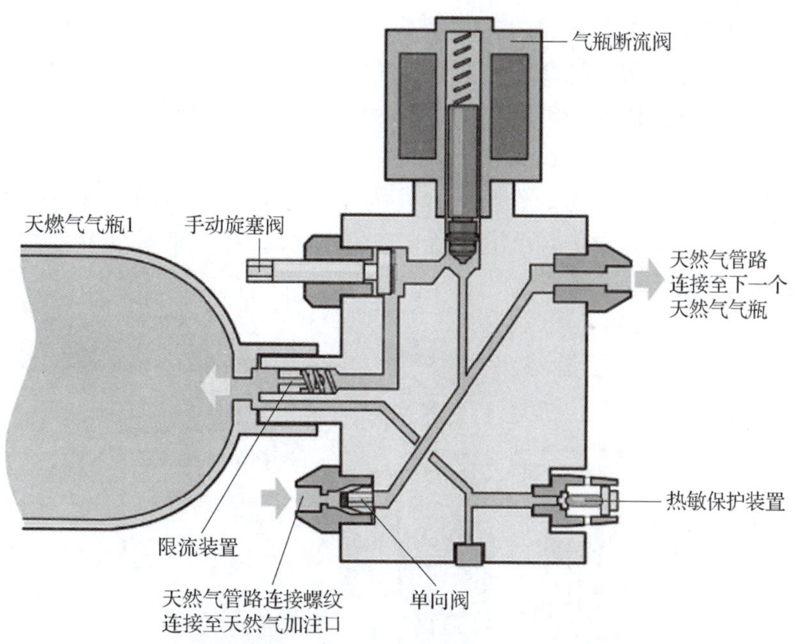

图 13.1.6　气瓶截止阀结构

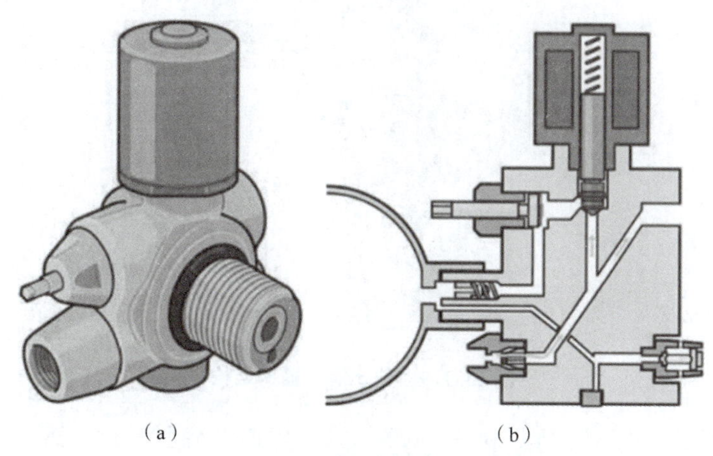

图 13.1.7　气瓶断流阀外观和剖面图

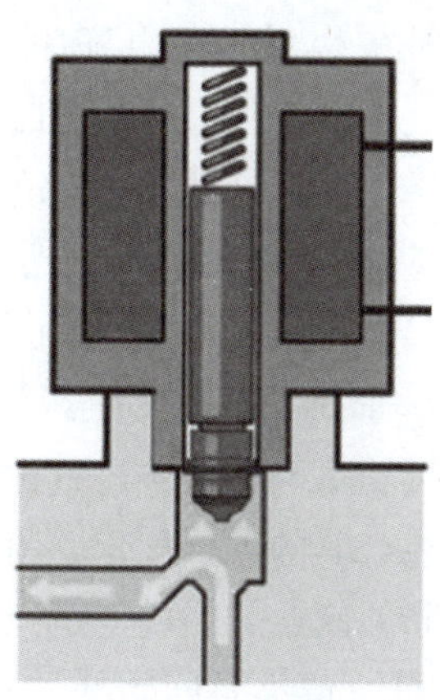

图 13.1.8　加注天然气时气瓶断流阀的状态

天然气运行模式下气瓶断流阀的工作原理：发动机控制单元向气瓶断流阀通电。在磁场的作用下，阀门被向上拉起并打开通往天然气气瓶的通道。当天然气运行模式结束时，发动机控制单元切断气瓶断流阀上的电流，此时阀门在弹簧力的作用下被往下压，从而关闭通往天然气气瓶的通道。

②气压调节器。气压调节器的作用是将天然气压力从 20 MPa 降低至 0.6 MPa。天然气减压过程是通过气压调节器内的一个减压器实现的。该减压器可以将天然气装置的高压侧与低压侧分开。气压调节器结构如图 13.1.9 所示。

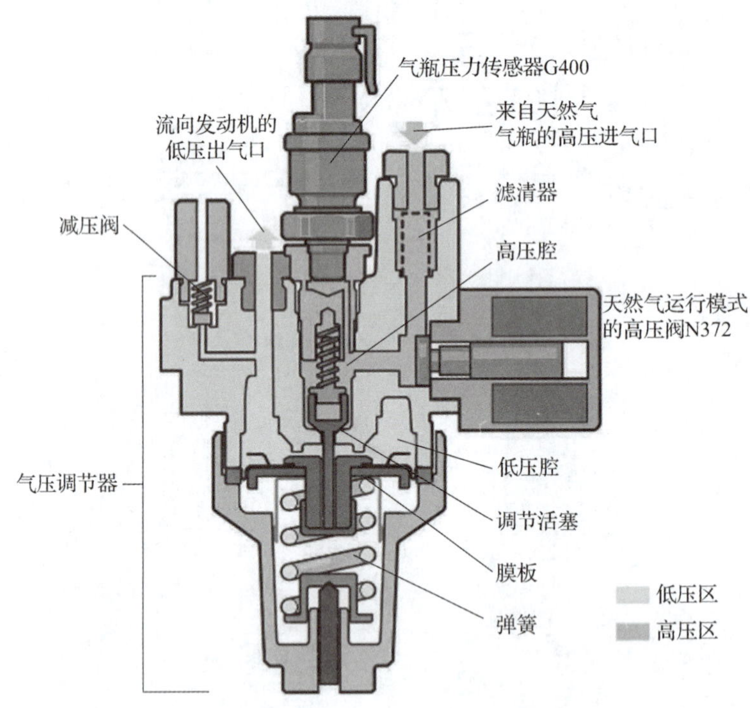

图 13.1.9　气压调节器的结构

（2）压缩天然气的工作原理。压缩天然气汽车燃料供给系统分天然气气路、控制电路和汽油油路三大部分，充气站将压缩天然气通过充气阀充入储气瓶至 20 MPa。当使用天然气作燃料时，将安装在驾驶室内的油气燃料转换电开关，拧到“气”的位置，此时天然气电磁阀打开，汽油电磁阀关闭，燃气 ECU 根据发动机工况等自动控制燃料停供和转换，同时由燃气 ECU、氧传感器、电控调节阀共同实现空燃比闭环控制。在电控燃气供给系统中，模拟器一般与燃气 ECU 制成一体，其作用是在燃用天然气时对喷油器进行关闭控制，并产生喷油器工作正常的模拟信号输送给燃油 ECU。储气瓶内的 20 MPa 高压天然气通过高压管路进入减压调节器减压，再通过低压管路、功率阀进入混合器，即燃气 ECU 指令根据发动机不同工况最佳空燃比的要求，通过功率阀控制步进电机或占空比电磁阀动作，改变低压输送管路流通截面，以精确控制进入混合器的天然气量。由于燃气与汽油的化学性质不同，在同一工况下的最佳点火提前角也不同，因此，需要一个点火时间转换器来满足发动机燃用燃气和燃油时对点火提前角的不同需要。点火时间转换器与油气转换开关联动，通过手动开关，统一控制油气电磁阀和点火时间转换器。

2. 液化石油气汽车

液化石油气是石油开采、裂解、炼制得到的副产品，其主要成分是丙烷、丙烯、丁烷、丁烯和丁二烯。

1）液化石油气汽车优点

（1）清洁环保。液化石油气常温下为气态，理化性能优于汽油和柴油，且液化石油气的燃烧速度比汽油快8%~21%，燃烧较为完全，与汽油排放相比，HC减少35%~42%，CO减少可达90%以上，NO减少30%~40%，噪声降低40%，尾气排放中不含铅和苯，硫含量极微，大大减少了对环境的污染，故当之无愧地被称为“清洁燃料”。

（2）有较好的抗爆性。液化石油气的主要成分丙烷的辛烷值高达111，比优质汽油高8%~16%，抗爆性能好。当应用于汽油机时，适当提高压缩比和点火提前角，就可以提高发动机性能。

（3）低温起动性好。液化石油气的主要成分丙烷的沸点为 -421 ℃，试验证明，在环境温度为 -30 ℃时，液化石油气汽车不需要采取特别措施就可以顺利起动。

（4）经济实惠。液化石油气以气态进入气缸，燃烧完全，积炭少，这使发动机的大修期延长30%~40%，使润滑油更换周期延长50%，降低了维护费用和运行成本。

（5）安全可靠。车用液化石油气系统设有安全保护装置，不易泄漏；液化石油气的相对密度是0.54，即使稍有泄漏，在极短的时间内空气含量也很难达到2.2%~8.5%的爆炸极限，而且其主要成分丙烷的着火温度为538 ℃，比汽油的390~430 ℃和柴油的350 ℃高，火焰传播速度较低且诱导期较长，即使因意外事故碰撞也不会爆炸燃烧。

2）液化石油气汽车缺点

液化石油气汽车与燃油汽车相比，具有以下几方面的缺点：

（1）改装后的液化石油气汽车动力性有所下降。

（2）在天气冷的地方，冬天气温低于0 ℃时会出现冷起动困难的问题。

（3）相同气缸容量的汽车，液化石油气汽车续驶里程较用汽油的汽车短14%，充气次数较密。

（4）汽车的双燃料方式并存时，整车成本较高。

（5）因为液化石油气汽车的充气站仍未普及，若要远行，离开市区便有不能补充燃料的问题。

3）液化石油气汽车的结构与原理

液化石油气的燃料理化特性与汽油较为接近，因此液化石油气汽车通常是在原汽油发动机的基础上，增加一套液化石油气装置，并与原车燃油系统协调连接好，形成能够自如实现燃料工作方式转换的两套独立系统（燃油系统和液化石油气系统）。改装后形成的汽车即为两用燃料汽车，简称液化石油气汽车。增加的液化石油气装置包括液化石油气气瓶、气瓶集成阀、蒸发（汽化）调压器、混合器及控制系统等。该套装置一般多布置在发动机舱内，但燃料转换开关安装于驾驶室内易操作处，气瓶置于后备厢中。

（1）主要部件结构。

①液化石油气气瓶。液化石油气气瓶组件由电焊接钢瓶、集成阀、充液气阀防护盒、支架等组成。液化石油气在常温工作压力1.6 MPa时即可液化装瓶。气瓶可用普通钢板或薄壁

管制成，直径也可大一些。液化石油气储气瓶的阀门与压缩天然气供给系统基本相似，但一般截面较小。

②气瓶集成阀。在轿车用气瓶上，多将气瓶附件包括各种阀门和液面计等集成为一体构成集成阀，它具有限量充装、储量显示、充液、手动截止和安全防护等多项功能。在气瓶充液时，当液化石油气达到气瓶容积的80%时，集成阀内的限量充装阀自动关闭，停止充液。利用集成阀内的液面计指示气瓶内的液化石油气储量。集成阀上装有安全阀，该阀在（2.5 ±0.2）MPa的压力下自动开启放气。另外，在出液口还装有一个安全阀，当发生供气管路破裂而有大量液化石油气泄漏时，只要该阀两侧的压力差超过0.1 MPa，该阀就自动关闭出液口。

③蒸发（汽化）调压器。多数液化石油气蒸发调压器具有预热、蒸发和调压功能。其作用是把具有一定压力的液态石油气蒸发成气态，通过流经汽化调节器的发动机冷却液的作用，使刚刚进入汽化调节器的液态石油气受热更加容易汽化，形成可以直接进入发动机燃烧的气态石油气。汽化调节器设置在钢瓶和混合器之间，根据发动机不同工况提供压力稳定的、适量的液化石油气以保证发动机处于正常稳定的工作状态。为增大热交换器的热交换量，一般采用迷宫式或管式结构，材料为热传导性能好的铝或铜。

④混合器。液化石油气供给系统混合器的结构和工作原理与压缩天然气供给系统的混合器相同，主要组件有混合器、功率阀和调节阀。它根据汽车发动机各种工况，提供合适的空气/液化石油气混合比和合适的混合气量。一般有三种结构，即盘式混合器、管式混合器、化油器－混合器。根据车型不同选用不同的混合器。

（2）工作原理。如图13.1.10所示，当汽油/液化石油气转换开关置于液化石油气位置时，液化石油气从气瓶流入蒸发调压器，并在其中蒸发减压，然后进入混合器，在混合器中与空气混合后进入发动机气缸燃烧。电控单位根据氧传感器和发动机转速传感器的信号，通过改变通向真空电磁阀的脉冲信号占空比来调节蒸发调压器膜片室的压力，以控制蒸发调压器的输出压力和供气量，从而实现供气量的闭环控制。

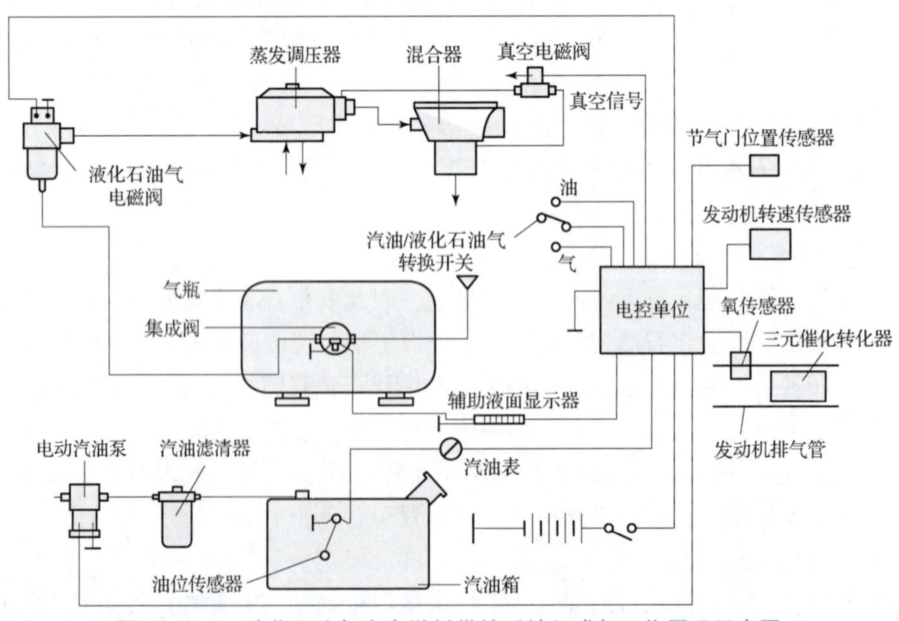

图13.1.10　液化石油气汽车燃料供给系统组成与工作原理示意图

任务实施

一、任务场景：校内实训室
二、任务要求： 1. 演练任务：学生进行归纳、总结、PPT 汇报，并撰写研究报告； 2. 演练目的：具备安全意识、具有环保意识和科学认知理念； 3. 演练内容：请同学们查阅资料，列举天然气汽车、液化石油气汽车的优缺点，并试着进行比较；说一说天然气汽车结构、原理；说一说液化石油气汽车结构原理
三、任务分组：在这个任务中，采用分组实施方式进行，4~8 人为一组，以学生自荐或推荐的方式选出组长，负责本团队的组织协调工作，带头示范、督促、帮助其他组员完成相应工作
四、任务步骤： 1. 查阅资料； 2. 找到气体燃料汽车各组成部分并拍照上传； 3. 梳理天然气汽车、液化石油气汽车的优缺点； 4. 制作 PPT，总结、归纳天然气汽车、液化石油气汽车结构原理，并进行 PPT 汇报

任务评价

序号	评价项目	评价指标	分值	自评（30%）	互评（30%）	师评（40%）	合计
1	职业素养（50 分）	具有安全意识	10				
		具有科学认知理念	10				
		具有团队责任意识	10				
		具有分析问题能力	10				
		具有劳动精神	10				
2	专业能力（30 分）	能够比较不同类型气体燃料汽车的优势劣势	15				
		能够分析各车型使用的气体燃料	15				
3	创新意识（20 分）	具备创新意识、创新能力	20				
合计			100				
综合得分							

课后提升

一、选择题

1. 天然气是一种不需要提炼的天然气种，（　　）。

A. 无色　　B. 无味　　C. 无毒　　D. 无腐蚀性

2. 天然气汽车的天然气存储与供给系统，由（　　）等组成。

A. 天然气气瓶　　B. 不锈钢高压天然气管路

C. 气压调节器　　D. 燃气分配器

E. 压力传感器

3. CNG 汽车燃料供给系统分（　　）三大部分。

A. 天然气气路　　B. 控制电路　　C. 汽油油路

4. 液化石油气是石油开采、裂解、炼制得到的副产品，其主要成分是（　　）和丁二烯。

A. 丙烷　　B. 丙烯　　C. 丁烷　　D. 丁烯

二、判断题

1. 当使用天然气作燃料时，安装在驾驶室内的油气燃料转换电开关，拧到“气”的位置，此时天然气电磁阀打开，汽油电磁阀关闭，燃气 ECU 根据发动机工况等自动控制燃料停供和转换，同时由燃气 ECU、氧传感器、电控调节阀共同实现空燃比闭环控制。（　　）

2. 相同气缸容量的汽车，液化石油气汽车续驶里程较用汽油的汽车短 14%，要充气的次数较密。（　　）

3. 液化石油气的燃料理化特性与汽油较为接近，因此液化石油气汽车通常是在原汽油发动机的基础上，增加一套液化石油气装置。（　　）

4. 液化石油气供给系统混合器的结构和工作原理与压缩天然气供给系统的混合器不相同。（　　）

任务二　发现生物燃料汽车

任务导入

所谓的生物质是指利用大气、水、土地等通过光合作用而产生的各种有机体，即一切有生命的可以生长的有机物质。它包括植物、动物和微生物。生物燃料泛指由生物质组成或萃取的固体、液体或气体燃料，可以替代由石油制取的汽油和柴油，是可再生能源开发利用的重要方向。不同于石油、煤炭、核能等传统燃料，这些新兴的燃料是可再生燃料。

任务目标

知识目标	能力目标	素养目标
1. 了解气体燃料分类； 2. 理解甲醇、乙醇燃料的特性	1. 能够对比甲醇、乙醇的特性； 2. 能够对比各种生物燃料的优势劣势	1. 具有科学认知理念； 2. 具有安全意识； 3. 具有责任意识； 4. 具有分析能力； 5. 具有绿色发展意识

知识学习

一、课前预习

预习任务	预习内容	重点	难点
生物燃料汽车相关知识	1. 了解气体燃料有哪些； 2. 理解甲醇燃料的特性； 3. 理解乙醇燃料的特性； 4. 掌握甲醇燃料汽车示范推广存在的问题； 5. 掌握乙醇燃料汽车示范推广存在的问题	1. 能够正确描述甲醇燃料的特性； 2. 能够正确描述乙醇燃料的特性	1. 掌握甲醇燃料汽车示范推广存在的问题； 2. 掌握乙醇燃料汽车示范推广存在的问题

基础认知

自我检测

一、问答题

新能源汽车上的生物燃料都有哪些？

二、填空题

1. 甲醇是一种（　　）、（　　）、（　　）、（　　）的有毒液体，略有酒精气味，可混合溶于水、醇、醚等多种有机溶剂，遇热、明火或氧化剂易燃烧。

2. 在燃料性质方面，例如调整汽油的组分或加入添加剂，可改善发动机的起动性能和避免（　　）。

3. 在醇燃料中加入着火改善剂，以改善在柴油机中使用时的（　　）性能。

4. 将燃料乙醇掺入汽油可以作为车用燃料，常规使用的是 E85 燃料，其由 15% 的（　　）和 85% 的（　　）混合而成。

二、课堂学习

深入探究

1. 甲醇燃料

甲醇是一种易溶于水的无色透明液体，具有密度小、略有臭味、易燃、易挥发、含氧高、辛烷值高的特点。甲醇作为燃料，其燃烧特性接近于目前使用的液体燃料，其抗爆性好，燃烧时不产生黑烟，排放少，火焰热辐射比汽油的小，不易造成邻近的二次火灾。

甲醇作为内燃机燃料具有以下几个特点：

（1）辛烷值比汽油高，因此可通过增大发动机的压缩比来提高发动机的热效率。

（2）甲醇的燃烧速度和火焰传播速度比汽油快，所以燃烧的定容性好，燃烧持续期短，过后燃烧程度小，有利于热效率提高。

（3）甲醇具有较高的含氧量，使用甲醇汽油可以有效提高发动机的热效率，减少汽车一氧化碳及碳氢化合物的排放，只是未燃烧的甲醇及燃烧后的醛类排放物则比普通汽油有明显增加。

（4）甲醇的汽化热比汽油高两倍多，进入气缸后会吸收周围的热量才能汽化，吸热的过程降低了燃烧室内和气缸盖的温度，使外传热量减少，提高了发动机的热效率。

（5）甲醇的着火燃烧浓度界限范围比较宽，更容易稀燃，这将使发动机的工况范围比较宽，有利于提高排气净化性能和降低油耗。

（6）醇类内燃机的有关部件和油箱需要选用合适的防腐材料。原因是甲醇在生产过程中一般会含有酸性物质；在储存过程中，甲醇受到空气的氧化或因细菌发酵也会产生少量的有机酸；自身的吸水性使之含有少量水分；燃烧后产生的甲醛、甲酸等都会对发动机产生较为严重的腐蚀和磨损影响。

专门设计的用于燃烧甲醇燃料的汽车就称为甲醇燃料汽车，如图 13.2.1 所示。由于甲醇燃料汽车也有冷起动的问题，所以甲醇用于汽车也多以与汽油混合的形式。最常见的燃料是 M85，就是 85% 的甲醇和 15% 的汽油混合溶液。

图 13.2.1　甲醇燃料汽车

中国一些地区现在示范使用含 15% 甲醇的甲醇汽油，这种甲醇汽油含有与汽油互溶的助溶剂，也含有抑制金属腐蚀的腐蚀抑制剂，汽油发动机不采用任何改动就可以使用这种燃料。

由于甲醇有毒，因此在甲醇使用的各个环节中都要特别注意，要制订相应的管理制度和使用方法来确保使用安全。

2. 乙醇燃料

乙醇俗称酒精，它在常温、常压下是一种易燃、易挥发的无色透明液体，它的水溶液具有特殊的、令人愉快的香味，并略带刺激性。以玉米为原料的发酵生产乙醇工艺技术成熟，产品质量较好，是目前世界乙醇生产最主要的工艺。

乙醇作为内燃机燃料具有以下几个特点：

（1）辛烷值高、抗爆性能好，添加乙醇可以有效地提高汽油的抗爆性。

（2）乙醇含氧量高达 34.7%，添加 10% 的乙醇，燃料含氧量可达 3.5%。

（3）通过添加乙醇改变汽油组成，可以有效地降低汽车尾气排放。美国汽车/油料（AQIRP）的研究报告表明：使用 6% 乙醇的加州新配方汽油与常规汽油相比，碳氢化合物排放减少 10%~27%，一氧化碳排放减少 21%~28%，氮氧化物排放减少 7%~16%，有毒气体排放减少 9%~32%。只是非常规排放物，如醛、醇、苯和丁二烯的排放有所增加。

（4）乙醇的热值比常规汽油的热值低，因此，使用乙醇汽油，发动机的油耗随着乙醇掺入量的增加而增加。有资料报道，当使用 10% 乙醇的混合汽油时，发动机的油耗约增加 5%。若在辛烷值相同的前提下，发动机的动力性能也会因乙醇的含量增加而有不同程度的下降。

（5）乙醇在生产过程中一般会含有酸性物质，而且在储存时由于空气的氧化或细菌发酵也会产生少量的有机酸，且其本身具有的吸水性也会使其含有少量水分，这些都会对发动机产生较为严重的腐蚀和磨损。

（6）乙醇调入汽油后，会产生明显的蒸气压调和效应，乙醇本身的饱和蒸气压为 18 kPa，当乙醇添加量为 3.0%~5.7% 时，乙醇汽油的调和蒸气压随乙醇添加量增加而提高，最高达 58 kPa；当乙醇添加量大于 5.7% 时，乙醇汽油的调和蒸气压随乙醇添加量增加而逐渐降低。

由于乙醇的热值低，一般来说，相较其他燃料汽车，乙醇汽车跑同样多的里程需要消耗更多的燃料。但是，由于辛烷值高，如果采用专门设计的高压缩比发动机，燃烧的热效率就会有所提高，可以适当补偿热值低的缺陷。由于含氧，所以在燃烧的时候就可以比汽油少消耗一点氧气，导致发动机燃料与空气相混配的比例与使用汽油不同。所以，要充分发挥乙醇的性能，需要设计专门的发动机。

但是，汽车一般不会使用纯乙醇作为燃料，因为纯乙醇在汽化时需要更多的热量（汽化潜热大），这样，汽车在冷天的起动性能不好，故通常在汽油中加入一定量的乙醇作为燃料使用。一般最高使用 E85 乙醇汽油，即含 85% 的乙醇和 15% 的汽油的混合燃料。世界上使用乙醇最多的是 E22 乙醇汽油。这样大比例的乙醇汽油，就需要专门设计的发动机，如图 13. 2. 2 所示为使用专用发动机的乙醇燃料汽车。

图 13. 2. 2　乙醇燃料汽车

3. 甲醇燃料汽车示范推广存在的问题

尽管我国已进行了大量的甲醇燃料汽车试验和研制工作，小范围应用也取得了成功，但还是存在一些问题：燃烧甲醇燃料会对汽车性能造成影响。

（1）气阻现象。使用中、低甲醇含量混合燃料（M15 ~ M30）的汽车出现发动机熄火现象时，在油路中会产生较多的甲醇蒸气，形成气阻，从而造成汽车高温起动难的现象。

（2）供油系统。甲醇汽油添加剂具有清洁作用，会清洗旧车供油系统的杂质，造成燃油滤清器和喷油器的阻塞。但这种现象只是在汽油汽车初次使用甲醇燃料时会出现，经过简单维修即可解决。

（3）腐蚀现象。某些橡胶件、塑料件受甲醇侵蚀后会发生溶胀变形或脆裂的现象。目前的解决办法是燃油供应系统的部件采用聚乙烯、聚合树脂、氯丁橡胶和氟化橡胶等耐腐蚀、耐溶胀材料。

（4）金属元器件早期磨损问题。甲醇和燃烧产物会腐蚀排气门座、进排气门、气门导管、活塞环和缸套等。解决的办法一方面是要改变机件的材质和热处理工艺，另一方面是使用甲醇发动机专用润滑油。

受原料成本和国际市场等影响，甲醇价格不稳定。甲醇燃料与汽油的替代比为 1. 8 ~ 2. 0，当甲醇价格相当于汽油的 50% ~ 55% 时，甲醇燃料的成本与汽油持平。我国甲醇生产能力和市场容量较小，没有甲醇燃料专业生产企业，也没有甲醇燃料的标准；用化工甲醇充当甲醇燃料，成本高，使用不合理；甲醇价格随国际市场和化学品价格波动大，和油品缺乏对应关系。

我国进行的各甲醇燃料汽车试验研究表明，甲醇汽车的常规排放比汽油车少，可以满足相应的排放标准。但对甲醇燃料汽车非常规排放物的控制，我国还需要进一步研究试验，取得详细的研究数据，改善甲醇的排放。

4. 乙醇燃料汽车示范推广存在的问题

通过对部分国产车燃用乙醇汽油进行行车试验、相关试验和拆解分析，没发现严重影响汽车性能的问题，但部分零部件出现了不同程度的溶胀和腐蚀现象，可能对车辆性能构成潜在影响。

（1）存水会使车用乙醇汽油出现相分离现象。

（2）变性燃料乙醇的掺入可对紫铜等金属材料制成的零部件产生腐蚀，加入适量腐蚀抑制剂可以改善车用乙醇汽油的腐蚀性能。

（3）通过研究车用乙醇汽油对国产橡胶件相溶性影响，发现车用乙醇汽油对某些橡胶件的扯断强度和硬度有明显降低作用。

制取乙醇技术尚待完善，制取乙醇成本尚待降低。中国的燃料乙醇技术刚刚开始，有关废渣的处理还没有成熟的工艺。原有的大部分粮食酒精厂因为废渣量较小，将废渣作为饲料或其他副产品处理。如何把乙醇的生产成本降下来，以增强乙醇汽油的市场竞争力，是不得不尽快解决的现实问题。

任务实施

一、任务场景：校内实训室
二、任务要求： 1. 演练任务：学生进行归纳、总结、PPT 汇报，并撰写研究报告； 2. 演练目的：具备安全意识、具有环保意识和科学认知理念； 3. 演练内容：请同学们查阅资料，列举生物燃料有哪些；说一说甲醇的特点及推广存在的问题；说一说乙醇的特点及推广存在的问题
三、任务分组：在这个任务中，采用分组实施方式进行，4～8 人为一组，以学生自荐或推荐的方式选出组长，负责本团队的组织协调工作，带头示范、督促、帮助其他组员完成相应工作
四、任务步骤： 1. 查阅资料，了解气体燃料汽车的定义； 2. 小组辩论，说一说甲醇、乙醇推广存在的问题； 3. 制作 PPT，总结、归纳甲醇、乙醇的特点，并进行 PPT 汇报

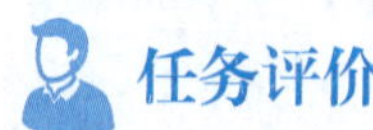

任务评价

<table>
<tr><th>序号</th><th>评价项目</th><th>评价指标</th><th>分值</th><th>自评（30%）</th><th>互评（30%）</th><th>师评（40%）</th><th>合计</th></tr>
<tr><td rowspan="5">1</td><td rowspan="5">职业素养（50 分）</td><td>具备安全意识</td><td>10</td><td></td><td></td><td></td><td></td></tr>
<tr><td>具备科学认知理念</td><td>10</td><td></td><td></td><td></td><td></td></tr>
<tr><td>具备团队责任意识</td><td>10</td><td></td><td></td><td></td><td></td></tr>
<tr><td>具备分析问题能力</td><td>10</td><td></td><td></td><td></td><td></td></tr>
<tr><td>具备劳动精神</td><td>10</td><td></td><td></td><td></td><td></td></tr>
<tr><td rowspan="2">2</td><td rowspan="2">专业能力（30 分）</td><td>能够对比甲醇、乙醇的特性</td><td>15</td><td></td><td></td><td></td><td></td></tr>
<tr><td>能够对比各种生物燃料的优势劣势</td><td>15</td><td></td><td></td><td></td><td></td></tr>
<tr><td>3</td><td>创新意识（20 分）</td><td>具备创新意识、创新能力</td><td>20</td><td></td><td></td><td></td><td></td></tr>
<tr><td colspan="3">合计</td><td>100</td><td></td><td></td><td></td><td></td></tr>
<tr><td colspan="4">综合得分</td><td colspan="3"></td><td></td></tr>
</table>

知识扩展

课后提升

一、选择题

甲醇是一种易溶于水的无色透明液体，具有（　　）、含氧高、辛烷值高的特点。

A. 密度小　　B. 略有臭味

C. 易挥发　　D. 易燃

二、判断题

1. 甲醇作为燃料，其燃烧特性接近于目前使用的液体燃料，其抗爆性好，燃烧时不产生黑烟，排放少，火焰热辐射比汽油的小，不易造成邻近的二次火灾。（ ）

2. 甲醇的汽化热比汽油高两倍多，进入气缸后吸收周围的热量才能汽化，吸热的过程降低了燃烧室内和气缸盖的温度，使外传热量增加，提高了发动机的热效率。（ ）

3. 甲醇的着火燃烧浓度界限范围比较宽，更容易稀燃，这将使发动机的工况范围比较宽，不利于提高排气净化性能和降低油耗。（ ）

4. 通过研究车用乙醇汽油对国产橡胶件相溶性影响，发现车用乙醇汽油对某些材料橡胶件的扯断强度和硬度有明显降低作用。（ ）

5. 存水会使车用乙醇汽油出现相分离现象。（ ）

阅读小资料

任务三 发现太阳能汽车和压缩空气动力汽车

任务导入

太阳能汽车是一种靠太阳能来驱动的汽车。相比传统热机驱动的汽车，太阳能汽车是真正的零排放。正因为其环保的特点，太阳能汽车被诸多国家所提倡，太阳能汽车产业的发展也日益蓬勃。压缩空气动力汽车，是以压缩空气作为驱动力的汽车。下面让我们一起来认识一下太阳能汽车和压缩空气动力汽车吧。

任务目标

知识目标	能力目标	素养目标
1. 了解太阳能汽车定义和类型； 2. 理解太阳能汽车工作原理； 3. 了解压缩空气动力汽车定义； 4. 理解压缩空气动力汽车特点及工作原理	1. 能够梳理出太阳能汽车的发展趋势； 2. 能够比对太阳能汽车和压缩空气汽车的优势和劣势	1. 具有科学认知理念； 2. 具有安全意识； 3. 具有创新意识； 4. 具有绿色环保意识

知识学习

一、课前预习

预习任务	预习内容	重点	难点
太阳能汽车和压缩空气动力汽车相关知识	1. 了解太阳能汽车定义类型； 2. 了解压缩空气动力汽车定义； 3. 掌握太阳能汽车工作原理和优势； 4. 了解太阳能汽车发展趋势； 5. 掌握压缩空气动力汽车工作原理； 6. 了解压缩空气动力汽车特点	1. 掌握太阳能汽车工作原理和优势； 2. 掌握压缩空气动力汽车工作原理及特点	1. 掌握太阳能汽车工作原理； 2. 掌握压缩空气动力汽车工作原理

基础认知

自我检测

一、问答题

1. 什么是太阳能汽车？

2. 什么是压缩空气动力汽车？

二、填空题

1. 从某种意义上来讲，太阳能汽车也是电动汽车，不同点在于电动汽车的动力电池是靠工业电网充电的，而太阳能汽车用的则是（　　　　）电池。太阳能电池的作用是将（　　　　）转化为（　　　　）。

2. 一般有两种太阳能汽车类型，一种是以装在（　　　　）的太阳能电池所得的电能为驱动能源的车辆；另一种是以装在（　　　　）的太阳能电池为电源给车载动力电池充电，再利用动力电池作为驱动能源的汽车。

3. 空气动力车，全称（　　　　），是一种以高压压缩空气为动力源，以（　　　　）为介质，运行时将高压压缩空气存储的（　　　　）能转化为其他形式的能量进行驱动的汽车。

二、课堂学习

深入探究

1. 太阳能汽车

1）太阳能汽车工作原理

太阳能电池板用于收集太阳光和其他形式的光，并在内部建立起电场以产生电流。太阳能电池板根据行驶条件，将电流传送到蓄电池，并储存起来，也可以直接输送到电机控制器，或是根据行驶工况，与蓄电池联合为电机提供电流。

太阳能汽车在晴天行驶时，初始运行阶段，阳光转化的电能直接传送到电机控制系统。

随着行驶时间的增加，来自太阳能电池板的能量将超过电机控制系统的承受范围。这种情况下，电能一部分提供给电机，另一部分被蓄电池储存起来。阴天或是雨天，太阳能电池板不能为电机提供足够电能时，蓄电池储存的电能将被利用起来使太阳能汽车仍能正常行驶。太阳能汽车停驶时，太阳能电池板产生的能量会被蓄电池储存起来。在加速行驶或减速停车时，通过对直流电机的电流控制，使其以发电机模式工作，并用蓄电池存储电能。太阳能汽车通常装有太阳能峰值功率跟踪装置，用于控制所用的能量，使能量分配更加合理。

2）太阳能汽车优势

太阳能汽车作为一种真正的绿色能源汽车，相对于传统汽车而言有着其特有的使用优势。太阳能汽车以光电代油，可以节约有限的石油资源。白天，太阳能电池把光能转换为电能自动储存在动力电池中，在晚间还可以利用低谷电（220 V）充电。

（1）太阳能汽车耗能少，只需采用 34 m^2的太阳能电池组件便可行驶。

（2）易于驾驶。太阳能汽车不需要电子点火，只需踩下加速踏板便可起动，利用控制器调整车速变化。

（3）太阳能汽车结构简单，除了定期更换蓄电池以外，基本不需要日常保养，省去了传统燃油汽车必须经常更换机油和冷却液的烦恼。

（4）太阳能汽车没有内燃机、离合器、变速箱、传动轴、散热器、排气管等零部件，结构简单，制造难度降低。

3）太阳能作为汽车的驱动能源

太阳能汽车与传统汽车不论在外观上还是运行原理上都有很大的不同。它没有内燃机、底盘、驱动、变速器等构件，而是由电池板、储电器和电动机组成，利用贴在车体外表的光伏电池板，将太阳能直接转换成电能，再通过电能的消耗，驱动汽车行驶。目前，此类太阳能汽车的时速最高能达到 100 km/h。

由于太阳能辐射强度较弱、光伏电池板造价昂贵，加之蓄电池容量和天气变化等原因，如果完全靠太阳能驱动，汽车的实用性会受到限制，由此就出现了一种采用太阳能和其他能源复合的混合动力汽车。

4）太阳能作为汽车的辅助能源

传统轿车功率一般在几十千瓦左右，而太阳辐射功率至多 1 kW/m^2。因此完全用太阳能驱动轿车，需要几十平方米的接收面积，显然难以实现。但用太阳能作为辅助动力，可减少

汽车常规燃料的消耗，可用作汽车蓄电池的辅助充电能源以及用于驱动风扇和空调等系统。太阳能汽车上装有密密麻麻的蜂窝状的装置——太阳能电池板。主要有两种类型的光电池板：硅电池和砷化合物电池。最常用的是硅太阳能电池。一般太阳能汽车通常使用陆地级硅电池板。许多独立的硅片（近1 000个）组合形成太阳能阵列。这些阵列的通常工作电压在50～200 V，并能提供1 000 W的电力。其能量大小受光强、云层覆盖度和温度高低的影响而变化。

5）太阳能汽车的“心脏”

太阳能汽车的“心脏”就是电力存储系统，它由蓄电池组和电能组组成。蓄电池组相当于普通汽车的油箱。一辆太阳能汽车使用蓄电池组来储存电，以便在必要时使用，太阳能汽车起动装置控制着蓄电池组，但是当太阳能汽车起动后，则是通过太阳能阵列提供能量，再充到蓄电池组内。由于技术原因，蓄电池的存储能量是有限的。太阳能汽车的蓄电池有不同类型：铅酸蓄电池、镍镉蓄电池、锂电池、锂聚合物电池等，它们的存储能量是不同的。太阳能汽车行驶时，被转换的太阳能被直接送到“发动机”（即直流无刷电动机）控制系统，大于“发动机”需求的电力会被蓄电池储存以备后用。当太阳能阵列不能提供足够的能量来驱动“发动机”时，蓄电池内储存的备用能量会自动补充。可见，太阳能电池的关键在于太阳能转换效率。

6）太阳能汽车的轻量化

受制于光能效转换的问题，太阳能汽车必须实现轻量化和低风阻，同时为高效利用太阳能，在造型上有时需具备可伸缩、折叠翼（即活动太阳能电池板），因此复合材料在太阳能汽车中得到了广泛的应用。复合材料由如“三明治”夹层状的结构材料构成，是相当于钢强度的轻质材料，如碳纤维和玻璃纤维等，其间的蜂窝状和泡沫塑料是常用的合成填充材料。

7）太阳能汽车的发展动态

太阳能汽车和传统汽车不同，太阳能汽车没有发动机、底盘、驱动、变速器等构件，而是由电池板、储电器和电动机组成，只要控制流入电机的电流就可以解决车辆的行驶问题。全车主要有3个技术环节：一是将太阳光转化为电能，二是将电能储存起来，三是将电能最大限度地发挥到动力上。太阳能汽车由于零污染、能源用之不竭，代表了汽车发展的新水平，因此被人们称为“未来汽车”。但太阳能汽车因造价昂贵、动力受太阳照射时间的限制以及承载能力差等特点而无法普及。而且从全生命周期总能耗来看，光伏产品是一种在生产过程中耗能而在使用过程中产能的能源产品（其产能远大于耗能）；多晶硅生产环节存在着污染问题。

2. 压缩空气动力汽车

1）工作原理

使用高压压缩空气作为动力源，空气作为介质，汽车运行时将压缩空气存储的压力能转化为其他形式的机械能（汽车动能），以液态空气和液氮等吸热膨胀做功为动力的其他气体动力汽车也应属于压缩空气动力汽车的范畴。压缩空气动力汽车工作原理与传统汽车最大差别在于汽车动力来源的不同，其发动机的总体结构形式可以借鉴传统汽车现有的结构模式，主要还是往复活塞式、旋转活塞式等形式。

压缩空气动力发动机的结构也可以有往复活塞式、旋转活塞式和气马达型等多种结构形式，目前只有往复活塞式结构的报道。

压缩空气动力发动机的动力分配方式有串联方式、并联方式和串并联混合方式。以往复活塞式结构为例，串联方式缸与缸间的空气动力是串接的，上一缸的剩余压力是下一缸的始动力。该方式的下级作用缸的结构尺寸较大，但动力利用率较高，热交换较充分。并联方式缸与缸之间的空气动力是并接的，不同缸的初始动力相同。并联方式的缸的结构尺寸相同，动力输出平稳，但剩余压力稍高。

2）压缩空气动力汽车特点

压缩空气动力汽车无燃料燃烧，排放的是无污染、无热辐射的空气，是真正的“绿色”概念汽车。其能量的传递快捷、储存容易，介质来源方便、清洁，所需的电力容易获取；充气设备和社会基础建设费用不高，较容易建造。

与传统汽车相比，其发动机工作时无燃料燃烧过程，所以发动机对材料要求低，结构简单、尺寸小、重量轻、造价低，设计和制造容易。整车使用维护和生产费用低，且可利用现有气动技术、汽车设计和制造技术，研制和开发周期短。

对环境污染要求特别严格的城市中心、重点旅游区、自然保护区，以及对噪声要求高或室内使用的中小型工具、运输工具、军用潜艇等场合，压缩空气动力发动机具有很大的市场潜力和广泛的应用前景。

3）压缩空气动力汽车与燃料电池电动汽车特性比较

压缩空气动力汽车与燃料电池电动汽车特性比较如表 13. 3. 1 所示。

表 13. 3. 1　压缩空气动力汽车与燃料电池电动汽车特性比较

特性	燃料电池电动汽车	压缩空气动力汽车
能量转换方式	化学能→电能→机械能	电能→压缩能→机械能
排放物	H_2O（$+CO_2$）	（低压）空气
能量转换率	高	较高
前期耗能过程	制氢、储氢	制备高压空气
控制程度	简单	较简单
制造成本	高	低
维护成本	高	低
使用成本	注氢、储氢成本高	充气方便、成本低
噪声	小	小
热辐射	较大	无
起动特性	较好	较好
寿命	较长	短
充气时间	较长	短
动力能量密度	大	较大
能量存储安全性	较差	较好

任务实施

一、任务场景：校内实训室
二、任务要求： 1. 演练任务：学生进行归纳、总结、PPT 汇报，并撰写研究报告； 2. 演练目的：具备安全意识、具有环保意识和责任意识； 3. 演练内容：请同学们查阅资料，列举太阳能汽车优势、展望其发展趋势；梳理太阳能汽车的工作原理；梳理压缩空气动力汽车的工作原理；比一比压缩空气动力汽车和太阳能汽车
三、任务分组：在这个任务中，采用分组实施方式进行，4~8 人为一组，以学生自荐或推荐的方式选出组长，负责本团队的组织协调工作，带头示范、督促、帮助其他组员完成相应工作
四、任务步骤： 1. 查阅资料，了解太阳能汽车定义和类型，了解压缩空气动力汽车定义； 2. 组内讨论太阳能汽车优势及其发展趋势； 3. 组间辩论比一比压缩空气动力汽车和太阳能汽车； 4. 制作 PPT，总结、归纳太阳能汽车、压缩空气动力汽车的工作原理，并进行 PPT 汇报

任务评价

序号	评价项目	评价指标	分值	自评（30%）	互评（30%）	师评（40%）	合计
1	职业素养（50 分）	具备劳动意识	10				
		具备科学认知理念	10				
		具备团队协作意识	10				
		具备分析问题能力	10				
		具备安全意识	10				
2	专业能力（30 分）	能够梳理出太阳能汽车的发展趋势	15				
		能够比对太阳能汽车和压缩空气动力汽车的优势和劣势	15				
3	创新意识（20 分）	具备创新意识、创新能力	20				
合计			100				
综合得分							

知识扩展

课后提升

判断题

1. 太阳能电池板用于收集太阳光和其他形式的光，并在内部建立起电场以产生电流。（ ）

2 太阳能电池板根据行驶条件，将电流传送到蓄电池，并储存起来，也可以直接输送到电机控制器，或是根据行驶工况，与蓄电池联合为电机提供电流。（ ）

3. 压缩空气动力汽车工作原理与传统汽车最大差别在于汽车动力来源的不同，其发动机的总体结构形式可以借鉴传统汽车现有的结构模式，主要还是往复活塞式、旋转活塞式等形式。（ ）

4. 压缩空气动力汽车无燃料燃烧，排放的是无污染、无热辐射的空气，是真正的“绿色”概念汽车。（ ）

阅读小资料

模块十四

汽车轻量化技术

模块简介

轻量化技术已经成为各个汽车企业提升市场竞争力的关键，各大厂家纷纷投身汽车轻量化技术的研究。汽车轻量化即在汽车保证其基本的使用性能要求、安全性要求和其成本控制要求的前提下，从结构、材料、工艺等方面，应用新设计、新材料、新技术来实现对汽车整体的减重，以完成汽车向“低能耗”“低排放”的转变。

汽车碳排放包括汽车行驶碳排放与汽车制造碳排放，而降低整车自重既可以降低汽车行驶油耗，减少车辆使用过程中的碳排放，也可以减少制造汽车所需的材料，进而减少生产制造过程中的碳排放。由此可以看到，除了当下新能源汽车续航能力的需要，在国家高度重视生态环境问题的情势下，汽车轻量化是势在必行且大有可为的。

任务一　汽车轻量化技术研究现状探索

任务导入

轻量化这一概念最先起源于赛车运动，它的优势其实不难理解，重量轻了，可以带来更好的操控性，发动机输出的动力能够产生更高的加速度。随着“节能环保”越来越成为被广泛关注的话题，轻量化也被广泛应用到普通汽车领域，在提高汽车操控性的同时还能使其有出色的节油表现。

任务目标

知识目标	能力目标	素养目标
1. 掌握汽车新材料的应用； 2. 掌握汽车轻量化的主要技术手段	1. 能够说出汽车新材料的应用； 2. 能够叙述轻量化的主要手段	1. 具有绿色发展意识； 2. 具有创新意识

知识学习

一、课前预习

预习任务	预习内容	重点	难点
汽车轻量化技术相关知识	1. 汽车新材料的应用； 2. 汽车轻量化的主要技术手段	掌握汽车主要运用哪些新材料	掌握汽车轻量化的主要技术手段

基础认知

自我检测

一、填空题

1. 工程塑料，它还有一个专业的名字叫（　　　　），许多车灯外壳、仪表盘就是用它制造的。

2. 汽车上经常遇见的合金材料大多为（　　　　）、（　　　　）。

3. 比合金更新型的轻量化材料，应用比较多的是（　　　　）。

二、简答题

简单描述自己常见的轻量化材料。

二、课堂学习

深入探究

汽车轻量化即在汽车保证其基本的使用性能要求、安全性要求和其成本控制要求的前提下，从结构、材料、工艺等方面，应用新设计、新材料、新技术来实现对汽车整体的减重，以完成汽车向“低能耗”“低排放”的转变。

目前，实现汽车轻量化主要有三种途径：

①结构优化，使部件薄壁化、中空化、小型化或复合化。

②使用新材料，如高强度钢、铝合金、镁合金及一些非金属材料。

③改进工艺，主要包括成型技术和连接技术。

1. 轻量化结构设计

从车身结构方面实现轻量化，主要有整体车身的拓扑优化设计、尺寸形状再优化。拓扑优化为基于经验目标函数的宏观优化，尺寸形状再优化则为局部的调整细化。

拓扑优化设计是在给定的空间范围内，通过不停地迭代，重新规划材料的分布和连接方式，将车身整体中的冗余部分去掉，使部分零部件薄壁化、中空化，完成宏观层面的拓扑优化（图 14. 1. 1）。拓扑优化是数学运算方法和有限元分析的有效结合。

尺寸形状优化是在确定了车身结构参数和材料分布的前提下展开的，主要对各个桁架结构的横截面积、几何尺寸以及节点位置寻求最优解，在保证基本刚度要求的前提下实现车身重量最轻。尺寸优化是建立在数学模型之上的最优解，可作为拓扑优化的进一步完善和提高。

图 14. 1. 1　车身结构拓扑优化设计

2. 轻量化材料的使用

轻质新材料的应用是汽车实现轻量化的关键。为实现轻量化，世界各大汽车生产商和材料生产厂家一直致力于轻量化材料的研发，轻量化材料应用的多少已经成为衡量汽车生产技术和新材料开发水平的重要标准之一。目前用于汽车轻量化的新材料主要分为金属材料和非金属材料。

1）金属材料

金属材料主要是高强度钢和轻质合金。使用高强钢、铝合金、镁合金，车体重量可分别减轻 15%~25%、40%~50% 和 55%~60%。目前，高强度钢主要被应用于汽车结构件、安全件、前后保险杠等部位；铝合金主要应用在车身结构材料的替换上；镁合金主要应用在零部件上，其中包括壳体类与支架类零部件。

高强度钢具有强度高、重量轻、成本低等特点，有助于汽车的轻量化，而且能够提高安全性，所以，汽车用高强度钢已成为颇具竞争性的轻量化材料。就目前的工业发展状况来看，车辆的主要部分如悬架、底盘和车身结构应用高强度钢较多。这些部位的高强度钢大多是在原有材料的基础上，添加不同成分的合金，从而提高了合金钢的强度和韧性。

铝及铝合金是目前应用较为成熟的轻量化金属材料（图 14. 1. 2），其优势为低密度、高轻度、高弹性、高抗冲击性能、易着色等。在当前的汽车制造中，已大量使用在汽车轮毂、动力系统及悬架系统等零部件中，近年来，奥迪、捷豹、路虎、福特等都使用了全铝式的车身结构，铝合金已经成为一种比较理想的轻量化材料，未来随着成形技术和连接技术的发展，铝合金的使用会越来越广泛。

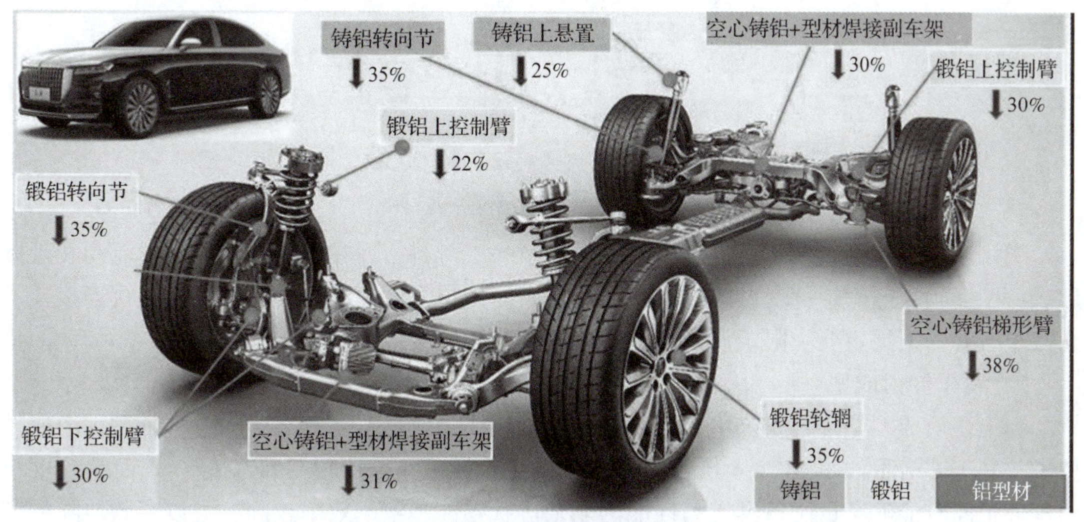

图 14.1.2 轻量化材料的应用

镁及镁合金具有密度低、重量轻、比强度优于铝合金和钢等优势，但由于其高温疲劳性能较差和抗蠕变能力弱，限制了其在汽车上的应用，目前主要应用在壳体类和支架类零件上，如仪表盘、变速箱体、转向支架、刹车支架等。我国镁含量储备大，但是在镁合金的生产、成形等方面都需要加大研究投入，将其转化为我国的优势产业。

2）非金属材料

随着汽车轻量化进程的飞速发展，非金属制品的应用范围也在不断扩大，其中使用最为广泛的是塑料制品，碳纤维作为新型材料也逐步进入了汽车产业中。

塑料的应用已经从内饰扩展到零件和构件上，“以塑代钢”已经成为一种趋势。国外很多汽车产业发达地区已经将塑料制品的用量作为衡量汽车发展的重要指标。

碳纤维复合材料是目前最主要的车用复合材料，具有密度小、耐腐蚀、比强度和比刚度高等特点，主要应用在汽车的结构件上，如汽车车身、底盘等，能在保证强度和刚度的前提下，大大减轻汽车重量。但碳纤维的生产成本高是制约其在汽车工业应用和推广的一个主要原因。目前，碳纤维复合材料主要应用于一些小批量生产的高档轿车和赛车中。

3. 轻量化工艺

为了实现全面减重的目的，在进行结构优化设计和使用新材料的情况下，仍需要研究开发更先进的生产制造工艺，以满足新结构和新材料的需求。轻量化工艺主要是新材料的零部件在生产过程中的连接技术和成型技术。当前应用较为广泛的有板材锁铆连接、粉末注射成型和内高压成型等。

1）锁铆连接技术

传统的板材连接方式如点焊，表面前处理过程复杂、生产成本较高、生产效率较低，无法满足轻量化车身对板材连接的要求。而锁铆连接技术在连接轻质材料如铝合金、镁合金等材料上具有很大优势，在连接异种材质或表面有镀层的板料时，其优势更加显著。锁铆连接在连接前不需要预冲孔，工艺步骤简单、生产效率高，在轻量化车身制造上具有广阔的发展前景，在汽车车身连接中占据很重要的地位。其工艺过程如图 14.1.3 所示。

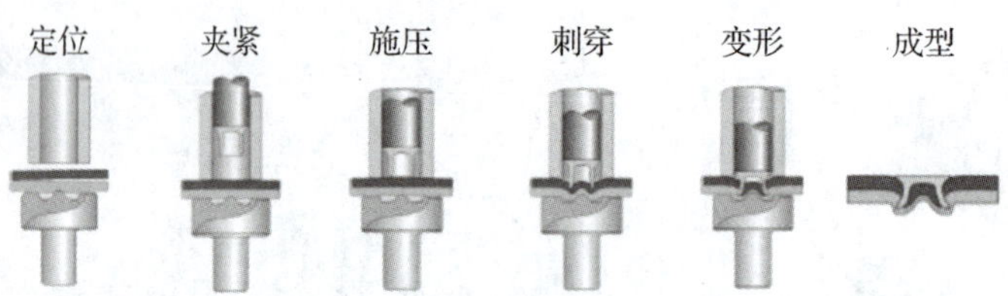

图 14.1.3　锁铆连接的工艺过程

锁铆连接是将铆钉在外力的作用下，穿透第一层材料，并在底层材料中进行流动和延展形成一个互相镶嵌的塑性变形的过程，具有较高的抗拉强度和抗剪强度。目前锁铆连接技术在汽车行业的发展主要受限于汽车行业用的相关锁铆连接设备的发展水平较低。

2）粉末注射成型

粉末注射成型是传统粉末冶金工艺与现代塑料注射成形工艺相结合的一项新型近净成型技术。其工艺流程如图 14.1.4 所示。其可以得到致密度高、力学性能良好、表面粗糙度小的零件；同时能够大量制备具有高性能的复杂形状零件；生产效率较高，可以有效地降低成本，加速汽车轻量化发展的步伐，具有巨大的技术和经济优势。目前已被大量应用在汽车轻量化上，主要包括汽车动力传输零件、涡轮增压器、燃油喷油器、安全气囊传感器嵌入件、压力传感器、电动门锁组合零件等。

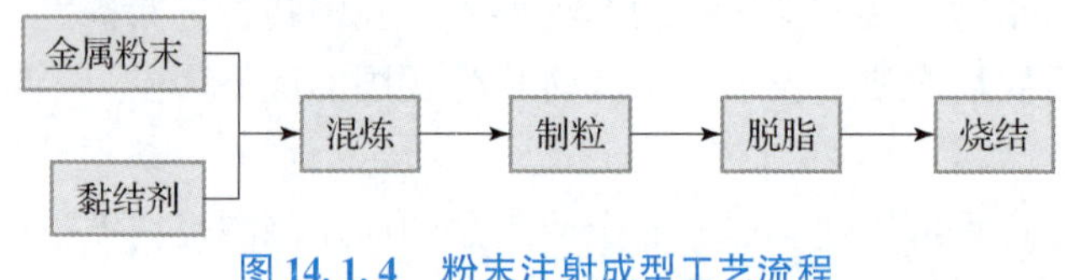

图 14.1.4　粉末注射成型工艺流程

3）内高压成型技术

内高压成型又称充液成型、液压成型，是始于 20 世纪初的一种软模成形技术。该工艺尤其适用于形状复杂、尺寸多变、外观质量要求高、批量不大的大型板材零件的生产（图 14.1.5），使复杂形状板材零件的生产简单化、柔性化，实现零件的快速制造，并且大幅度降低模具费用。

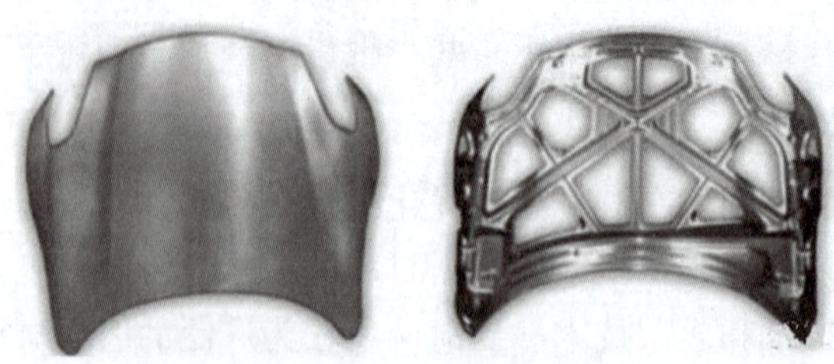
图 14.1.5　内高压板材成型示例

根据原材料形状的不同可分成两类，即板材和管材。板材液压成型主要应用于车身覆盖件；管材液压成型主要应用于汽车复杂异形截面的管件零件，如曲轴、凸轮轴、排气管道、支架梁等。

日本丰田在 20 世纪 90 年代初已建立 2 条以 3 000 t 设备为核心的充液拉深生产线，专门生产高档车的翼子板，并进行模具开发；Amino 2002 年成立北美分公司，并建立了以 3 000 t设备为核心的充液拉深成型生产线，专门研制开发铝合金车身覆盖件充液拉深成型技术及模具，以减少零件连接数量，满足多品种、小批量、个性化车型对整体覆盖件成型的需求，提升汽车品质；德国 Schuler 公司除了生产充液拉深设备外，还给主机厂和零部件厂提供批量生产用模具。而我国目前轿车车身铝合金充液拉深零件模具开发还处于空白，这成为牵制铝合金在汽车工业应用的另一关键因素。

任务实施

一、任务场景：校内实训室
二、任务要求： 1. 演练任务：学生进行归纳、总结、PPT 汇报，并撰写研究报告； 2. 演练目的：具有环保意识和创新理念； 3. 演练内容：请同学们查阅资料，梳理轻量化材料的种类，梳理轻量化的主要技术手段
三、任务分组：在这个任务中，采用分组实施方式进行，4～8 人为一组，以学生自荐或推荐的方式选出组长，负责本团队的组织协调工作，带头示范、督促、帮助其他组员完成相应工作
四、任务步骤： 1. 查阅资料，了解轻量化材料的种类和轻量化的主要技术手段； 2. 制作 PPT，总结、归纳轻量化材料的种类及主要技术手段，并进行 PPT 汇报

任务评价

序号	评价项目	评价指标	分值	自评（30%）	互评（30%）	师评（40%）	合计
1	职业素养（50 分）	具备责任意识、服从意识	10				
		具备团队协作、交流沟通能力	10				
		具备完成任务的积极主动性	10				
		能够采用多手段收集信息、解决问题	20				
2	专业能力（30 分）	能够说出汽车新材料的应用	15				
		能够叙述轻量化的主要手段	15				
3	创新意识（20 分）	具备创新性思维和行动	20				
合计			100				
综合得分							

课后提升

一、填空题

1. 汽车轻量化即在汽车保证其基本的使用性能要求、安全性要求和其成本控制要求的前提下，从（　　　）、（　　　）、（　　　）等方面，应用新设计、新材料、新技术来实现对汽车整体的减重，以完成汽车向“（　　　）”“（　　　）”的转变。

2. 实现汽车轻量化主要有三种途径：①（　　　），使部件薄壁化、中空化、小型化或复合化；②（　　　），如高强度钢、铝合金、镁合金及一些非金属材料的使用；③（　　　），主要包括成型技术和连接技术。

二、简答题

简单描述轻量化的优点。

任务二　汽车轻量化技术发展趋势探索

任务导入

在“碳达峰”“碳中和”目标指引下，我国力争于 2030 年前控制二氧化碳的排放达到峰值，2060 年前实现碳中和。汽车产业是推动节能减排的重要领域。对于轻量化系数总体目标，要求 2025 年、2030 年、2035 年燃油乘用车轻量化系数分别降低 10%、18%、25%，纯电动乘用车轻量化系数分别降低 15%、25%、35%。

燃油车方面，轻量化系数降低将有利于整车油耗的降低。汽车整备质量每减少 100 kg，每百公里油耗可降低 0.3~0.6 L（二氧化碳排放可减少 6~14 g/km），以 5 L/100 km 为标准，可以降低油耗 6%~12%。

任务目标

知识目标	能力目标	素养目标
1. 掌握国家对于节能减排的相关政策； 2. 掌握汽车轻量化技术主要手段； 3. 掌握汽车轻量化技术发展趋势	1. 能够说出汽车轻量化技术主要手段； 2. 能够叙述汽车轻量化技术发展趋势	1. 具有创新发展意识； 2. 具有绿色发展意识； 3. 具有人类命运共同体意识

一、课前预习

预习任务	预习内容	重点	难点
汽车轻量化技术发展趋势相关知识	1. 国家对于节能减排的相关政策； 2. 汽车轻量化技术主要手段； 3. 汽车轻量化技术发展趋势	掌握汽车轻量化技术发展趋势	掌握汽车轻量化技术发展趋势

基础认知

二、课堂学习

深入探究

1. 轻量化策略的选择

轻量化策略由轻量化性价比决定，如图 14.2.1 所示，汽车的轻量化会带来制造成本的上升，但同时也会带来相应的收益如能耗降低和电池成本降低。然而，由于轻量化本身带来的新增成本，轻量化节省电池的效益不是无限的，因此，我们在选取轻量化策略时的核心问题点在于轻量化成本与收益的性价比。

轻量化率越高则成本增速越快。轻量化率低时成本代价较小，但如果要实现高轻量化率则需依靠材料的替换，因此会带来高昂的代价。根据 TASRI 的计算，对一台中型 1.5 t 的车辆来说，减重 10% 需要投入 2 000 元，减重 20% 的成本则快速增加至 7 000 元。总体来看，轻量化的成本和轻量化率呈近似指数曲线关系。

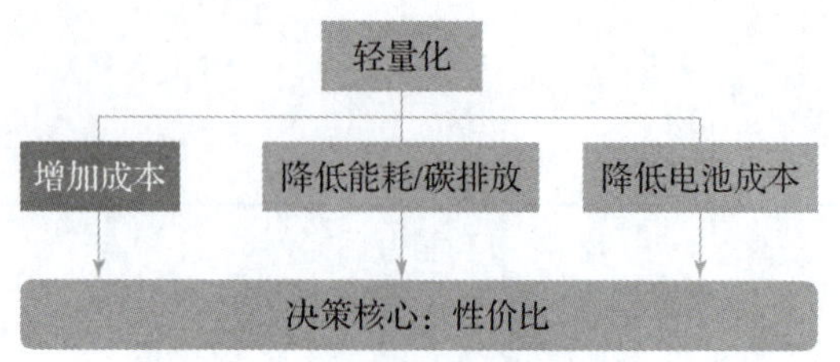

图 14.2.1　电动车轻量化策略

轻量化成本上限需重点考虑。由于轻量化可以减少电池的成本，因而新能源汽车相较于燃油汽车有更大的收益。但是随着电池成本的下降，轻量化带来的额外收益将逐步降低。从经济角度讲，选用轻量化技术时需要重点考虑成本问题，一些成本代价过于高昂的轻量化技术，即使对于电动汽车也要慎重考虑和评估。

2. 铝合金材料为主流

从目前国际通行的研究方向来看，轻量化的技术方向包括：材料的轻量化、工艺的轻量化、结构的轻量化。目前汽车轻量化材料有高强度钢、铝合金、镁合金、塑料、碳纤维等，当前钢铁材料在汽车总重中占比超过 50%，将其替换成轻量化材料是当前实现轻量化最主要的研究和发展方向，为当前轻量化的核心。铝合金用量将大幅增长，因为在各类轻量化材料中，铝合金的成本仅高于高强度钢，但远低于镁合金和塑料及碳纤维。同时，铝合金密度约为高强度钢的 1/3，与镁合金相当，能够实现有效的轻量化。考虑到成本、减重性价比及安全性能等综合因素，铝合金材料成了当前应用最为广泛、渗透最快的材料之一。根据中国汽车工程学会发布的《节能与新能源汽车技术路线图》的数据，我国将加大铝合金在汽车上的使用，单车用铝量在 2025 年和 2030 年分别达到 250 kg、350 kg（图 14.2.2）。

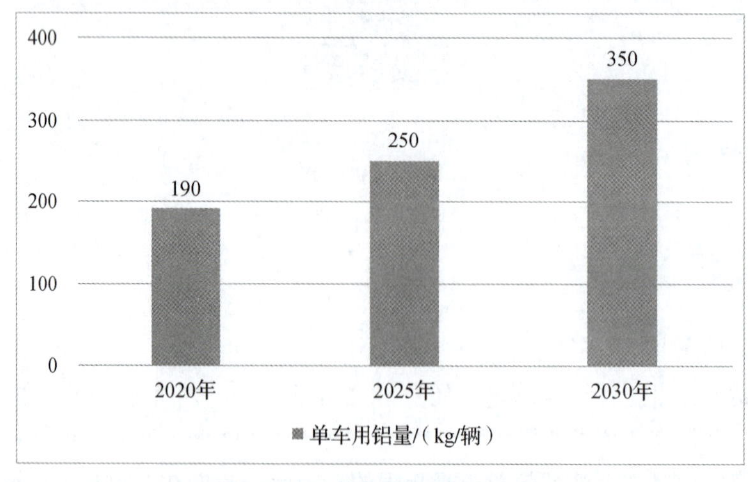

图 14.2.2　单车用铝量增长趋势

3. 铝合金压铸工艺

铸铝在汽车铝合金零部件中应用更广泛。铝合金的四大基础加工工艺主要有铸造、轧制、锻造和挤压四大类，汽车铝合金根据不同的用途和需求性能采用不同的工艺。根据李龙在《铝合金在新能源汽车工业的应用现状及展望》中的介绍，目前各类铝合金在汽车上使用比例大致为：铸铝77%，轧制材10%，挤压材10%，锻造材3%。其中压铸的原理是用压机将金属液压射到模具中，由于压铸效率高且可以加工形状复杂、壁厚小的零件，因此当前汽车铝合金零部件仍然以铸铝为主。轧制、锻造和挤压等属于变形铝合金工艺，其通过挤压、轧、锻造和弯曲等方法使铝合金的组织、形状发生变化，从而制成各种形态的半成品。其成分性能均匀，具有强度高、抗冲击性能强等优点，不过由于成本较高，所以在传统汽车车身结构中的使用并不多。

铸造又分为压铸（高压铸造、低压铸造）和重力铸造。在重力铸造中液态金属直接从转汤包倒入模具中，在重力的作用下以最小的湍流填充满整个模具，以减少氧化和起泡。而在压力铸造中，液态金属会在加压的条件下注入模具，与重力铸造相比其具有模具可以重复利用、适用壁厚较薄产品、生产效率高等优点。

传统的压铸工艺由4个步骤组成，包括模具准备、填充、注射以及落砂。铝合金压铸件主要应用在动力系统、底盘系统和车身三个领域，生产过程集合了材料、模具、设备定制和工艺（压铸工艺和热处理工艺）等各项技术能力，技术壁垒较高。国际铝业协会数据显示，目前铝合金车身结构件在传统燃油车中的渗透率为3%，在纯电动汽车中的渗透率达到8%。相比于动力系统高达90%的铝渗透率，车身结构件和底盘轻量化件是铝合金压铸行业中少有的蓝海市场。

4. 一体化压铸

传统汽车车身结构零部件较多，焊接等制造工序复杂，传统车身制造工序包括冲压、焊装、涂装、总装四大工艺，整车厂通过四大工艺实现从原材料、零部件到整车的制造过程。

（1）冲压：作为首个工序，冲压工序把来料板材通过专用模具加工成特定形状的零件。

（2）焊装：冲压加工出来的白车身零件被人工或者设备自动放入特定的焊接工装上，焊接机器人或者工人通过焊接设备把不同的冲压零件焊接成分总成，然后将分总成焊接成总成，最后总成被焊接成完整的白车身。

（3）涂装：白车身从焊装车间出来之后将会进入涂装车间，白车身在涂装车间会经过电泳、中漆、面漆3个处理工序。

（4）总装：总装是汽车四大工艺的最后一个工艺。总装线主要有内饰线、底盘线、外饰线等。油漆车身从涂装车间出来之后会进入总装线，会进行车门、线束、安全气囊、仪表板、前后桥、发动机、轮胎等各种外饰、内饰、电子部件等零部件的安装。

从四大工艺流程图我们可以看出，汽车白车身经过冲压和焊装两道工序加工而成。通常，白车身的来料包括300~500个零部件，焊接点位达到4 000~6 000个，每个零件的误差波动都会影响整车的精度。为了保证整车质量达到要求，各个零部件在组装之前都要经过严格的来料检查，汽车总装出厂前需要进行半年左右的多轮匹配联调，时间和金钱成本耗费相对比较高。

一体化压铸是一种新的颠覆传统冲压和焊接的汽车制造工艺，可以有效提升生产效率。一体化压铸后底板：特斯拉提出的一体化压铸将车身一次性成型，多个零部件合并为少个甚至是一个，简化了制造工艺，有效降低了时间成本。2020年4月，特斯拉公布了Model Y应用的一体化后底板，将之前的70块金属部件简化为了2块金属部件甚至是1块金属部件（图14.2.3）。

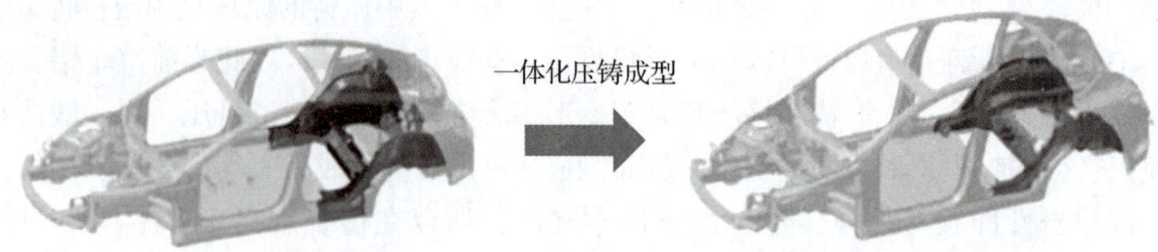

Model 3：后底板70个零件

Model Y：后底板仅2个零件
（最终将减少为1个）

图 14. 2. 3　Model Y 一体化压铸工艺

一体化压铸相较于传统的冲压加焊装工艺，有成本低、效率高、轻量化等优势，随着技术的进一步发展，一体化压铸技术有望进一步取代传统工艺。

任务实施

一、任务场景：校内实训室
二、任务要求： 1. 演练任务：学生进行归纳、总结、PPT 汇报，并撰写研究报告； 2. 演练目的：具有创新发展意识和环保意识； 3. 演练内容：请同学们查阅资料，梳理汽车轻量化技术主要手段，梳理汽车轻量化技术发展趋势
三、任务分组：在这个任务中，采用分组实施方式进行，4～8 人为一组，以学生自荐或推荐的方式选出组长，负责本团队的组织协调工作，带头示范、督促、帮助其他组员完成相应工作
四、任务步骤： 1. 查阅资料，了解汽车轻量化技术主要手段和发展趋势； 2. 梳理汽车轻量化技术主要手段； 3. 梳理整理汽车轻量化技术发展趋势； 4. 制作 PPT，总结、归纳汽车轻量化技术主要手段和发展趋势，并进行 PPT 汇报

任务评价

序号	评价项目	评价指标	分值	自评（30%）	互评（30%）	师评（40%）	合计
1	职业素养（50 分）	具备环保意识	10				
		具备安全意识	10				
		具备较强的动手能力	15				
		具备分析问题的能力	15				

续表

序号	评价项目	评价指标	分值	自评（30%）	互评（30%）	师评（40%）	合计
2	专业能力（30 分）	能够说出汽车轻量化技术主要手段	15				
		能够叙述汽车轻量化技术发展趋势	15				
3	创新意识（20 分）	具有创新性思维和行动	10				
		具有辩证思维	10				
合计			100				
综合得分							

知识扩展

课后提升

一、填空题

1. 轻量化策略由（　　　　）决定。汽车的轻量化会带来成本的上升，但同时也会带来相应的收益如能耗降低和电池成本降低。

2. 轻量化的技术方向包括：（　　　　）轻量化、（　　　　）轻量化、（　　　　）轻量化。

3. （　　　　）是一种新的颠覆传统冲压和焊接的汽车制造工艺。

二、简答题

根据所学内容，简单描述汽车轻量化技术的发展趋势。

阅读小资料

模块十五

先进汽车主动安全系统

模块简介

行车安全和治疗疾病的道理是一样的，预防大于治疗，预防事故比事故后的保护重要得多。随着人工智能的发展，汽车智能化已经成为汽车工业发展的主流趋势。汽车智能化很大一部分是主动安全配置的增加和效率的提高。汽车主动安全是指由汽车自行安装组装，能够主动避免安全事故的一些装置和技术。目前普通汽车中的主动安全技术主要包括：电子制动力分配系统、驾驶员疲劳预警系统、牵引力控制系统、电子稳定系统、车道偏离预警系统、全景扫描系统、盲区预警系统、并行辅助系统、胎压检测系统、紧急制动系统、车距的监控和预警系统等。

安全是汽车行业的重中之重，无论智能技术如何发展，安全仍旧是不容忽视的关键。汽车的安全技术有哪些呢？这些安全技术又是如何工作的？驾驶员应当如何使用这些技术呢？让我们开启本模块的学习吧。

任务一　驾驶员疲劳预警系统查究

任务导入

驾驶员疲劳预警系统（Driver Fatigue Monitor System）是一种基于驾驶员生理反应特征的驾驶人疲劳监测预警产品，全世界只有美国的 Attention Technologies 公司推出的 DD850 和瑞典的 SmartEye 公司推出的 AntiSleep 系统已经商用，奔驰、沃尔沃的高端车系以及日本丰田公司在日本销售的 13 代皇冠也都标配瞌睡报警系统。下面就让我们一起来认识一下驾驶员疲劳预警系统吧。

任务目标

知识目标	能力目标	素养目标
1. 了解驾驶员疲劳预警系统组成； 2. 了解驾驶员疲劳预警系统的工作原理	1. 能够简述驾驶员疲劳预警系统； 2. 能够说清驾驶员疲劳预警系统的工作原理	1. 具有安全意识； 2. 具有团结协作意识； 3. 具有科学技术是第一生产力理念； 4. 具有独立自主意识

知识学习

一、课前预习

预习任务	预习内容	重点	难点
驾驶员疲劳预警系统	知道驾驶员疲劳预警系统的含义	驾驶员疲劳预警系统的含义	驾驶员疲劳预警系统的含义

基础认知

自我检测

问答题

1. 什么是主动安全？
2. 什么是驾驶员疲劳预警系统？

二、课堂学习

深入探究

1. 驾驶员疲劳预警系统的组成

驾驶员疲劳预警系统一般是由信息采集单元、电子控制单元和预警显示单元三部分组成。信息采集单元通过传感器采集驾驶员信息和车辆状态信息。其中，驾驶员信息包括驾驶员的面部特征、眼部信号、头部运动性等。车辆状态信息包括转向盘转角，行驶速度、行驶轨迹等。

电子控制单元即 ECU，接收信息采集单元发送的信号，进行运算分析，判断驾驶员疲劳状态。如果经过分析发现驾驶员处于一定程度的疲劳状态，则向预警显示单元发出信号，预警显示单元根据 ECU 传递的信息，通过语音提示、智能提醒、电脉冲警示等方式，对驾驶员进行预警。

2. 检测原理

驾驶员疲劳检测的原理，主要是基于驾驶员自身特征，包括生理指标和生理反应的检测、车辆行驶状态的检测方法以及多特征信息融合的检测方法等。

1）基于生理指标检测

驾驶员在疲劳状态下的一些生理指标，如脑电、心电、肌电、脉搏、呼吸等，都会偏离正常的状态，因此可以通过生理传感器去检测驾驶员这些生理指标，来判断驾驶员是否处于疲劳状态。

第一是脑电信号的检测，脑电信号是人脑技能的宏观反应，利用脑电信号能够反映出人体的疲劳状态，客观并且准确。

脑电信号被誉为疲劳检测中的金标准。人在疲劳状态下，慢波增加，快波降低，利用脑电信号检测驾驶疲劳状况判定的准确率较高，但其操作复杂，不适合车载实时检测。

第二是心电信号检测。心电图指标主要包括心率和心率变异性等。其中心率信号综合反映了人体的疲劳程度和任务与情绪的关系，心率变异性是心脏神经活动的紧张度和均衡度的综合体现。

心电信号是判定驾驶疲劳的有效特征，准确度高。但是，利用心电信号检测人体疲劳状况，需要将电极和人身体相接触，会对驾驶员的正常驾驶带来不便。

第三是肌电信号检测。通过肌电信号的分析，反映人体的疲劳程度。肌电图的频率，随着疲劳的产生和疲劳程度的加深，呈现出下降的趋势，而肌电图的幅值增大则表明疲劳程度的增长，该方法测试简单，结论也较明确。

第四是脉搏信号检测。根据人体精神状态的不同，心脏活动和血液循环也会有差异，脉搏实际上反映的就是心脏和血液的循环。因此利用脉搏波去检测驾驶员的疲劳状态，是具有可行性的。

第五是呼吸信号的检测。人体疲劳状态的一个重要表现就是呼吸频率的降低，呼吸变得平缓。

在正常驾驶过程中，驾驶员精神集中，呼吸的频率相对较高；如果驾驶期间和他人交谈，呼吸波的频率则变得更高。当驾驶员疲劳驾驶时，注意力集中程度也会降低，此时呼吸也变得平缓。因此通过检测驾驶员的呼吸状况来判定是否疲劳驾驶，也成为研究疲劳驾驶预警系统的一个重要维度。

基于驾驶员生理指标的检测方法，客观性强，准确性高，但与检测仪器强相关。这些检测方法基本都是接触性的检测，会干扰到驾驶员的正常操作，影响行车安全。另外，由于不同人的生理信号特征有所不同，并且和心理活动的关联较大，在实际用于驾驶员疲劳检测的时候，存在很大的局限性。

2）基于生理反应检测

基于驾驶员生理反应特征的检测方法，一般采用非介入式的检测途径，利用机器视觉技术，检测驾驶员面部的生理反应特征，如眼睛特征、视线方向、嘴部状态、头部位置等，判断驾驶员的疲劳状态。

第一是眼睛特征的检测。驾驶员眼球的运动和眨眼信息被认为是反应疲劳的重要特征，眨眼的幅度、频率以及平均闭合的时间，都可以直接用于检测疲劳。

为了提高疲劳检测的准确率，可以综合检测平均睁眼的程度、最长闭眼时间的特征作为疲劳指标，达到较高的疲劳检测准确率。

通过眼睛特征检测驾驶员的疲劳程度，不会对驾驶员的行为带来任何的干扰，因此成为这一领域现行研究的热点。

第二是视线方向的检测。把眼球中心与眼球表面亮点的连线定为驾驶员的视线方向，正常状态下驾驶员正视车辆的运动前方，同时视线方向移动速度比较快；疲劳时，驾驶员视线方向的移动速度会变慢，表现出迟钝的现象，并且视线轴会偏离正常的位置。

视线方向检测法通过摄像头获取眼睛的图像，对眼球建模，把视线是否偏离正常范围，作为判别驾驶员是否疲劳驾驶的标准。

第三是嘴部状态的检测。人在疲劳时往往有频繁的打哈欠的动作，如果检测到哈欠的频率超过预定的阈值，可判断驾驶员已经处于疲劳状态，基于此原理可以完成对驾驶员的疲劳检测。

第四是头部位置的检测。驾驶员在正常驾驶和疲劳驾驶时，其头部位置是不同的。可以利用驾驶员头部位置的变化，检测疲劳程度，利用头部位置传感器对驾驶员的头部位置进行实时的跟踪，并根据头部位置的变化规律，判定驾驶员是否疲劳。

基于驾驶员生理反应特征的检测方法，优点是表征疲劳的特征直观明显，并可实现非接触测量，不足之处在于检测识别的算法复杂，疲劳特征提取困难，且检测结果受光线变化和个体生理状况的变化影响较大，对技术的要求很高。

3）基于车辆行驶状态检测

基于车辆行驶状态的疲劳检测方法，不是从驾驶员本人出发去研究，而是从驾驶员对汽车的操纵情况，间接判断驾驶员是否疲劳。该种检测方法主要利用 CCD 摄像头和车载传感器来检测汽车行驶状态，从而推测出驾驶员的疲劳状态。

首先是基于转向盘的疲劳检测。基于转向盘的检测，包括转向盘转角信号检测和力矩信号检测，驾驶员疲劳时对汽车的控制能力下降，转向盘转角左右摆动的幅度会变大，同时操纵转向盘的频率会下降。

通过对转向盘转角时域和频域分析，转向盘转角的方差或平方差可以作为疲劳驾驶的评价指标。目前，通过转向盘的转角变化情况来检测驾驶员的疲劳情况，是疲劳预警系统研究的热点。这种方法数据准确，算法简单，并且信号与驾驶员疲劳状况联系紧密，结果可信度高。

另外，驾驶员疲劳时，对转向盘的握力会逐渐减小。通过传感器实时检测驾驶员施加在转向盘的力，可以判断驾驶员的疲劳程度。

驾驶员对于转向盘的操纵特征，能够间接实时地反映驾驶员的疲劳程度，具有可靠性高、无接触的优点。但由于传感器技术的限制，其准确度有待提高。

其次是汽车的行驶状态。通过实时检测汽车的行驶速度，判断汽车是处于有效的控制状态，或是处于失控的状态，从而间接地判断出驾驶员是否疲劳。

驾驶员疲劳驾驶时，由于注意力分散，反应迟钝，汽车可能偏离车道。基于汽车行驶状态的检测方法，优点是非接触检测信号容易提取，不会对驾驶员造成干扰，基于车辆当前的硬件，只需增加少量的硬件就具有很高的实用价值。缺点是受到车辆的具体情况、道路的具体情况以及驾驶员的驾驶习惯、经验和条件等限制，测量的准确性并不高。

任务实施

一、任务场景：校内实训室
二、任务要求： 1. 演练任务：学生进行归纳、总结； 2. 演练目的：培养科学认知理念、团队协作能力； 3. 演练内容：请同学们查阅资料，对驾驶员疲劳预警系统的使用情况进行分析，并团结协作进行归纳、总结
三、任务分组：在这个任务中，采用分组实施方式进行，4～8 人为一组，以学生自荐或推荐的方式选出组长，负责本团队的组织协调工作，带头示范、督促、帮助其他组员完成相应工作
四、任务步骤： 1. 查阅资料，了解驾驶员疲劳预警系统的结构原理； 2. 对驾驶员疲劳预警系统工作原理进行分析； 3. 对驾驶员疲劳预警系统的特点进行归纳、总结

任务评价

序号	评价项目	评价指标	分值	自评（30%）	互评（30%）	师评（40%）	合计
1	职业素养（50 分）	具备责任意识、服从意识	10				
		具备团队协作、交流沟通能力	10				
		完成任务积极主动	10				
		能够采用多手段收集信息、解决问题	20				
2	专业能力（30 分）	能够说出驾驶员疲劳预警系统的结构	10				
		能够准确分析驾驶员疲劳预警系统的工作原理	10				
		能够准确分析驾驶员疲劳预警系统的特点	10				

续表

序号	评价项目	评价指标	分值	自评（30%）	互评（30%）	师评（40%）	合计
3	创新意识（20分）	具备创新性思维和行动	20				
合计			100				
综合得分							

知识扩展

课后提升

一、选择题

1. 四季中的（　　）开车容易导致疲劳。

A. 春季　　B. 夏季

C. 秋季　　D. 冬季

2. 在高速公路上行车时，最好在（　　）到就近的服务区休息一次。

A. 3 h　　B. 1 ~ 2 h

C. 4 h　　D. 中午

二、简答题

1. 简述什么是疲劳驾驶。

2. 疲劳驾驶会产生哪些后果？

阅读小资料

任务二　车道偏离预警系统查究

任务导入

据交通部统计，约有50%的汽车交通事故是因为汽车偏离正常的行驶车道引起的，究其原因主要是驾驶员心神烦乱、注意力不集中或驾驶疲劳。23%的汽车驾驶员一个月内至少在转向盘上睡着一次；66%的卡车驾驶员自己在驾驶过程中打瞌睡；28%的卡车驾驶员在一个月内有在转向盘上睡着的经历。如此惊人的比例足以证明防止车道偏离的重要意义。下面就让我们一起来认识一下车道偏离预警系统吧。

任务目标

知识目标	能力目标	素养目标
1. 了解车道偏离预警系统分类； 2. 了解车道偏离预警系统的结构和工作原理	1. 能够简述车道偏离预警系统的结构； 2. 能够说出车道偏离预警系统的工作原理	1. 具有创新发展意识； 2. 具有绿色发展意识； 3. 具有人类命运共同体意识； 4. 具有独立思考能力

知识学习

一、课前预习

预习任务	预习内容	重点	难点
车道偏离预警系统	1. 了解国外车道偏离预警系统的发展情况； 2. 了解我国车道偏离预警系统的发展情况； 3. 掌握车道偏离预警系统的结构及工作原理	车道偏离预警系统的结构及工作原理	车道偏离预警系统的工作原理

基础认知

自我检测

简答题

1. 简述国外车道偏离预警系统的发展概况。
2. 简述国内车道偏离预警系统的发展概况。

二、课堂学习

深入探究

在道路运输术语中，车道偏离预警系统（LDWS）是一种机制，可以在高速公路和主干道上车辆开始移出其车道时（除非在该方向上打开转向灯）向驾驶员发出警告。这些系统旨在通过避免导致碰撞发生的主要原因（驾驶员失误，分心和困倦）来最大限度地减少事故。2009 年，美国国家公路交通安全管理局开始研究是否在汽车上强制使用车道偏离预警系统（图 15.2.1）和正面碰撞预警系统。

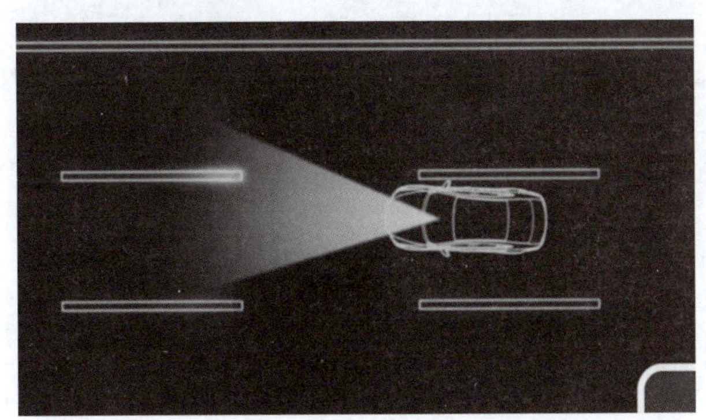

图 15.2.1 车道偏离预警系统

系统分为三种：

（1）在车辆离开车道时向驾驶员发出视觉、听觉和/或振动警告（车道偏离警告，LDW）的系统；

（2）会警告驾驶员并且对无响应的系统会自动采取措施，确保车辆停留在车道上（车道保持辅助系统，LKA/LKS）；

（3）协助过度转向，将汽车保持在车道中央并要求驾驶员在具有挑战性的情况下接管的系统（车道对中辅助，LCA）。

1. 车道偏离预警系统的结构

车道偏离预警系统主要由抬头显示器、摄像头、控制器以及传感器组成。根据摄像头安装位置不同，可以将系统分为：侧视系统，即摄像头安装在车辆侧面，斜指向车道；前视系统，即摄像头安装在车辆前部，斜指向前方的车道。

无论是侧视系统还是前视系统，都由道路和车辆状态感知、车道偏离评价算法和信号显示界面三个基本模块组成。系统首先通过状态感知模块感知道路几何特征和车辆的动态参

数，然后由车道偏离评价算法对车道偏离的可能性进行评价，必要的时候通过信号显示界面向驾驶员报警。

2. 车道偏离预警系统的工作原理

如图 15. 2. 2 所示，当车道偏离系统开启时，摄像头会时刻采集行驶车道的标识线，通过图像处理获得汽车在当前车道中的位置参数，当检测到汽车偏离车道时，传感器会及时收集车辆数据和驾驶员的操作状态，之后由控制器发出警报信号，整个过程大约在 0. 5 s 完成，为驾驶者提供更多的反应时间。而如果驾驶者打开转向灯，正常进行变线行驶，那么车道偏离预警系统不会做出任何提示。

图 15. 2. 2　车道偏离预警系统的工作原理

 任务实施

一、任务场景：校内实训室
二、任务要求： 1. 演练任务：学生进行归纳、总结； 2. 演练目的：培养科学认知理念、团队协作能力； 3. 演练内容：请同学们查阅资料，对车道偏离预警系统进行分析，并团结协作进行归纳、总结
三、任务分组：在这个任务中，采用分组实施方式进行，4～8 人为一组，以学生自荐或推荐的方式选出组长，负责本团队的组织协调工作，带头示范、督促、帮助其他组员完成相应工作
四、任务步骤： 1. 查阅资料，了解车道偏离预警系统的结构原理； 2. 对车道偏离预警系统结构、特点进行分析； 3. 对车道偏离预警系统的工作情况进行归纳、总结

任务评价

序号	评价项目	评价指标	分值	自评（30%）	互评（30%）	师评（40%）	合计
1	职业素养（50分）	具备责任意识、服从意识	10				
		具备团队协作、交流沟通能力	10				
		完成任务积极主动	10				
		能够采用多手段收集信息、解决问题	20				
2	专业能力（30分）	能够说出车道偏离预警系统的特点	10				
		能够说出车道偏离预警系统的结构	10				
		能够准确分析车道偏离预警系统的工作原理	10				
3	创新意识（20分）	具备创新性思维和行动	20				
合计			100				
综合得分							

知识扩展

课后提升

简答题

1. 车道偏离预警系统提示驾驶员的方式有哪些？
2. 车道偏离预警系统的组成包括什么？

任务三　盲区预警系统查究

任务导入

当驾驶车辆时，经常因为存在视野盲区而导致一些不必要的事故，其中较为常见是在变道或转向时发生的剐蹭，而这类事故很多都是由后视镜视野盲区所导致。所谓视野盲区，也就是驾驶员在驾驶室内时视线受到车辆结构的遮挡，无法直接看到车辆外部的区域，这部分区域因车型大小与造型的不同有着一定的差异。盲区越多，意味着驾驶员必须更为谨慎，同时也意味着更容易因看不清道路状况而发生事故。而盲区预警系统可有效减少因存在视野而导致的事故。下面就让我们一起来认识一下盲区预警系统吧。

任务目标

知识目标	能力目标	素养目标
1. 了解盲区预警系统原理； 2. 掌握盲区预警系统的作用	1. 能够简述盲区预警系统的原理； 2. 能够简述盲区预警系统的作用	1. 具有安全意识； 2. 具有团结协作意识； 3. 具有科学认知理念； 4. 具有独立自主意识

知识学习

一、课前预习

预习任务	预习内容	重点	难点
1. 盲区预警系统的主要功能 2. 乘用车的盲区	1. 掌握盲区预警系统的主要功能； 2. 掌握乘用车的盲区	乘用车的盲区	乘用车的盲区

基础认知

自我检测

一、选择题

盲区预警系统的英文缩写是（　　）。

A. ABS　　B. TCS　　C. BSD　　D. ESP

二、简答题

盲区预警系统的功能有哪些？

二、课堂学习

深入探究

当驾驶者在迅速察看了内视镜和外视镜并可能快速回头一瞥后准备放心超车时，很可能忽然听到来自左侧的一记大声警告。驾驶者很容易漏看超车道上从后面快速接近的车辆或者位于与其汽车并排的盲点区域的车辆，特别是在多车道高速公路或干线公路的繁忙交通以及城市交通中。盲区预警系统（BSD）可通过监视驾驶者难以看见的区域来缓解其大部分压力和避免危险情况的发生。

雷达传感器或摄像头负责监视车辆后面和侧面的道路空间，并在外后视镜上显示一个视觉信号，以提示盲点区域是否有运动的汽车存在。一些车型还会在驾驶者不顾盲点区域有车辆存在而想变换车道（通过打转向灯）时向其提供附加的触觉警告，亦即振动其座椅。尽管每个汽车生产商用于警告驾驶者的设计方案各不相同，但外后视镜近旁的指示器是必须有的。

盲区预警系统能够感知车辆后方盲点区域内存在的车辆，并在司机打开转向灯时对司机发出警告。在侧视镜处会有小灯闪烁以示警告，此外还有转向盘震动或声音警告。若司机没有打开转向灯，那么警示灯在检测到车辆后会保持常亮状态，而不闪烁。

盲区预警系统是驾驶辅助系统中的一项关键功能，在低速状态时覆盖车身周围360°路况。主动安全循环检测体系中还包括自适应巡航控制、车道偏离预警、停车声呐等。一些驾驶辅助系统让行车变得更安全，尤其是在长时间驾车的过程中。

盲区预警系统的基本原理如下：

（1）在汽车后保险杠内安装两个24 GHz雷达传感器，在车辆行驶速度大于10 km/h时自动启动，实时向左右3 m、后方8 m范围发出探测微波信号，系统对反射回的微波信号进行分析处理，即可知后面车辆距离、速度和运动方向等信息；

（2）通过系统算法排除固定物体和远离的物体，当探测到盲区内有车辆靠近时，指示

灯闪烁，此时驾驶员看不到盲区内的车辆，但是也能通过指示灯知道后方有车辆驶来，变道有碰撞的危险，如果此时驾驶员仍然没有注意到指示灯闪烁，打了转向灯，准备变道，那么系统就会发出“哔哔哔”的语音警报声，再次提醒驾驶员此时变道有危险，不宜变道；

（3）在整个行车过程中，不间断地探测和提醒，防止行车过程中因恶劣天气、驾驶员疏忽、后视镜盲区、新手上路等潜在危险因素而造成交通安全事故。

任务实施

一、任务场景：校内实训室
二、任务要求： 1. 演练任务：学生进行归纳、总结； 2. 演练目的：培养科学认知理念、团队协作能力； 3. 演练内容：请同学们查阅资料，对盲区预警系统性能进行分析，并团结协作进行归纳、总结
三、任务分组：在这个任务中，采用分组实施方式进行，4~8 人为一组，以学生自荐或推荐的方式选出组长，负责本团队的组织协调工作，带头示范、督促、帮助其他组员完成相应工作
四、任务步骤： 1. 查阅资料，了解盲区预警系统； 2. 对盲区预警系统性能进行分析； 3. 对盲区预警系统的发展趋势进行归纳、总结

任务评价

序号	评价项目	评价指标	分值	自评（30%）	互评（30%）	师评（40%）	合计
1	职业素养（50 分）	具备责任意识、服从意识	10				
		具备团队协作、交流沟通能力	10				
		完成任务积极主动	15				
		能够采用多手段收集信息、解决问题	15				
2	专业能力（30 分）	能够找出安装盲区预警系统的车辆	15				
		能够说出盲区预警系统的发展趋势	15				

续表

序号	评价项目	评价指标	分值	自评（30%）	互评（30%）	师评（40%）	合计
3	创新意识（20分）	具备创新性思维和行动	20				
合计			100				
综合得分							

知识扩展

课后提升

一、选择题

解决车辆正后方的盲区可通过（　　）实现。

A. 倒车影像　　B. 360°全景系统

C. 前雷达　　D. 车辆并线辅助系统

二、判断题

1. 车辆右侧盲区监测，主要解决车辆右侧的盲区问题。（　　）
2. 车辆并线辅助系统，解决车辆并线盲区问题。（　　）

阅读小资料

模块十六

先进汽车被动安全系统

模块简介

安全措施可以分为主动安全措施（防止事故发生）和被动安全措施（减小事故后果）。被动安全是指汽车在发生事故以后对车内乘员的保护，如今被动安全已经延伸到车内外所有的人甚至物体。由于国际汽车界对于被动安全已经有着非常详细的测试细节的规定，所以被动安全是可以量化的。

汽车的被动安全是指在事故发生时保护乘员和步行者，使直接损失降到最小。汽车上现在有更先进的预紧式安全带和气囊式安全带，可以更好地保护乘客的安全。安全气囊系统是安全带的辅助装置，只有在使用安全带的条件下，安全气囊系统才能充分发挥保护乘员的作用。行人安全保护装置主要有车外安全气囊和发动机罩吸能结构。当汽车与行人发生碰撞时，可以自动弹起，以保护行人的安全。

任务一　行人碰撞保护系统查究

任务导入

随着科技的发展，以及人们对交通事故中人身安全的重视，汽车上的安全保护系统越来越多。通过雷达、摄像头提前检测行人，会将接收到的信号传至 ECU，ECU 判断后下达指令给执行机构，这时车辆会利用车内的声光提醒来警示驾驶员，从而降低事故率，保护行人安全。下面就让我们一起来认识一下行人碰撞保护系统吧。

任务目标

知识目标	能力目标	素养目标
1. 了解行人碰撞保护系统的概念； 2. 了解行人碰撞保护系统的构造	1. 能够简述行人碰撞保护系统的概念； 2. 能够正确使用行人碰撞保护系统	1. 具有科学认知理念； 2. 具有团结协作意识； 3. 具有安全发展意识

知识学习

一、课前预习

预习任务	预习内容	重点	难点
初步认识行人碰撞保护系统	行人碰撞保护系统的保护措施	车外行人安全气囊	车外行人安全气囊

基础认知

自我检测

填空题

1. 通过前保险杠的（　　　　）来检测是否发生行人碰撞事故。
2. 沃尔沃行人安全气囊的工作范围是在车速（　　　　）时。

二、课堂学习

深入探究

行人保护安全气囊进一步避免人体撞击汽车的前挡风玻璃，以免在猛烈碰撞下行人与车内乘客受到更大的伤害。福特汽车公司的行人安全车采用了两种可在碰撞中对行人进行保护的新颖安全气囊，一种是发动机罩气囊，另一种是前围安全气囊，两者配合使用可减少最常见的行人伤亡事故。碰撞前由一个碰撞预警传感器激发，50～75 μs 内完成充气，保持充气状态时间可达数秒钟。充气后的安全气囊在前照灯之间的部位展开，由保险杠顶面向上伸展到发动机罩表面以上。

1. 保护原理

前围气囊系统的作用是提供二次碰撞保护，防止行人被甩到发动机罩上后被前窗底部碰伤。该系统包括两个气囊，各由汽车中心线向一侧的 A 立柱延伸，气囊由传感器探测到行人与保险杠发生初始碰撞后触发。在行人翻到发动机罩上滚向前窗这段时间内，气囊完成充气，两个气囊沿前窗底部将左右 A 立柱之间的汽车整个宽度完全覆盖，不仅能盖住前窗玻

璃底部，还可盖住刮水器摆轴与发动机罩支座等致命的“硬点”。不过，气囊不会完全封住驾驶员的视线。气囊的折叠模式和断面设计保证了气囊展开时能与汽车前端的轮廓相合，以保证儿童头部和成人腿部的安全。

2. ASADB 汽车主动保护防撞安全气囊

ASADB 汽车主动保护防撞安全气囊经过长时间上 4 次的研制试验，现已达到设计要求。经实验证明，汽车行驶后，设定车速脉冲信号达到 50 km/h 以上时电路自动导通，同时安装在车体前的微波雷达探测器导通，当车前方出现障碍物时，能语音提示驾驶员，在突发事故或碰撞前能自动刹车或人工刹车，刹车后设定车速仍在 50 km/h 以上，且微波雷达探测器探测到障碍物距车前 3 m 时，主动防撞安全气囊瞬间自动弹出，在车体前、后形成充气框架式橡胶气囊，对道路行人、车内乘员、司机及追尾车辆起到缓冲吸能保护作用。ASADB 汽车主动保护防撞安全气囊，造价低廉，可反复使用，有多种控制方式，包括全自动、刹车延时半自动和转向盘手动控制。

沃尔沃 V40 是沃尔沃于 2012 年 3 月在日内瓦车展上新发布的车型，该车型首创了“行人保护安全气囊”。行人安全气囊如图 16. 1. 1 所示，通过装在前保险杠上的一系列传感器进行工作。当行人被前保险杠撞到时，位于挡风玻璃下部的气囊便被激活，引擎罩的后部抬高，在发动机舱处创造出一块额外的自由空间。气囊主要能够保护行人的头部，特别是当其撞到引擎罩、挡风玻璃下部或前立柱时。

图 16. 1. 1　沃尔沃 V40 行人安全气囊

 任务实施

一、任务场景：校内实训室
二、任务要求： 1. 演练任务：学生进行归纳、总结； 2. 演练目的：培养科学认知理念、团队协作能力； 3. 演练内容：请同学们查阅资料，对行人碰撞保护系统进行分析，并团结协作进行归纳、总结
三、任务分组：在这个任务中，采用分组实施方式进行，4~8 人为一组，以学生自荐或推荐的方式选出组长，负责本团队的组织协调工作，带头示范、督促、帮助其他组员完成相应工作

续表

四、任务步骤：
1. 查阅资料，了解行人碰撞保护系统；
2. 对行人碰撞保护系统的性能进行分析；
3. 对行人碰撞保护系统的发展趋势进行归纳、总结

任务评价

序号	评价项目	评价指标	分值	自评（30%）	互评（30%）	师评（40%）	合计
1	职业素养（50分）	具备责任意识、服从意识	10				
		具备团队协作、交流沟通能力	10				
		完成任务积极主动	10				
		能够采用多手段收集信息、解决问题	20				
2	专业能力（30分）	能够找出安装行人碰撞保护系统的车辆	15				
		能够说出行人碰撞保护系统的发展趋势	15				
3	创新意识（20分）	具备创新性思维和行动	20				
合计			100				
综合得分							

知识扩展

课后提升

简答题

1. 简述碰撞缓冲防护系统是如何保护行人的。
2. 简述主动防护引擎盖系统是如何保护行人的。
3. 简述车外行人安全气囊系统是如何保护行人的。

阅读小资料

任务二　智能乘员约束系统查究

任务导入

汽车座椅、头枕与安全带、安全气囊等部件共同构成汽车乘员约束系统。汽车座椅、头枕性能及安装要求，对于保护汽车乘员生命安全起着重要作用。随着汽车技术发展和消费者需求的提高，对乘员保护的要求也越来越高。下面就让我们一起来认识一下智能乘员约束系统吧。

任务目标

知识目标	能力目标	素养目标
1. 了解智能乘员约束系统的概念； 2. 掌握智能乘员约束系统的组成	1. 能够简述智能乘员约束系统的概念； 2. 能够正确使用智能乘员约束系统	1. 具有科学认知理念； 2. 具有团结协作意识

知识学习

一、课前预习

预习任务	预习内容	重点	难点
1. 乘员约束的方式； 2. 安全带	1. 智能乘员约束系统的功能； 2. 安全带的功能及结构	安全带的功能及结构	安全带的结构

基础认知

自我检测

填空题

1. 乘员约束系统包括（　　　　）、（　　　　）、（　　　　）三个主要部件，它们均为（　　　　），其功能则是通过（　　　　）降低乘员与内饰接触和受伤的风险，是降低乘员伤亡风险的第二道防线。

2. 汽车安全带主要是（　　　　）点式安全带。

3. （　　　　）是根据乘员的坐姿、身材等来调节安全带长度，不使用时收卷织带的装置。

4. 安全带按智能程度划分，可分为（　　　　）安全带和（　　　　）安全带。

二、课堂学习

深入探究

汽车座椅、头枕与安全带、安全气囊等部件共同构成汽车乘员约束系统。

1. 汽车座椅

所谓的汽车座椅是坐车时乘坐的座椅。

1）基本要求

汽车座椅向司乘人员提供便于操作、舒适安全的驾驶、乘坐位置。它应具备以下条件：

（1）整个车厢内座椅的布置应合理，特别是驾驶员座椅必须处在最佳位置。

（2）座椅的外形设计必须符合人体生理功能，在保证舒适性的前提下力求美观。

（3）座椅必须安全可靠，应有足够的强度、刚度与耐久性，结构紧凑并尽可能地减轻重量。

（4）具备为满足司乘人员舒适性所设的各种调节机构，要有可靠的锁止装置，以确保安全。

2）汽车儿童安全座椅

汽车儿童安全座椅也称儿童约束系统（Child Restraint System，CRS），是一种专为不同年龄（或体重）儿童设计、安装在汽车内、能有效提高儿童乘车安全性的座椅。欧洲法规 ECE R44/03 对儿童安全座椅的定义是：能够固定到机动车辆上，由带有卡扣的安全带组件或柔韧性部件、调节机构、附件等组成的儿童安全防护系统。可与附加装置如可携式童床、婴儿提篮、辅助性座椅或碰撞防护物等组合而成。在汽车发生碰撞或突然减速的情况下，减缓对儿童的冲击力和限制儿童的身体移动来减少对他们的伤害，确保孩子的乘车安全。

随着儿童安全不断受到重视，汽车儿童座椅可用来保护不同身高和年龄的儿童乘员。目前市场上常见的儿童座椅分为婴儿型、婴幼儿型、儿童增高座椅和全能型。

按照其在车辆上放置的位置可分为通用类、半通用类、受限制类和特殊车辆类。通常，汽车用儿童安全座椅可以按年龄分为四大类，即：0～1 岁用儿童座椅；1～4 岁用儿童座椅；4～8 岁用儿童座椅；8～12 岁用儿童座椅。对于不同类别的儿童座椅，它们的结构、在车上的固定位置及固定方法等各不相同。

按照摆放方向，汽车儿童座椅分为：①卧式，手提式婴儿床（婴儿提篮）属于这类，使用时婴儿平躺着，适用于 1 岁以内的婴儿；②后向式，儿童乘坐的方向朝向车辆后方，使用时儿童往往斜躺着，配备有多点式安全带，多数产品适用于 1～3 岁的儿童；③前向式，儿童乘坐的方向朝向车辆前方，使用时儿童正常坐着，一般与成人安全带组合使用，多数产品适用于 3 岁以上的儿童；④可转换式，既可后向式也可前向式使用，一般适用于较大年龄区间的儿童，开始采用后向式，儿童足够高后改用前向式。

汽车儿童安全座椅应该在以下状况下保护儿童的乘车安全：

（1）前向碰撞或紧急刹车时，能有效阻止儿童身体向前急速运动，避免二次碰撞，更不能因为约束系统的定位不佳而向前滑动。

（2）侧向碰撞时，靠背侧翼和头枕侧翼能有效地保护儿童的躯干和头部。

（3）后向碰撞时，靠背和头枕能承托住儿童的躯干和头部，避免儿童颈部损伤。

（4）侧翻时，儿童身体及约束系统只有少许移位，绝对不能松脱。

（5）儿童睡觉时，座椅侧翼能保证儿童身体不会严重歪斜，以免碰撞时受到伤害。

2. 汽车头枕

汽车头枕是一种驾驶舒适性配置用品和安全防护用品，如图 16.2.1 所示。在车辆发生追尾时，人体由于惯性会向后倒，此时车辆加速或减速的压力都集中在人体脆弱的颈部和头部，

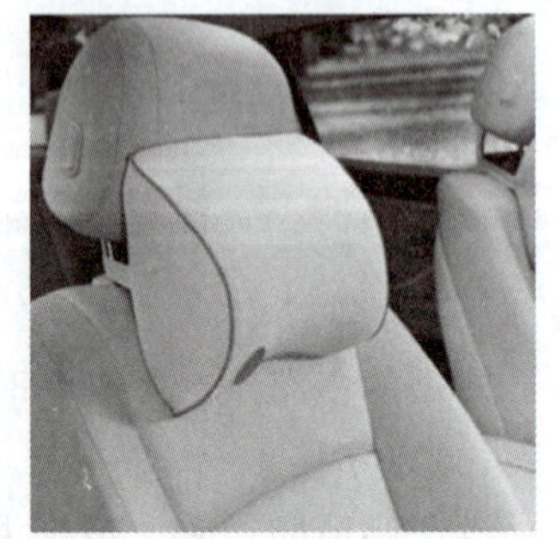
图 16.2.1　汽车头枕

而头枕则起缓冲作用，保护人体头部。

汽车头枕属于国家汽车整车强制认证检测项目中的一项，从材质、强度、吸能性到位置和大小等都有严格的规定。国家标准中，只对轿车前排座椅配置汽车头枕进行了规定，而后排座是否配置汽车头枕并没有强制规定，国外如欧盟的汽车强制标准也没有对后排座汽车头枕做强制规定。其使用方法如下：

（1）正确调整身体与座椅的角度，使背部尽可能直立。颈部与身体间角度趋于平缓，能减低追撞时的伤害程度。

（2）后脑与头枕之间的间距越小越好，最好不要超过 10 cm。这样，追撞时能起到对颈部的缓冲作用。

（3）由于乘员身高各异，因此头枕的调节范围也不同，要视具体情况调整。

（4）正确调整头枕高度。头枕应安装在至少与耳朵上沿平行的地方或者乘员头下约 8 cm 的地方。头枕调整完毕后，牢牢固定头枕，使头枕不晃动。

（5）固定式头枕的防护效果远远高于可调式头枕。

（6）汽车后排座椅最好也安装头枕。

（7）在车辆碰撞事故中女性比男性发生头部颈部受伤的概率高出 1.8～2.2 倍。因此女性开车更应该注意调好汽车头枕高度，并且身体尽量向前倾。

在同等条件下，使用质量良好的头枕的驾乘人员比使用劣质头枕的驾乘人员，在追尾事故中颈部损伤概率降低 24%。

3. 气囊安全带

气囊安全带（图 16.2.2）是美国福特汽车公司研发出的一种带气囊的汽车后座安全带，可更好地保护乘客安全。这种新式安全带的独特之处是，气囊内置于安全带从带扣到乘客肩膀的位置，在碰撞发生时，位于安全带中的安全气囊弹出，缓冲由于惯性所导致的躯干前冲，此时安全带气囊与人体躯干的接触面积较未展开气囊时提升 5 倍，大大增加了受力面积，使得安全带在束缚躯干惯性前冲时身体所受的压强大大降低，防止安全带在束缚中引起的二次伤害。同时较大体积的充气囊能够对颈部和头部起到一定的束缚作用，降低后排乘客的受伤风险。

该安全带对于后排的儿童也有更好的保护作用，如图 16.2.3 所示，在碰撞时宽大的充气囊能够更有效减小安全带勒住颈部造成的窒息风险。同时，由于内部充气以及具有圆形的边缘，该安全带的佩戴舒适度也有所提升，告别了以往安全带的生硬，给驾乘者更舒适的体验。

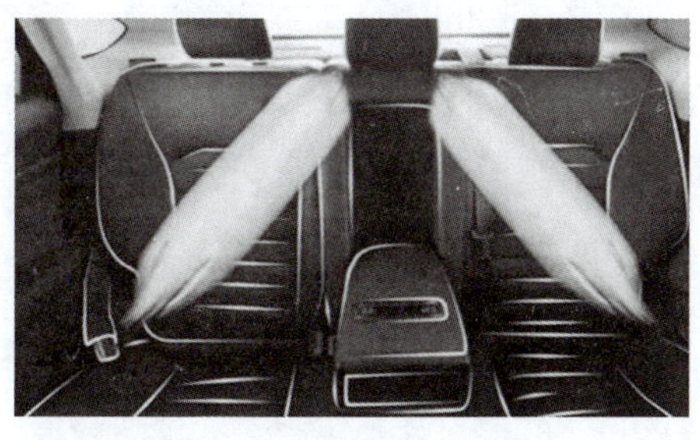

图 16.2.2　气囊安全带

图 16.2.3　气囊安全带对儿童的保护作用

任务实施

一、任务场景：校内实训室
二、任务要求： 1. 演练任务：学生进行归纳、总结； 2. 演练目的：培养科学认知理念、团队协作能力； 3. 演练内容：请同学们查阅资料，对智能乘员约束系统进行分析，并团结协作进行归纳、总结
三、任务分组：在这个任务中，采用分组实施方式进行，4～8 人为一组，以学生自荐或推荐的方式选出组长，负责本团队的组织协调工作，带头示范、督促、帮助其他组员完成相应工作
四、任务步骤： 1. 查阅资料，了解智能乘员约束系统； 2. 对汽车座椅、气囊安全带的保护机理进行分析； 3. 对头枕的使用情况进行归纳、总结

任务评价

序号	评价项目	评价指标	分值	自评（30%）	互评（30%）	师评（40%）	合计
1	职业素养（50 分）	具备责任意识、服从意识	10				
		具备团队协作、交流沟通能力	10				
		完成任务积极主动	10				
		能够采用多手段收集信息、解决问题	20				
2	专业能力（30 分）	能够说出汽车座椅的保护机理	10				
		能够说出汽车头枕的使用情况	10				
		能够准确分析气囊安全带的保护机理	10				

续表

序号	评价项目	评价指标	分值	自评（30%）	互评（30%）	师评（40%）	合计
3	创新意识（20分）	具备创新性思维和行动	20				
合计			100				
综合得分							

知识扩展

课后提升

一、填空题

1. 儿童座椅应做（　　　　）、（　　　　）、（　　　　）、（　　　　）、（　　　　）、（　　　　）六方面的安装检查。

2. 儿童座椅通常装在汽车的（　　　　）上。

3. （　　　　）安全座椅必须后向安装。

二、简答题

1. 如何正确安装儿童座椅？

2. 如何使用儿童座椅？

阅读小资料

模块十七

先进驾驶辅助系统

模块简介

先进驾驶辅助系统（Advanced Driving Assistance System，ADAS）是利用安装于车上的各式各样的传感器，在第一时间收集车内外的环境数据，进行静、动态物体的辨识、侦测与追踪等技术上的处理，从而能够让驾驶者在最快的时间察觉可能发生的危险，以引起注意和提高安全性的主动安全技术。ADAS 采用的传感器主要有摄像头、雷达、激光和超声波等，可以探测光、热、压力或其他用于监测汽车状态的变量，通常位于车辆的前后保险杠、侧视镜、驾驶杆内部或者挡风玻璃上。早期的 ADAS 技术主要以被动式报警为主，当车辆检测到潜在危险时，会发出警报提醒驾车者注意异常的车辆或道路情况，增加汽车驾驶的安全性。由于 ADAS 太过复杂，很多电车系统都将其包装成一个具有品牌性质的产品，作为打包的增项配置。比如特斯拉的 Autopilot，蔚来推出的 NIO Pilot、小鹏汽车推出的 XPilot 等。

汽车先进驾驶辅助系统通常包括导航与实时交通系统 TMC、电子警察系统 ISA（Intelligent Speed Adaptation 或 Intelligent Speed Advice）、车联网（Vehicular Communication Systems）、自适应巡航控制 ACC（Adaptive Cruise Control）、车道偏移预警系统 LDWS（Lane Departure Warning System）、车道保持辅助（Lane Keep Assistance）系统、碰撞避免或预碰撞系统（Collision Avoidance System 或 Precrash System）、夜视系统（Night Vision System）、自适应灯光控制（Adaptive Light Control）、行人保护系统（Pedestrian Protection System）、自动泊车（Automatic Parking）系统、交通标志识别（Traffic Sign Recognition）、盲点探测（Blind Spot Detection）、驾驶员疲劳探测（Driver Drowsiness Detection）、下坡控制（Hill Descent Control）系统和电动汽车报警（Electric Vehicle Warning Sounds）系统。

汽车行业的发展日新月异，伴随着新能源的潮流，汽车也越来越智能，过往的很多科技幻想，在现实中变成了可能，方便着我们的用车生活。现在的智能汽车基本都会配备智能驾驶辅助系统，但是，如何科学地使用这些系统却是我们需要了解清楚的，这样不仅能方便用车，而且更重要的是保证安全。自适应巡航控制系统、车道保持辅助系统、汽车平视显示系统技术发展路线如何？如何正确使用它们？让我们开启本模块的学习吧。

任务一　自适应巡航控制系统探究

任务导入

定速巡航功能非常简单，只能将车速保持在驾驶员预先设定的数值上，提供相对恒定的驾驶速度，而不能根据实际路况对车辆的行驶状态进行调节或者给予必要的预警提示，缺乏对环境的应变能力。当车辆在高速公路上行驶时还可以使用，但实际路况都是千变万化的，会遇到种种意外让驾驶员不得不取消定速，比如当前面的车辆突然减速、行驶在车辆较多的城市、在地形相对复杂的道路上。在这些时候，定速巡航几乎就失去了作用，导致实际利用率很低。虽然可以暂时缓解右脚因长时间控制加速踏板而产生的压力，但驾驶员仍然必须时刻集中注意力关注车辆的行驶状况，普通巡航定速会因为踩刹车而失去效果，恢复时则需重新设定。这样烦琐的操作在遭遇车辆较多的复杂路况时往往会使驾驶员手忙脚乱，其便利性也大打折扣。由于定速巡航系统容易使驾驶者在高速行驶中过度放松，从而出现精力分散或者疲劳的现象，一旦出现突发情况驾驶员很难做出快速反应，所以更加智能的自适应巡航控制系统便应运而生。

任务目标

知识目标	能力目标	素养目标
1. 了解自适应巡航控制系统的定义和组成； 2. 掌握自适应巡航控制系统的工作原理	1. 能够简述自适应巡航控制系统的定义、组成； 2. 能分析适应巡航控制系统工作原理及具体应用	1. 具有科学认知理念； 2. 具有团队协作精神

知识学习

一、课前预习

预习任务	预习内容	重点	难点
定速 + 巡航控制系统	1. 了解什么是定速； 2. 了解什么是巡航； 3. 定速与自适应的区别； 4. 了解定速巡航控制系统	定速巡航控制系统的基本功能	定速巡航控制系统的使用条件

基础认知

自我检测

简答题

1. 什么是定速巡航系统？
2. 简述定速巡航系统的优点。
3. 简述定速巡航系统使用注意事项。

二、课堂学习

深入探究

自适应巡航控制系统首先需要在车头安装一个雷达距离感应测算装置，侦测本车与前车的距离。现在大多数车厂都把这个感应器安装在中网上车标的后边。在自适应巡航系统打开后，这个感应器就会侦测前方车辆与本车的距离（通过驾驶人设定的车距时间和巡航速度计算），而巡航控制单元会保持这个距离。例如，大众 CC 上的自适应巡航系统，驾驶人就可以设定 1 s、1.3 s、1.8 s、2.4 s、3.6 s 五种不同的与前车的车距时间。

1. 自适应巡航控制系统

汽车自适应巡航控制（Adaptive Cruise Control，ACC）系统，是在原有定速巡航基础上发展起来的一种新型智能巡航系统。该系统集成了汽车定速巡航系统和车辆前方碰撞预警系统，通过摄像头和毫米波雷达等传感器感知汽车前方的道路环境，如果检测到行驶车道的前方存在同向行驶车辆，电子控制单元将计算本车与前车的距离以及相对速度等其他信息，对车辆进行加速、减速或制动控制，保证本车与前车处于安全距离以内，防止发生追尾事故（图 17.1.1）。

图 17.1.1　汽车自适应巡航控制

2. 自适应巡航控制系统的组成

汽车自适应巡航控制系统主要由环境感知单元、电子控制单元、执行单元、人机交互单元四部分构成，如图 17. 1. 2 所示。

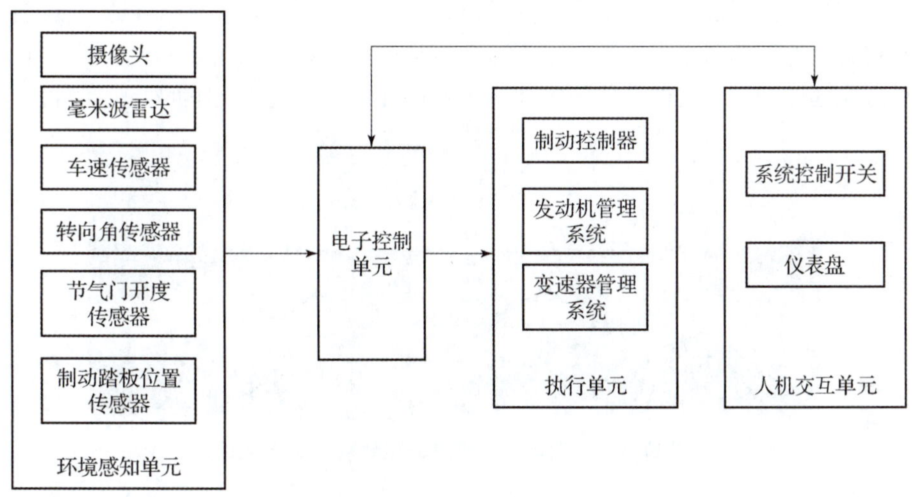

图 17. 1. 2　汽车自适应巡航控制系统组成

1）环境感知单元

环境感知单元主要由摄像头、毫米波雷达、车速传感器、转向角传感器、节气门开度传感器、制动踏板位置传感器组成。该单元的主要作用是对前方车辆信息进行感测，得到车辆的相关环境信息。其中摄像头和毫米波雷达的主要作用是进行目标车辆识别和测距；车速传感器用来感测当前车辆行驶的速度；转向角传感器用于检测当前车辆转向的角度；节气门开度传感器用于获得当前节气门的开度，制动踏板位置传感器用来获取制动踏板的当前位置，用于测算制动力。

2）电子控制单元

电子控制单元根据环境感知单元传送回来的数据进行计算，并根据车辆其他传感器判断车辆当前状态。根据当前车辆的状态进行决策，并将决策信息发送给执行单元。例如电子控制单元计算出本车与前车的实际距离小于设定的安全距离时，将通过控制减小发动机转矩和/或配合制动的方式进行减速。

3）执行单元

执行单元主要由制动控制器、发动机管理系统、变速器管理系统组成。执行单元获得控制单元计算的数据及指令后，对车辆进行控制。制动控制器用于在紧急情况下对车辆进行制动；发动机管理系统根据计算得到的数据调整发动机的转矩输出，控制车辆的加速、减速以及定速行驶；变速器管理系统和发动机管理系统进行配合使用，控制车辆发动机在不同转速下的换挡操作。

4）人机交互单元

人机交互单元主要由自适应巡航控制系统控制开关、仪表板组成。人机交互单元的主要作用是便于驾驶员对自适应巡航控制系统的操控并指示自适应巡航控制系统的工作状态。当驾驶员启动自适应巡航控制系统时，车辆仪表板上会出现自适应巡航控制系统的图标标识。

3. 自适应巡航控制系统工作原理

自适应巡航控制系统的定速控制和车辆间距控制系统可以进行状态选择。自适应巡航控制系统对静止目标没有跟踪功能，对于动态目标具有探测距离（图 17.1.3）、目标识别、跟踪等功能。如果当前车速低于自适应巡航控制系统的最低启动车速，则自适应巡航控制系统不工作。驾驶员的制动操作可以随时中断自适应巡航控制系统，驾驶员对车辆具有绝对的控制权。自适应巡航控制系统的车间距需要满足不同速度、不同工况下的行驶条件。

图 17.1.3　汽车自适应巡航控制系统距离检测

驾驶员开启自适应巡航按钮后，系统开始工作，车辆前部的摄像头和毫米波雷达检测车辆前方道路信息，轮速传感器收集当前的车辆行驶速度，转向角传感器输出当前车辆的转角信息。当车辆前部的摄像头和毫米波雷达没有检测到前方有车辆时，车辆按照驾驶员设定的速度进行行驶；当检测到前方出现车辆时，电子控制单元计算感知单元得到的数据，综合测算两车的相对距离、相对速度，结合 EMS 模块、制动模块对车辆进行纵向控制，保证车辆与前车保持安全距离。

自适应巡航控制共有三个状态，分别为关闭、预备和工作。当自适应巡航控制关闭时，系统不工作，此时车辆的控制全部依赖于驾驶员。当驾驶员激活自适应巡航控制后，自适应巡航控制进入预备状态，此时系统等待驾驶员的定速指令，但是不参与车辆的纵向控制。当驾驶员下达定速指令后，自适应巡航控制进入工作状态，此时车辆以指定的速度行驶。如果前方没有检测到车辆，则继续以指定速度行驶；如果前方检测到车辆，控制单元根据感知单元的数据进行计算，输出给执行单元对车辆进行控制。

4. 自适应巡航系统的实车应用

奥迪 A6L 使用的自适应巡航系统是基于单目摄像头和双毫米波雷达相结合的解决方案。奥迪 A6L 的摄像头位于车辆前风窗玻璃的上方，双雷达隐藏在雾灯格栅后。

如图 17.1.4 所示为奥迪 A6L 自适应巡航控制系统控制开关。

“OFF”代表自适应巡航功能关闭。

“CANCEL”代表待命模式，同时在存储器中保存期望车速值。“ON”代表自适应巡航控制功能开启。“RESUME”代表恢复到预定车速。用户在开启自适应巡航控制后，若按压“SET”按键，当前车速被存储。“SPEED”控制杆向上推一次，增大 10 km/h；向下拉一次，减小10 km/h，最大车速值为 210 km/h。如果控制杆按压不超过 0.5 s，速度值增大 10 km/h，如果按压不动，每超过 0.5 s，速度值持续增大 10 km/h。其中“DISTANCE”可以分几个阶段调整与前车的距离或者时间间隔。前方车辆的时间间隔即跟车距离被分为 7

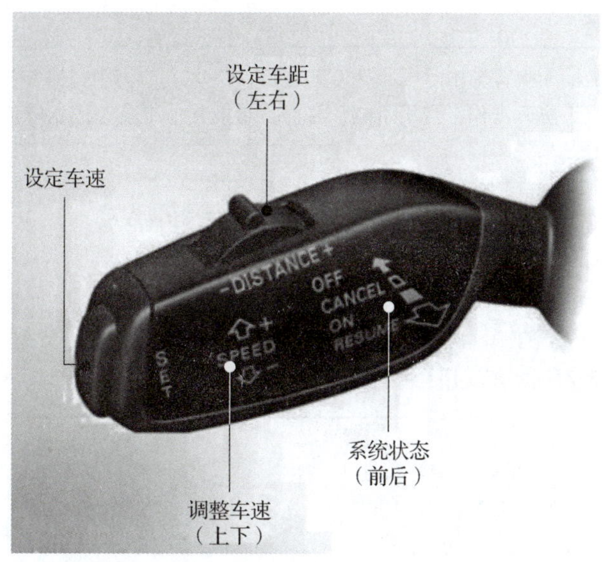

图 17.1.4　奥迪 A6L 自适应巡航控制系统控制开关

级，可以通过设定来更改跟车距离，由驾驶员主动设置的时间间隔点表示。如果测量距离超过了设定距离的下限，则会要求驾驶员踩制动踏板，会有制动图标出现，并伴有声音警告，如果驾驶员不采取措施，车辆会启动紧急制动功能来保障车辆的安全。

奥迪 A6L 的自适应巡航控制系统相比于其他厂家具有如下优势：

（1）其他车型的自适应巡航控制系统般需要在 30 km/h 以上的速度才能激活，而应用于奥迪 A6L 的新一代自适应巡航控制系统在 0 km/h 时即可激活，系统会自动加速到 30 km/h。

（2）奥迪 A6L 的自适应巡航控制系统具有走停功能（ACC Go & Stop）。如果前车开始加速，并且不超过驾驶员预先设定的巡航速度，系统将自动加速跟随前车；如果前车正常减速，系统可以一直跟随前车自动减速，直至完全停止；当前车再次前进时，驾驶员只需轻踏加速踏板或按键确认，便可实现继续跟随；如果前车让出车道，系统将自动加速到驾驶员预设的速度进行巡航行驶。在这些过程中，系统会时刻监视旁边车道内车辆的运动趋势，以判断是否有车要插入本车前方车道。除了设定巡航速度，驾驶员还可以设定与前车保持距离的等级。预计以后自适应巡航控制系统将和其他智能驾驶系统融合到一个域控制器中进行集中计算与控制，成为未来自动驾驶汽车的重要组成部分。

 任务实施

一、任务场景：校内实训室
二、任务要求： 演练任务：学生进行归纳、总结； 演练目的：培养科学认知理念、团队协作能力； 演练内容：请同学们查阅资料，对自适应巡航控制系统进行分析，并团结协作进行归纳、总结

续表

三、任务分组：在这个任务中，采用分组实施方式进行，4～8 人为一组，以学生自荐或推荐的方式选出组长，负责本团队的组织协调工作，带头示范、督促、帮助其他组员完成相应工作
四、任务步骤： 1. 查阅资料，了解自适应巡航控制系统的定义、原理及应用等内容； 2. 理解自适应巡航控制系统的定义； 3. 掌握自适应巡航控制系统的组成，并进行归纳、总结； 4. 分析自适应巡航控制系统工作原理，并进行归纳、总结； 5. 分析自适应巡航控制系统实车应用，并进行归纳、总结

任务评价

序号	评价项目	评价指标	分值	自评（30%）	互评（30%）	师评（40%）	合计
1	职业素养（50 分）	具备责任意识、担当意识	10				
		具备团队协作、交流沟通能力	10				
		完成任务积极主动	10				
		能够采用多手段收集信息、解决问题	20				
2	专业能力（30 分）	能够分析、归纳、总结对自适应巡航控制系统工作原理	15				
		能够分析、归纳、总结自适应巡航控制系统在实车中的应用	15				
3	创新意识（20 分）	具备创新性思维和行动	20				
合计			100				
综合得分							

知识扩展

课后提升

一、填空题

1. 先进驾驶辅助系统的英文缩写为（　　　　）。

2. 汽车自适应巡航控制系统是在（　　　　）基础上发展起来一种新型的智能巡航控制系统。

3. 当驾驶员启动自适应巡航控制系统时，（　　　　）会出现自适应巡航控制系统的图标标识。

二、选择题

1. 自适应巡航控制系统通过（　　）等传感器感知汽车前方的道路环境。

A. 轮速传感器　　B. 挡位传感器　　C. 摄像头　　D. 毫米波雷达

2. 自适应巡航控制系统对（　　）没有跟踪功能，对于动态目标应当具有探测距离、目标识别、跟踪等功能。

A. 客车　　B. 货车　　C. 无人驾驶汽车　　D. 静止目标

3. 奥迪 A6L 使用的自适应巡航控制系统是基于（　　）的解决方案。

A. 单目摄像头　　B. 双毫米波雷达

C. 三目摄像头　　D. 激光雷达

三、判断题

1. 自适应巡航控制系统集成了汽车定速巡航控制系统和车辆前方碰撞预警系统。（　　）

2. 自适应巡航控制系统的环境感知单元主要由摄像头、毫米波雷达、车速传感器、转向角传感器、节气门开度传感器、制动踏板位置传感器组成。（　　）

3. 应用于奥迪 A6L 的新一代自适应巡航控制系统在 0 km/h 时即可激活，系统会自动加速到 30 km/h。（　　）

阅读小资料

任务二　车道保持辅助系统探究

任务导入

在驾驶过程中，驾驶员注意力不集中或者疲劳驾驶，很有可能会导致车辆意外驶出车道，从而造成危险。疲劳和分心是无意中偏离车辆行驶车道线的最常见原因，比如长途高速驾车中需要不断地修正车辆的方向，特别是目前不少车辆都配备了车速感应伺服转向系统，车辆速度越高，转向盘的转动也就越沉重，长时间开车最易驾驶疲劳，当思想漫游时，会发生无意识地驶出既定车道的情况，一旦车辆跑偏没有及时修正，很容易发生危险。于是不少人就会问，有没有一个好的解决方案：不仅能够减轻驾驶者高速长途驾驶不断修正方向的工作量，同时也大幅提升行车安全？如何让驾驶者保持注意力且预防驾驶者在注意力分散时发生意外，减低偏离车道的概率保障行车安全，是近年来各个车厂所努力的目标和研究的重要课题。人容易疲劳，机器不容易疲劳，因此诞生了车道保持辅助系统，可以辅助驾驶员开车，主动帮助驾驶者将其车辆保持在车道内，避免或者降低事故的发生。下面就让我们一起来认识一下车道保持辅助系统吧。

任务目标

知识目标	能力目标	素养目标
1. 了解车道保持辅助系统的定义、组成； 2. 掌握车道保持辅助系统的工作原理	1. 能够说出车道保持辅助系统的定义、组成； 2. 能够分析工作原理及具体应用	1. 具有创新思维能力； 2. 具有安全意识

知识学习

一、课前预习

预习任务	预习内容	重点	难点
车道保持辅助系统的用途	1. 了解什么是车道保持辅助系统； 2. 了解车道保持辅助系统的原理； 3. 了解车道保持辅助系统的局限性	车道保持辅助系统的用途	车道保持辅助系统的原理

基础认知

自我检测

简答题

1. 车道保持辅助系统有用吗?
2. 车道保持辅助系统的基本原理是什么?

二、课堂学习

深入探究

首先我们来了解一下什么是车道保持辅助。车道保持辅助是介于辅助驾驶和车辆安全技术之间的一项功能，以控制车辆保持在车道内的位置。车道保持辅助采取先提示警告再介入的方式进行干预。当系统检测出车辆产生偏移时，会发出声音或者振动转向盘、座椅来警示驾驶者。当驾驶者没有做出反应，系统则会将车辆轻轻拉回车道，但当驾驶员对转向盘做出阻力，车辆将会撤销车道保持辅助的介入。

1. 车道保持辅助系统的定义

车道保持辅助系统利用摄像头等传感器感知并计算车辆在车道中的位置信息及运动信息，利用车辆的转向和制动系统对车辆进行控制，防止车辆偏离车道而发生事故。车道保持辅助系统会对车辆的转向进行微调，使车辆驶回原车道行驶。其仪表显示如图 17. 2. 1 所示。

图 17. 2. 1　汽车车道保持辅助系统仪表显示

2. 车道保持辅助系统的组成

车道保持辅助系统由环境感知单元、电子控制单元和执行单元组成，如图 17. 2. 2 所示。

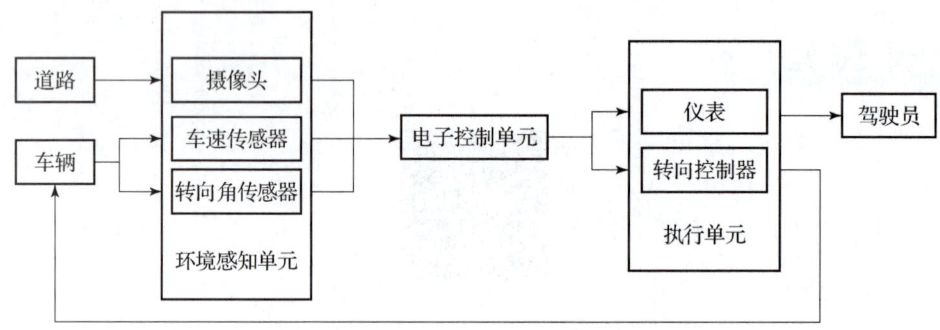

图 17.2.2　汽车车道保持辅助系统组成

1）环境感知单元

环境感知单元主要由摄像头、车速传感器、转向角传感器组成。摄像头用于感知车辆前方道路状况，车速传感器感知当前车辆的车速，转向角传感器用于感知当前车辆的转角。

2）电子控制单元

电子控制单元主要负责将摄像头传输的数据进行处理。在车道保持辅助系统中主要是根据摄像头的传输数据进行车道线的识别，并且根据车速传感器和转向角传感器综合判断当前车辆的状态，处理后将控制信号发送给执行单元。

3）执行单元

执行单元主要包括转向控制器和仪表，主要执行电子控制单元发出的指令。当车辆偏离车道线时，仪表上将显示车辆偏离的图标并通过喇叭进行报警提示，如果驾驶员还未对车辆进行控制，则转向控制器（主要是 EPS）将根据电子控制单元的计算数据对转向盘转角进行微调。

3. 车道保持辅助系统的原理

车道保持辅助系统利用视觉传感器采集道路图像，利用车速传感器采集车速信号，利用转向盘转角传感器采集转向信号。如果识别出两侧的车道边界线，控制单元会计算车道宽度和曲率，同时计算车辆处于当前车道的位置，并根据转向盘转角传感器计算车辆接近车道边界线的角度。根据综合计算的数值和车辆当前位置确定警报提醒。当车辆行驶可能偏离车道线时，系统发出报警提示，如果检测到车辆偏离车道线后，电子控制单元控制转向盘转向，并施加操作力使车辆回到正常轨道。如果驾驶员打开转向灯，进行主动变线行驶，那么系统不会做出任何提示。

4. 车道保持辅助系统的实车应用

奥迪 A8 车型的车道保持辅助系统如图 17.2.3 所示。该系统主要由带摄像头的控制单元、带振动电动机的多功能转向盘、车道保持辅助功能启动按钮三部分组成。

奥迪 A8 采用摄像头和控制单元集成设计的方案。该摄像头总成安装在车辆前风窗玻璃的支架上面并进行固定，摄像头的探测距离最大约为 60 m，摄像头的分辨率为 640 × 480 像素，使用 CAN 总线和 ECU 进行通信。摄像头总成可以探测车辆前方道路情况，并通过控制单元对路况进行分析，得到当前车道的边界信息以及当前车辆在道路中的状态信息来确定是否进行报警及控制。在奥迪 A8 的转向盘上装有振动电动机，它可以通过振动来提醒驾驶员，转向盘的振动时间取决于驾驶员对于当前道路的反应情况，一般时间在 1 s 左右。车道

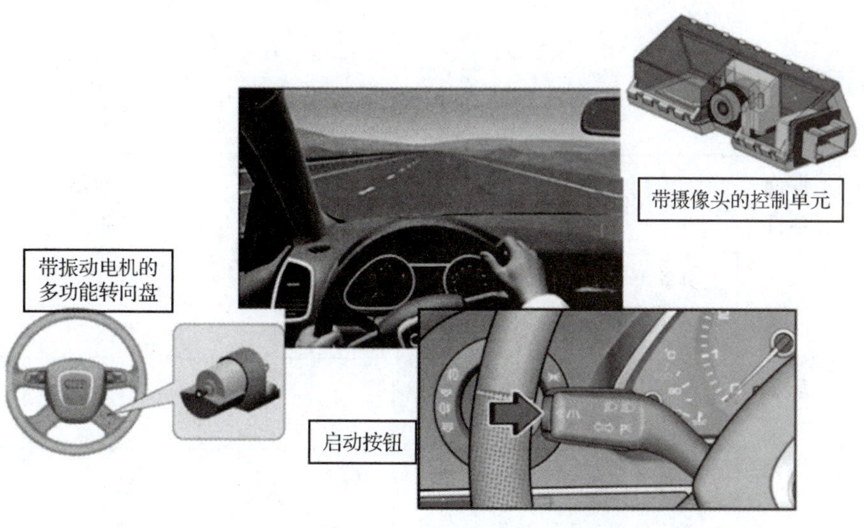

图 17.2.3　奥迪 A8 车型的车道保持辅助系统

保持辅助系统的启动按钮集成在奥迪 A8 的转向拨杆上，按下启动按钮后，如果行驶车速高于 60 km/h，那么车道保持辅助系统将会启动，仪表上会出现指示图标。

不同颜色的指示图标代表不同的工作状态。如果指示灯为绿色，表明此时系统已经激活并且可以开始工作。如果指示灯为黄色，表明此时系统已经激活，但因为某些原因无法工作。可能的原因包括：只检测到单车道边界线或没有车道边界线；无法检测出车道线（如大雪覆盖、污渍、逆光等情况）；车速低于 60 km/h；车道宽度过宽，超出了摄像头检测角；车辆转弯半径过小。如果指示灯为灰色，表明此时系统已经关闭，按下启动按钮即可重新启动系统。

任务实施

一、任务场景：校内实训室
二、任务要求： 演练任务：学生进行归纳、总结； 演练目的：培养科学认知理念、团队协作能力； 演练内容：请同学们查阅资料，对车道保持辅助系统进行分析，并团结协作进行归纳、总结
三、任务分组：在这个任务中，采用分组实施方式进行，4~8 人为一组，以学生自荐或推荐的方式选出组长，负责本团队的组织协调工作，带头示范、督促、帮助其他组员完成相应工作
四、任务步骤： 1. 查阅关于车道保持辅助系统的原理与应用等相关资料； 2. 理解并阐述车道保持辅助系统的定义； 3. 描述车道保持辅助系统的组成； 4. 分析车道保持辅助系统的原理； 5. 进行车道保持辅助系统的实车应用分析

任务评价

序号	评价项目	评价指标	分值	自评（30%）	互评（30%）	师评（40%）	合计
1	职业素养（45分）	具备勇于探索的精神	15				
		具备安全意识	15				
		具备团结协作、交流沟通能力	5				
		具备科学认知理念	5				
		能够采用多手段收集信息、解决问题	5				
2	专业能力（40分）	能够理解车道保持辅助系统的定义	20				
		能够阐述车道保持辅助系统的原理和实车应用	20				
3	创新意识（15分）	具备创新性思维和行动	15				
合计			100				
综合得分							

知识扩展

课后提升

一、选择题

1. 车道保持辅助系统会对车辆的（　　）进行微调，使车辆驶回原车道行驶。

A. 油门　　B. 速度　　C. 制动　　D. 转向

2. 如果识别出两侧的车道边界线，控制单元会计算车道（　　）。

A. 宽度　　B. 曲率　　C. 平整度　　D. 长度

3. 奥迪 A8 采用摄像头和控制单元集成设计的方案，该摄像头总成安装在车辆前挡风玻璃的支架上面并进行固定，摄像头的探测距离最大约为（　　）。

A. 30 m　　B. 60 m　　C. 90 m　　D. 120 m

4. 在奥迪 A8 的转向盘上装有振动电机，它可以通过振动来提醒驾驶员，转向盘的振动时间取决于驾驶员对于当前道路的反应情况，一般时间在（　　）左右。

A. 1 s　　B. 3 s　　C. 5 s　　D. 10 s

二、判断题

1. 车道保持辅助系统利用视觉传感器采集道路图像，利用车速传感器采集车速信号，利用转向盘转角传感器采集转向信号。（　　）

2. 在奥迪 A8 车型上，按下车道保持辅助系统按钮后，如果行驶车速高于 60 km/h，那么系统将会启动。（　　）

三、填空题

（　　　）系统是利用摄像头等传感器感知并计算车辆在车道中的位置信息及运动信息，利用车辆的转向和制动系统对车辆进行控制，防止车辆偏离车道而发生事故。

阅读小资料

任务三　汽车平视显示系统探究

任务导入

平视显示系统（HUD）。平视显示系统起源于军用战斗机的飞行辅助仪器，最早出现在第一次世界大战中。平视显示系统能够通过全息投影的方法来将飞机的相关信息投影到前挡风玻璃上，这样飞行员不用通过低头看仪表就能最快知悉飞机的状况。

如今，平视显示系统已经被越来越多的车型配备了，这样一来，驾驶员可以更加集中注意力，提高行车的安全性。简单来说，平视显示系统功能就是利用光学反射的原理来将导航、车速、油压、胎压、蓝牙电话等系统信息，投影到前挡风玻璃上面。有些车辆会投影到专门设置的玻璃上，并且还会显示出彩色。这样在行驶的时候，车主就不需要专门低头查看仪表盘来知道车辆的信息了。特别在高速行车的时候，驾驶员低头看仪表数据或者导航的一瞬，车辆已经行驶很长一段距离，遇到突发情况很可能因为来不及采取行动而发生事故。同

样，在夜间行车，视野较短，也会遇到同样的问题。平视显示系统的应用使驾驶员能够快速、精准地获得重要的车辆信息，对于行车安全起着很好的辅助作用。下面就让我们一起来认识一下汽车平视显示系统吧。

任务目标

知识目标	能力目标	素养目标
1. 了解汽车平视显示系统的定义、组成； 2. 掌握汽车平视显示系统的工作原理	1. 能够简述汽车平视显示系统的定义、组成； 2. 会分析平视显示系统工作原理及具体应用	1. 具有科学探索精神； 2. 具有团队协作精神

知识学习

一、课前预习

预习任务	预习内容	重点	难点
1. 平视显示系统的显示内容； 2. 平视显示系统的基本工作方式	1. 了解平视显示系统的显示内容； 2. 了解平视显示系统的基本工作方式	平视显示系统的显示内容	平视显示系统的显示原理

自我检测

问答题

1. 平视显示系统的显示内容是什么？
2. 平视显示系统的基本工作方式是什么？

二、课堂学习

深入探究

车辆在高速行驶时，特别是夜间高速行车时，驾驶人可能会低头观看仪表显示或观看中控台的音响等显示，此时如果前方遇有紧急情况就有可能因来不及采取有效措施而造成事故。为避免这种情况发生，有些高档车辆上装配了抬头显示系统，它可以将有关信息显示在前风窗玻璃的驾驶人平视范围内，且显示位置、显示亮度可调，这样可以避免低头看仪表，从而缩短眼球对前方的视觉盲区时间。对减少因低头走神引起的交通事故有着重要的价值。

汽车平视显示系统可提供多种可提高交通安全性和驾驶舒适性的功能，可显示定速巡航控制系统、导航系统、检查控制以及车速等方面的信息。在驾驶人的直接视野范围内显示相关信息可提高驾驶安全性，因为驾驶人可始终关注前方路况。

1. 汽车平视显示系统的定义

汽车平视显示系统，又叫作平行显示系统。它是利用光学反射原理，将汽车驾驶辅助信息、导航信息、检查控制信息以及其他信息等以投影方式显示在前挡风玻璃或距离约 2 m 远的前方、发动机罩前端上方，阅读起来非常舒适。它还可以显示来自各个驾驶辅助系统的警告信息，避免驾驶员在行车过程中频繁低头看仪表或车载屏幕，对行车安全起着很好的辅助作用。其按键如图 17. 3. 1 所示。

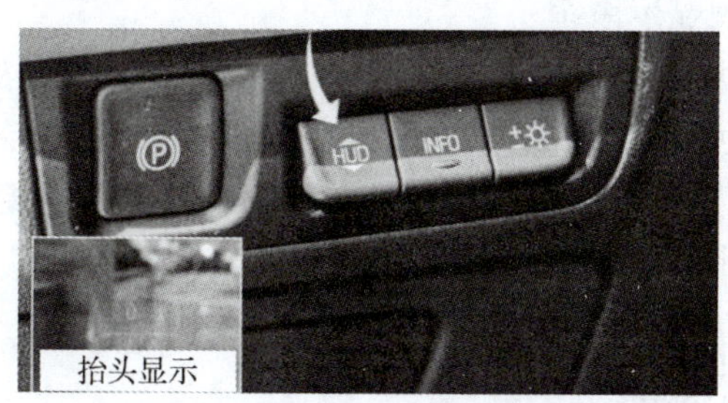

图 17. 3. 1　汽车平视显示系统按键

2. 汽车平视显示系统的组成

汽车平视显示系统主要由图像源、光学系统、图像合成器三部分组成。

1）图像源

图像源一般采用液晶显示屏，实现平视显示系统的各种功能，并输出视频信号。

2）光学系统

光学系统将视频信号投射出去，并且可以调节大小、位置等参数。

3）图像合成器

一般将前风窗玻璃作为图像合成器，把外部景物信息和内部投影信息合成到一起。投射的图像在前风窗玻璃上发生反射，以达到和前方路况信息叠加融合的效果，如图 17. 3. 2 所示。

图 17.3.2　汽车平视显示系统图像合成

3. 汽车平视显示系统工作原理

1）前风窗玻璃映像式平视显示系统

从图像源发出的光经过投影透镜折射和风窗玻璃反射与外部的景、物、光一同进入人眼，人眼沿着光线的反向延长线观察到位于风窗玻璃左侧的虚像，从而保证驾驶员能够在观察前方路况信息的同时也能观察到仪表板上的信息。风窗玻璃一方面能透射外部景、物、光，另一方面又能反射图像源经过投影透镜的光。这种系统的优点是驾驶员在能够观察到投影像的同时还被允许一定范围的头部移动；缺点是图像小、亮度低、视场角小、重量和体积都较大。

2）前置反射屏式平视显示系统

该系统是在车内设置独立的半反射半透射的反射屏，图像源发射出的光线经过反射屏进入人眼，驾驶员沿着该反射光线的反向延长线方向能够观察到悬浮在前方的虚像。在这种结构中，反射屏与风窗玻璃是相互独立的两个部分，并不需要对风窗玻璃做处理。此外，反射屏可以前后转动，投射角度比较灵活。但是反射屏的设置会使车内空间变得狭小且结构复杂。

3）自由曲面平视显示系统

汽车的风窗玻璃不是一个平面，而是带有一点弧度的曲面，因此可以用自由曲面来代替传统结构中风窗玻璃所在的面。该系统包括两个自由曲面和一个折叠反射镜。图像源发射出的光线先经过折叠反射镜反射，再经过自由曲面像合成器反射进入人眼，其中，自由曲面像合成器是风窗玻璃所在的面。这种结构形式简单灵活，像差平衡能力强，成像质量较好，但制造成本较高。

4）菲涅耳透镜平视显示系统

在抬头显示系统中，为了获得较大的观察图像范围，通常需要较大口径的光学透镜。光学透镜的口径越大，透镜的体积越大，重量越大，透镜越不易加工，且成本越高。为了在保证透镜口径的前提下减少透镜厚度，可以使用菲涅耳透镜。

菲涅耳透镜平视系统中，图像源发出的光线通过两片菲涅耳透镜的放大，最后经过风窗玻璃的反射进入人眼。

该结构形式简单，透镜体积小、重量轻。

5）与仪表板相结合的平视显示系统

与仪表板相结合的抬头显示系统包括一个图像源、一个分光镜、多个平面反射镜和一组光学系统。

图像源发出的光经过分光镜分成透射部分和反射部分，透射部分的光经过平面反射镜反射，将透射图像反射到仪表板上作为显示信息；反射部分的光经过光学系统折射和风窗玻璃反射进入人眼。仪表板系统和抬头显示系统采用同一个图像源，可以保证二者显示信息的实时性，且充分利用驾驶台前面可用空间，减小了系统的体积。其信息显示效果如图 17.3.3 所示。

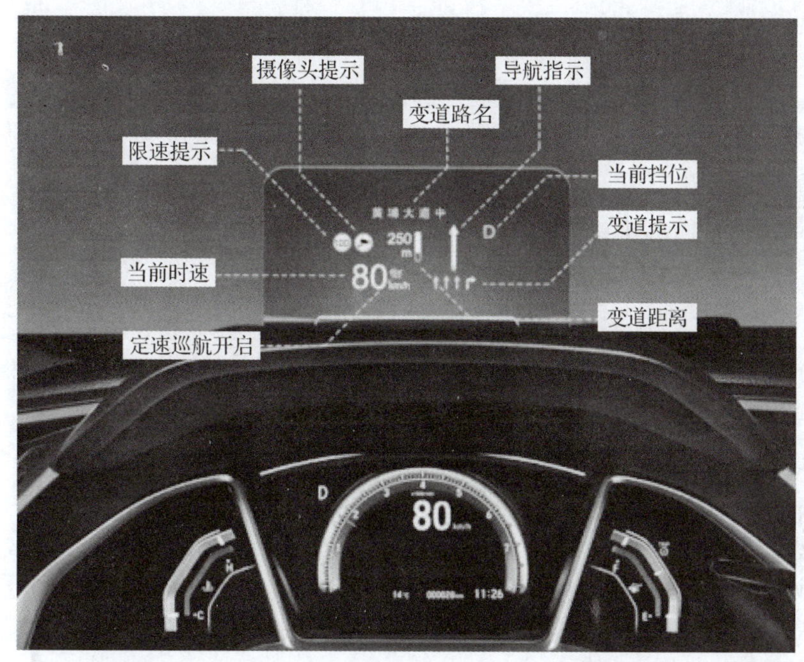

图 17.3.3　汽车平视显示系统与仪表板相结合的信息显示

4. 平视显示系统的应用

奔驰从 2014 年开始引入平视系统并在其高端车型中应用，奔驰汽车的抬头显示系统可提供车辆速度和速度限制的数据，并从驾驶辅助系统发出导航指令和警告，补充了仪表板上的信息。以奔驰 S 级平视系统为例，在按下抬头显示系统的功能按键后，与驾驶相关的重要信息被投影到风窗玻璃上，驾驶员视线无需离开前方道路，即可查看与驾驶相关的重要信息，从而有效地避免分散对前方道路的注意力，保障了行驶安全。

奔驰平视显示系统可以提供导航信息、当前车速、探测到的指示和交通标志，以及在驾驶员辅助系统中设定车速（如定速巡航控制）。此外，当驾驶员接听电话时，来电信息也会出现在抬头显示系统上；在音频模式下，当音频源正在播放时，会暂时显示电台名称或曲目。

平视显示系统往往和智能驾驶辅助系统配合使用，在使用车道保持、智能限距、智能巡航等功能时，能够很好地把这些功能在风窗玻璃上投影显示出来（图 17.3.4），给驾驶车辆带来极大的方便，提高了行车安全系数。

图 17.3.4　奔驰汽车平视显示系统信息显示

任务实施

一、任务场景：校内实训室
二、任务要求： 演练任务：学生进行归纳、总结； 演练目的：培养科学认知理念、团队协作能力； 演练内容：请同学们查阅资料，对汽车平视显示系统进行分析，并团结协作进行归纳、总结
三、任务分组：在这个任务中，采用分组实施方式进行，4～8 人为一组，以学生自荐或推荐的方式选出组长，负责本团队的组织协调工作，带头示范、督促、帮助其他组员完成相应工作
四、任务步骤： 1. 查阅关于汽车平视显示系统的相关资料； 2. 理解汽车平视显示系统的定义； 3. 整理归纳汽车平视显示系统的组成； 4. 分析汽车平视显示系统的工作原理； 5. 分析汽车平视显示系统的应用

任务评价

序号	评价项目	评价指标	分值	自评（30%）	互评（30%）	师评（40%）	合计
1	职业素养（45 分）	具备勇于探索的精神	15				
		具备安全意识	15				
		具备团结协作、交流沟通能力	5				
		具备科学认知理念	5				
		能够采用多手段收集信息、解决问题	5				

续表

序号	评价项目	评价指标	分值	自评（30%）	互评（30%）	师评（40%）	合计
2	专业能力（40 分）	能够理解汽车平视显示系统的定义和组成	20				
		能够阐述汽车平视显示系统的原理和实车应用	20				
3	创新意识（15 分）	具备创新性思维和行动	15				
合计			100				
综合得分							

知识扩展

课后提升

判断题

1. 抬头显示简称 HUD，又叫作平行显示系统。（　　）
2. 汽车抬头显示系统主要由图像源、光学系统、图像合成器三部分组成。（　　）

阅读小资料

模块十八

自动泊车辅助系统

模块简介

汽车的出现，满足了人们的出行需求，但现阶段，汽车的行驶还离不开驾驶员对汽车的操作，到达目的地后，停车成为每个驾驶员需要面对的问题。无论是侧方位停车，还是倒车入库，都是需要每个驾驶员熟练掌握的技巧，而且实际情况也会比较复杂，特别是当旁边两个停车位的汽车停得与空置的车位较近时，停车这一简单操作便成了很多驾驶员的难题。

随着先进驾驶辅助系统的出现，汽车给人的驾驶体验越发丰富，驾驶员在驾驶汽车的过程中也越来越轻松，驾驶安全性也由于先进驾驶辅助系统的搭载获得了巨大的提升，作为在驾驶汽车过程中不可避免的动作——停/泊车，也被汽车设计师考虑到，设计并研发了相关的先进驾驶辅助系统，即自动泊车辅助系统。

自动泊车辅助系统最早可以追溯到 1992 年，大众在其 IRVW Futura 概念车上采用了自动泊车技术。IRVW 是一款具有全自动泊车功能的汽车，驾驶员可以下车观看汽车自动泊车的全过程。行李箱中安装了如同个人电脑大小的计算机来控制整个自动泊车辅助系统。大众当时估计这一功能会使汽车售价提高约 3 000 美元，所以后来并没有将这套系统投入生产。

自动泊车辅助系统主要是利用遍布车辆自身和周边环境里的传感器，测量车辆自身与周边物体之间的相对距离、速度和角度，然后通过车载计算机平台或云计算平台计算出操作流程，并控制车辆的转向和加减速，使车辆实现自动泊入、泊出及部分行驶功能。

按照自动化程度等级，泊车辅助系统可以分为：半自动泊车辅助系统和全自动泊车辅助系统。半自动泊车系统为驾驶员操控车速，计算平台根据车速及周边环境来确定并执行转向，对应于 SAE 自动驾驶级别中的 L1 级；全自动泊车辅助系统为计算平台根据周边环境来确定并执行转向和加减速等全部操作，驾驶员可在车内或车外监控，对应于 SAE 自动驾驶级别中的 L2 级。目前市场上的自动泊车辅助系统仍为半自动泊车，车辆的泊车过程还是需要驾驶员的介入，如通过对油门和刹车的控制来控制车速。

自动泊车辅助系统有很多优点，可以在没有太多驾驶员干预的情况下自动泊车，避免了许多停车的麻烦，尤其是需要侧边停车的时候。如果是先进的自动泊车辅助系统，在停车时遇到碰撞危险时还会发出警告甚至刹车。那么什么是半自动泊车辅助系统和全自动泊车辅助系统？如何正确使用它们？让我们开启本模块的学习吧。

任务一　半自动泊车辅助系统探究

任务导入

在众多的汽车配套产品中，与倒车安全有关的配套产品格外引人注目，配有倒车辅助系统也常常成为高档车配置的重要标志之一。自动泊车是指汽车自动泊入停车位，不需要或很少需要人工控制。通常我们见到的自动泊车有两种形式，半自动泊车和全自动泊车。半自动泊车指的是在泊车过程中系统只帮副驾驶员控制转向盘，挡位还需要驾驶员来介入控制。另一种就是全自动泊车，油门刹车、挡位全部由系统控制，系统针对车位做出自动的判断和控制。目前搭载该功能的车辆可以实现侧方位停车、竖直停车、斜方位停车等。半自动泊车需要驾驶员实时监督，并控制挡位、加速和减速，对应自动驾驶 SAE L1 级，对驾驶过程要求较高，操作流程比较复杂。

任务目标

知识目标	能力目标	素养目标
1. 了解半自动泊车辅助系统的定义、组成； 2. 掌握半自动泊车辅助系统的工作原理、注意事项	1. 能够简述半自动泊车辅助系统的定义、组成； 2. 会分析半自动泊车辅助系统的实车应用、注意事项	1. 具有安全意识； 2. 具有团队协作精神； 3. 具有分析问题的能力； 4. 具有创新意识

知识学习

一、课前预习

预习任务	预习内容	重点	难点
半自动泊车	1. 了解什么是自动泊车； 2. 了解自动泊车的优点； 3. 了解什么是半自动泊车	半自动泊车辅助系统的定义	掌握自动泊车辅助系统的分类方式，并能够理解半自动泊车

自我检测

简答题

1. 什么是自动泊车？
2. 简述自动泊车辅助系统的组成。

二、课堂学习

深入探究

1. 自动泊车辅助系统的工作原理

自动泊车辅助系统工作原理是通过摄像头和超声波雷达感知车辆周围的环境，对周边环境进行分析，确定可以停泊的车位并获取车位的尺寸、位置等信息，使用泊车辅助算法计算泊车路径，自动转向操纵汽车泊车。汽车垂直车位的自动泊车流程如图 18. 1. 1 所示。

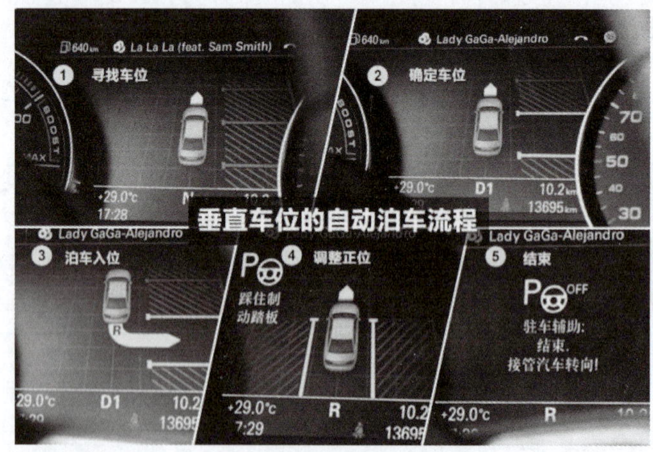

图 18. 1. 1　汽车垂直车位的自动泊车流程

1）激活系统

汽车进入停车区域后缓慢行驶，手动开启自动泊车辅助系统，或者根据当前车速自动启动系统。

2）车位检测

通过车载传感器（传感器主要采用超声波雷达和摄像头）获取环境信息，识别出可以停车的车位。

3）路径规划

根据系统感知的环境信息，电子控制单元计算出一条能直接安全泊车的行车路径。

4）路径跟踪及调整

通过转向、发动机和制动控制模块的协调控制，车辆可以跟踪已规划路径并在泊车过程中及时进行调整。

2. 半自动泊车辅助系统

现在很多地方停车空间有限，很多时候都需要大费一番周折才能停好车，而且很可能导致交通阻塞、神经疲惫和保险杠被撞。而半自动泊车功能能帮助我们更好地泊车，让我们一起来看看半自动泊车功能如何应用吧。

半自动泊车辅助系统通过传感器识别合适的停车位并自动控制车辆转向系统，使驾驶员不需要操控转向盘，仅需按照组合仪表上的提示信息操控车辆，即可驶入停车位。

驾驶员起动发动机后，挂入 D 挡，且车速低于 30 km/h，方可开启半自动泊车辅助系统。

3. 半自动泊车辅助系统的实车应用

半自动泊车辅助系统在自动泊车过程中需要驾驶员通过加速、制动、换挡等操作参与泊车的过程。本书介绍的采用半自动泊车辅助系统的车型是长城哈弗 H6（图 18.1.2）。在发动机起动状态下挂入 D 位，且满足车速低于 30 km/h 时，方可通过按下自动泊车辅助系统按键开启半自动泊车辅助系统。

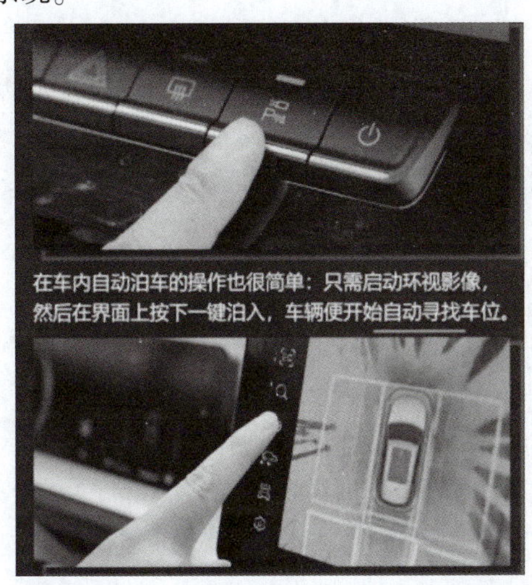

图 18.1.2　长城哈弗 H6 半自动泊车操作

目前 H6 支持平行泊车模式和垂直泊车模式，但是需要驾驶员通过操作界面进行泊车模式选择，默认情况是只搜索前排乘客侧的停车位。若需要搜索驾驶员侧的停车位，驾驶员需提前开启驾驶员侧的转向灯。完成以上步骤后，便可以适宜的车速控制车辆前行，并与即将停放入位侧的车辆或障碍物之间保持 0.5 ~ 1.5 m 的适当距离，以便半自动泊车辅助系统可通过传感器自动识别停车位，并测量该停车位空间是否足够停放车辆。

4. 半自动泊车辅助系统注意事项

（1）半自动泊车包括侧向泊车和垂直泊车，半自动泊车辅助系统默认搜索副驾驶员侧的停车位。若希望搜索驾驶员侧的停车位，请开启驾驶员侧的转向灯。

（2）在寻找停车位或泊车过程中，请注意控制车速。若车速过高，半自动泊车辅助系统将关闭。

（3）在寻找停车位的过程中，请确保与两侧车辆或障碍物之间留有合适的距离（0.5 ~ 1.5 m）。

（4）组合仪表中提示半自动泊车辅助系统接管转向盘转动时，请将双手从转向盘上移开，并确保转向盘未受阻碍，可以自由转动。

总之，半自动泊车辅助系统能自动帮助驾驶员将车停入甚至驶出车位，不需要驾驶员自己打方向。需要注意的是，即使有半自动泊车辅助系统提供帮助也不能代替驾驶员的注意力，驾驶员仍需要观察确认。不是所有空隙都能自动停车入位，需预留更多空间达到系统要求条件方可操作。半自动泊车并不是完全不用驾驶员进行任何操作，还是需要根据提示来控制刹车及挂入相应挡位，当驾驶员人为干预（如打方向）时，半自动泊车系统会当即停止。

任务实施

一、任务场景：校内实训室
二、任务要求： 演练任务：学生进行归纳、总结； 演练目的：培养科学认知理念、团队协作能力； 演练内容：请同学们查阅资料，对半自动泊车辅助系统进行分析，并团结协作进行归纳、总结
三、任务分组：在这个任务中，采用分组实施方式进行，4~8 人为一组，以学生自荐或推荐的方式选出组长，负责本团队的组织协调工作，带头示范、督促、帮助其他组员完成相应工作
四、任务步骤： 1. 查阅资料，了解关于半自动泊车辅助系统的原理与应用等内容； 2. 对自动泊车辅助系统的组成、原理进行分析，并归纳、总结； 3. 对半自动泊车辅助系统进行分析，并归纳、总结； 4. 对半自动泊车辅助系统的实车应用进行分析，并归纳、总结； 5. 对半自动泊车注意事项进行分析，并归纳、总结

任务评价

序号	评价项目	评价指标	分值	自评（30%）	互评（30%）	师评（40%）	合计
1	职业素养（50 分）	具备科学认知理念	10				
		具备团队协作、交流沟通能力	10				
		具备安全意识	10				
		具备分析能力	10				
		能够采用多手段收集信息、解决问题	10				

续表

序号	评价项目	评价指标	分值	自评（30%）	互评（30%）	师评（40%）	合计
2	专业能力（30 分）	能够分析汽车半自动泊车辅助系统的工作原理	15				
		能够分析半自动泊车辅助系统的应用	15				
3	创新意识（20 分）	具备创新性思维和行动	20				
合计			100				
综合得分							

知识扩展

课后提升

判断题

1. 自动泊车包括半自动泊车和全自动泊车。 （　　）
2. 目前国内市场的汽车多采用全自动泊车。 （　　）

阅读小资料

任务二　全自动泊车辅助系统探究

任务导入

在狭窄的环境中需要驾驶员大量的注意力和经验来驾驶汽车。全自动泊车辅助系统可以提高在狭窄的环境中驾驶的舒适性和安全性，通过对转向角和速度进行协调控制来实现停车操作，该控制考虑了环境的实际情况，以确保在可用空间内无碰撞运动。那么全自动泊车辅助系统具体是怎样的呢？让我们一起来学习吧。

任务目标

知识目标	能力目标	素养目标
1. 了解全自动泊车辅助系统的定义、组成； 2. 掌握全自动泊车辅助系统工作原理和过程，以及实车应用	1. 能够简述全自动泊车辅助系统的定义和组成； 2. 会归纳总结全自动泊车辅助系统的组成、工作过程，会分析实车应用	1. 具有安全意识； 2. 具有团队协作精神； 3. 具有科学探索精神

知识学习

一、课前预习

预习任务	预习内容	重点	难点
全自动泊车辅助系统的发展趋势	1. 了解什么是泊车功能； 2. 了解什么是唤车功能	全自动泊车辅助系统的发展趋势	全自动泊车辅助系统的发展趋势

自我检测

简答题

1. 什么是泊车功能？
2. 什么是唤车功能？

二、课堂学习

深入探究

1. 全自动泊车定义

全自动泊车功能是一种不需要人工干预即可自动停止并进入驻车位置的系统。全自动泊车辅助系统可以使汽车自动停在正确的停车位（图 18.2.1），其包括环境数据采集系统、中央处理器和车辆策略控制系统，其中环境数据采集系统包括图像采集系统和车距检测系统。

图 18.2.1　汽车全自动泊车辅助系统泊车过程

2. 全自动泊车辅助系统的原理

全自动泊车辅助系统由多组传感器组成，如遍布车身的雷达、摄像头等，在采集好图像、距离等相关数据后，数据会传输给处理器，处理器对采集到的数据进行分析处理，形成自动泊车策略，再将其转换成信号，控制系统接收到信号后依据指令控制汽车做出诸如转向、倒车和制动等动作，直至泊车过程完成。

全自动泊车过程可以分为三个部分：车位探测、路径规划和路径追踪，就是我们通常理解的数据采集、路线生成和泊车执行。接下来我们通过一个实例，来看看全自动泊车过程中的第一步——车位探测是怎样做到的。

在车位检测过程中，需要车速保持在一定范围以内（通常是 15～25 km/h），这时车身两侧的超声波雷达开始工作，连续扫描车位两侧的泊车空间。如图 18.2.2 所示，当车辆 3 行驶到接近车辆 1 时，右侧雷达探测到车辆 1，随着车辆 3 继续向前行驶，雷达测距在小范围内不断更新侧向距离；当车辆 3 驶离车辆 1 时，雷达测距发生明显跳变；当车辆 3 探测到车辆 2 时，雷达测距又会在小范围内变化……很明显，车辆行程 Xa3 与 Xa2 之间的差值就是泊车位的长度，而侧向距离 Yd2 与 Yd1 之间的差值就是泊车位的宽度，这就是基于超声波测距技术的车位探测的基本原理。

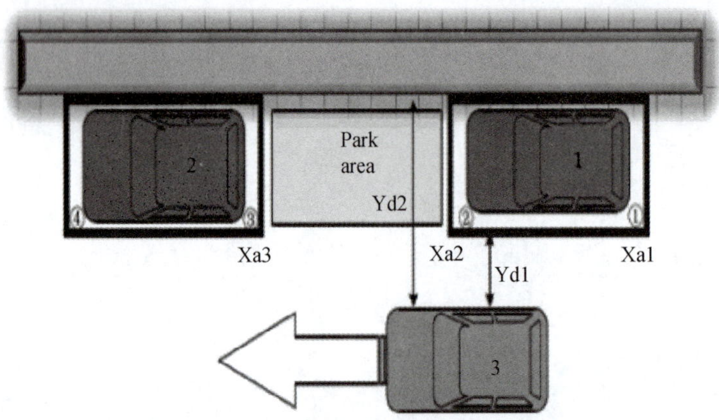

图 18. 2. 2　汽车全自动泊车辅助系统车位探测

路径规划就更加复杂了，它需要一套严谨的算法和建模过程，最终形成最佳路径和控制策略，才能进入下一个执行环节——路径追踪。例如，几何路径规划法能够根据车辆与车位之间的相对位置，准确规划出无碰撞且完全考虑约束空间的泊车最佳路径，保障自动泊车的准确性和安全性（图 18. 2. 3）。路径规划运算量庞大，并且运算过程极为复杂。

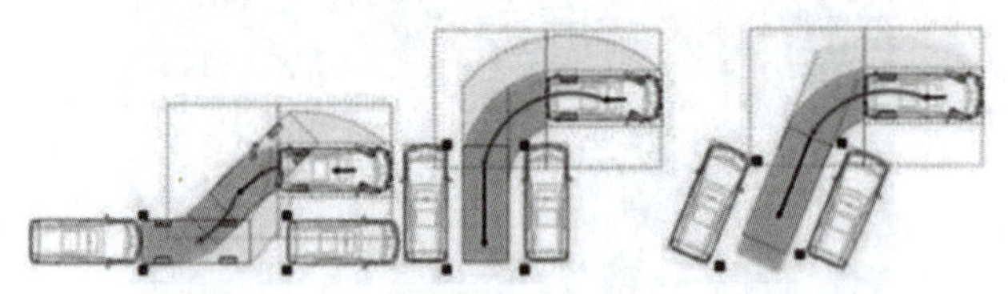

图 18. 2. 3　汽车全自动泊车辅助系统泊车路径规划

3. 全自动泊车辅助系统的实车应用

全自动泊车辅助系统的应用以小鹏 G3 车型为例。小鹏 G3 发布了“全场景泊车”的特色功能，可适应垂直、侧方、斜方以及特殊共 4 种场景，可满足大部分应用场景。小鹏 G3 全车配备了 20 个智能传感器，其全自动泊车功能通过视觉 + 雷达协同实现，既可以识别划线的停车位，又可以识别两车之间没有线的停车位。其泊车示意如图 18. 2. 4 所示。

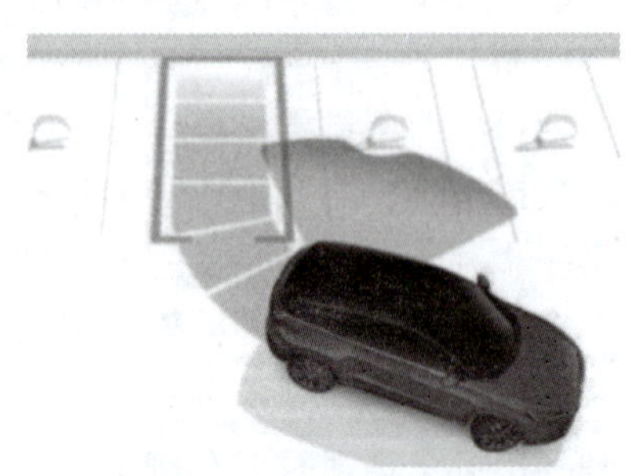

图 18. 2. 4　小鹏 G3 全自动泊车辅助系统泊车示意

小鹏 G3 在研发全自动泊车辅助系统过程中，搭建了包含不同停车场景的 400 个停车位的专门测试场景，包含是否有立柱、墙体、挡车杆、地锁等多种场景。小鹏 G3 通过外后视镜侧面的摄像头进行车位线的识别，包括字符的识别，可以检测该车位是否有专用的车位编码，可识别出是否是专用车位或私人车位等信息；使用后摄像头可在驾驶员倒车入库时检测车位上是否有地锁或者挡车器，如果存在地锁或挡车器，则系统会判定为不可入库。小鹏 G3 还采用了一个高精度惯性测量单元，在自动泊车的过程中可精准控制车辆的行车轨迹，记住已经存在的空车位并可将该记忆车位进行系统还原。如果当前车位过窄，停车后不方便下车，还可以通过钥匙泊车的方式泊车入位，在车内设置好自动泊车功能，找到车位后挂入 P

位，然后便可以下车通过钥匙进行自动泊车。长按 5 s 自动泊车按键激活自动泊车功能，然后双击解锁键便可以让车辆开始自动泊车。

任务实施

一、任务场景：校内实训室
二、任务要求： 1. 演练任务：学生进行归纳、总结； 2. 演练目的：培养科学认知理念、团队协作能力； 3. 演练内容：请同学们查阅资料，对全自动泊车辅助系统进行分析，并团结协作进行归纳、总结
三、任务分组：在这个任务中，采用分组实施方式进行，4~8 人为一组，以学生自荐或推荐的方式选出组长，负责本团队的组织协调工作，带头示范、督促、帮助其他组员完成相应工作
四、任务步骤： 1. 查阅资料，了解关于汽车全自动泊车辅助系统的原理与应用等内容； 2. 理解全自动泊车的定义； 3. 对全自动泊车辅助系统的原理进行分析，并归纳、总结； 4. 对全自动泊车辅助系统的实车应用进行分析

任务评价

序号	评价项目	评价指标	分值	自评（30%）	互评（30%）	师评（40%）	合计
1	职业素养（50 分）	具备科学认知理念	10				
		具备团队协作、交流沟通能力	10				
		具备安全意识	10				
		具备归纳总结能力	10				
		能够采用多手段收集信息、解决问题	10				
2	专业能力（30 分）	能够分析汽车全自动泊车辅助系统的工作原理	15				
		能够分析全自动泊车辅助系统的应用	15				

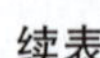
续表

序号	评价项目	评价指标	分值	自评（30%）	互评（30%）	师评（40%）	合计
3	创新意识（20分）	具备创新性思维和行动	20				
合计			100				
综合得分							

知识扩展

课后提升

判断题

1. 自动泊车辅助系统是利用车辆传感器感知周边环境，对车辆可停泊的有效区域进行计算并进行泊车的一种系统。（　　）

2. 在2018年小鹏G3发布了“全场景泊车”的特色功能，可适应“垂直、侧方、斜方、特殊”共4种场景。（　　）

阅读小资料

参考文献

[1] 杨宝成．汽车发动机电控技术［M］．北京：清华大学出版社，2021.

[2] 高建平．新能源汽车概论［M］．北京：机械工业出版社，2018.

[3] 朱日莹．电动汽车技术［M］．北京：机械工业出版社，2020.

[4] 王忠良．汽车底盘电控技术［M］．大连：大连理工大学出版社，2021.

[5] 马书红．汽车电气构造与维修［M］．北京：北京理工大学出版社，2022.